国际贸易“单一窗口”：

原产地证篇

“国际贸易‘单一窗口’系列”编委会 ◎ 编著

中国海关出版社有限公司
中国 · 北京

图书在版编目（CIP）数据

国际贸易"单一窗口". 原产地证篇/"国际贸易'单一窗口'系列"编委会编著. —北京：中国海关出版社有限公司，2020. 9

ISBN 978-7-5175-0454-2

Ⅰ. ①国… Ⅱ. ①国… Ⅲ. ①进出口贸易—产地证明书 Ⅳ. ①F74

中国版本图书馆 CIP 数据核字（2020）第 155413 号

国际贸易"单一窗口"：原产地证篇

GUOJI MAOYI "DANYI CHUANGKOU"：YUANCHANDIZHENG PIAN

编　　者："国际贸易'单一窗口'系列"编委会
策划编辑：史　娜
责任编辑：刘白雪
出版发行：中国海关出版社有限公司
社　　址：北京市朝阳区东四环南路甲 1 号　　邮政编码：100023
网　　址：www. hgcbs. com. cn
编 辑 部：01065194242-7521（电话）　　01065194231（传真）
发 行 部：01065194221/27/38/46（电话）　　01065194233（传真）
社办书店：01065195616（电话）　　01065195127（传真）
　　　　　http://www. customskb. com/book（网址）
印　　刷：北京圣艺佳彩色印刷有限责任公司　　经　　销：新华书店
开　　本：710mm×1000mm　1/16
印　　张：15. 5　　字　　数：302 千字
版　　次：2020 年 9 月第 1 版
印　　次：2020 年 9 月第 1 次印刷
书　　号：ISBN 978-7-5175-0454-2
定　　价：48. 00 元

“国际贸易‘单一窗口’系列”丛书编委会

黄冠胜　白建军　高正太　白　石　党英杰　王　可
赵　静　石云峰

《国际贸易“单一窗口”：原产地证篇》统审组

仲伟玲　马克鹏　甄宝龙　刘　倩　张　勇　方晓丽
于　洋　赵京波

《国际贸易“单一窗口”：原产地证篇》编写组

胡　伟　翟传伟　陈庆庆　贺　庆　盖勇鑫　曾　娜
葛智超

前言

目前，国际贸易通关过程中所涉及的大多数部门均开发了业务信息化系统，实现了各部门业务申请、办理、回复的电子化和网络化，但是在各部门系统间缺乏协同互动，未实现充分的数据共享，因此企业在口岸通关过程中需要登录不同的系统填报数据，严重影响了口岸通关效率。

近年来，部分沿海地区的口岸管理部门已经尝试在地方层面建立“单一窗口”，实现企业一次录入数据后向多个管理部门系统进行申报，并取得了良好的应用效果。为贯彻落实党中央、国务院关于我国国际贸易单一窗口（以下简称“单一窗口”）建设的一系列决策部署，统筹推进“单一窗口”建设，在总结沿海地区“单一窗口”建设试点成果的基础上，结合我国口岸管理实际，并充分借鉴国际上“单一窗口”的成熟经验，建设“单一窗口”标准版。

“单一窗口”标准版依托中国电子口岸平台，申报人通过“单一窗口”标准版一点接入、一次性提交满足口岸管理和国际贸易相关部门要求的标准化单证和电子信息，实现数据信息共享，实施职能管理，优化通关业务流程。通过“单一窗口”标准版可以提高申报效率，缩短通关时间，降低企业成本，促进贸易便利化，并推动国际贸易合作对接。

企业从“单一窗口”进入系统，并根据实际情况进行操作。书中内容如无特殊说明，均以“单一窗口”的相关界面进行讲解。本书主要对原产地证相关业务系统（含海关原产地证申请系统、贸促会原产地证申请系统和原产地证书自助打印系统）的企业端相关功能、操作流程及常见问题进行讲解，以便企业更好地使用系统，帮助企业解决在使用系统过程中遇到的实操问题。

由于编写时间有限，书中内容难免存在疏漏、不足之处，望读者不吝指正，以便在后续版本中得以改进和完善。

编者

2020 年 7 月

目 录

第一章　原产地证系统总体概述

原产地证书（Certificate of Origin），是出口国（地区）的特定机构出具的证明其出口货物为该国家（或地区）原产的一种证明文件。原产地证书是贸易关系人交接货物、结算货款、索赔理赔、进口国（地区）通关验收、征收关税的有效凭证，也是出口国（地区）享受配额待遇、进口国（地区）对不同出口国（地区）实行不同贸易政策的凭证。

一、原产地证书的分类

原产地证书可大致分为 4 种类型：

（一）非优惠原产地证书（简称 CO 证书）

非优惠原产地证书，即一般原产地证书，各国海关对持有一般原产地证书的货物普遍按照最惠国税率征收关税，并无其他关税减免优惠。

（二）普惠制原产地证书（简称 FORM A 证书）

普惠制是发达国家给予发展中国家出口制成品和半制成品（包括某些初级产品）的一种普遍的、非歧视的、非互惠的关税优惠待遇。普惠制原产地证书通常根据普惠制给惠国原产地规则和有关要求进行签发，它是受惠国货物出口到给惠国时享受普惠制关税优惠待遇的官方凭证。自 2015 年欧盟宣布中国普惠制毕业后，给予中国普惠制优惠的国家还有俄罗斯、白俄罗斯、乌克兰、哈萨克斯坦等。

（三）区域性优惠原产地证书

区域性优惠原产地证书是指签订有区域性优惠贸易协定（或安排）的成员之间享受关税减免优惠的凭证。凭区域优惠原产地证通关，可享受其国家（地区）在自贸协定中对产品承诺的降税优惠，部分货物甚至是零关税，因此在国际贸易中被称为“有价证券”。每个自贸区的降税进程有所不同，《中国—韩国自由贸易协定》《中国—澳大利亚自由贸易协定》《中国—秘鲁自由贸易协定》《中国—哥斯达黎加自由贸易协定》《中国—格鲁吉亚自由贸易协定》正在逐步降税中。具体降税幅度可在中国自由贸易区服务网或进口国网站查询。

（四）特殊原产地证书

特殊原产地证书包括专用原产地证书、转口证明书和加工装配证明书。

专用原产地证书是指对某一特殊行业的特定产品，根据特定的原产地规则和要求出具的原产地证明书，如烟草真实性证书、金伯利进程证书、手工制品原产地证书和原产地标记证书等。

转口证明书是指经中国转口的外国货物，由于不能取得中国的原产地证，而由中国签证机构出具的证明货物系他国原产、经中国转口的一种证明文件。

加工装配证明书是指对全部或部分使用了进口原料或零部件而在中国进行了加工、装配的出口货物，当其不符合中国出口货物原产地标准、未能取得原产地证书时，由签证机构根据申请单位的申请所签发的证明中国为出口货物加工、装配地的一种证明文件。

二、原产地证书的作用

原产地证书的作用包括：

1. 确定税率待遇的主要依据，是海关征收关税的重要凭证，优惠原产地证还可以享受特定的关税减免待遇。

2. 进行贸易统计的重要依据。

3. 实施进口数量控制、反倾销、反补贴等贸易管制措施的依据。

4. 控制从特定国家（地区）进口货物、确定准予放行与否的依据。

5. 货物结汇的依据。

三、原产地相关法律法规

原产地相关法律法规包括：

1.《中华人民共和国非优惠原产地证书签证管理办法》。

2.《中华人民共和国进出口货物原产地条例》。

3.《中华人民共和国普遍优惠制原产地证明书签证管理办法》。

4. 各给惠国家普惠制方案。

5. 各自由贸易协定。

6.《中华人民共和国进出口商品检验法》等。

四、普惠制方案

普惠制方案是各给惠国政府或国家集团（如欧盟）根据普惠制的原则、目的，结合自己国家（地区）的政策和经济情况所制定的具体的普惠制实施方案，定期或不定期地以政府法令的形式公布，此类方案一般包含6个基本要素。

1. 给惠产品的范围（Product Coverage）。各给惠方案中都列有给惠产品清单或排除产品清单。一般来说，对《商品名称及编码协调制度》（以下简称《协调制度》）1~24章的农产品，因各给惠国采取保护本国农产品的政策，给惠产品较少，往往列出给惠产品清单；对《协调制度》25~97章的工业产品，因排除产品占少数，往往列出排除产品清单，主要是敏感性产品以及直接影响给惠国本国就业的产品，如某些纺织品、鞋类、皮革制品、石油化工产品等被排除在外。手工艺品一般被列入给惠产品范围。

2. 关税削减幅度（Tariff Cut Depth）。普惠制关税削减幅度，又称普惠制优惠幅度，是普惠制税率与最惠国税率的差额。例如，某给惠国进口商进口某项产品时，最惠国税率为10%，普惠制税率为5%，则关税削减幅度为5%。一般地说，大多数给惠国对农产品实行减税，且优惠幅度较小；对工业品则大多免税，优惠幅度较大。

3. 保护措施（Protective Measures）。各给惠国为了保护本国生产者的利益，避免普惠制优惠进口过多而对其经济发展产生不良影响，在各自的普惠制方案中都订有保护措施：例外条款、预定限额、竞争需要标准和毕业条款。

4. 原产地规则（Rules of Origin），是普惠制方案的核心，是确定进口商品取得受惠资格，享受关税减免的基本原则。它包括3个主要方面：原产地标准、直运规定和书面证明文件。

5. 受惠国家和地区（Beneficiaries）。各给惠国的普惠制方案中都列有受惠国家和地区的名单，它们被统称为受惠国。

6. 有效期（Duration）。各国的给惠方案的有效期一般为10年，但为了适应形势的变化和贸易的发展，给惠国在其普惠制实施期限内每年或数年不定期地公布修改的内容。各个给惠方案的有效期自方案生效之日起算。

五、原产地规则和标准

原产地规则是各国（地区）为了确定贸易中的商品的原产地（原产国家或地区）而制定的法律、法规和普遍实施的行政命令及措施，也是决定是否签发原产地证书的依据。

原产地规则包括以下3个方面。

（一）原产地标准

按照原产地标准，原产品分为两大类：

1. 完全原产品（完全获得或生产的产品），即全部使用本国（地区）的原料、零部件，完全由出口国（地区）生产、制造的产品；

2. 含有非原产成分但已经过实质性改造的产品（非完全获得或生产产品）。

（二）直运原则

1. 确保运至进口方的产品就是从出口方发运的，而且中途没有被再加工或者调包。

2. 由于地理或者运输需要，货物允许中转过境，条件是该货物在过境过程中一直处于该过境国（地区）海关监管下，未投入当地市场销售或交付当地使用，同时除了装卸和为使货物保持良好状态而做的包装等必要处理外，未在过境国（地区）进行任何再加工。

（三）书面证明

包括原产地证书和企业自主声明等证明文件。

六、原产地证书申领

在我国，原产地证签发机构为海关和中国国际贸易促进委员会（以下简称

“贸促会”），企业可按实际需求选择向其中一个签发机构申请原产地证书，如明确要求原产地证书由商会出具，企业应向贸促会及其地方分会申请。企业可登录中国国际贸易“单一窗口”标准版门户网站（https://www.singlewindow.cn/）办理海关原产地证和贸促会原产地证申领业务。

第二章　海关原产地证申请系统

第一节　业务简介

“单一窗口”标准版海关原产地证申请系统，涵盖企业备案、备案号维护、证书申请、更改重发证、证书查询和证书打印等模块，国际贸易企业通过“单一窗口”一点接入，提交满足海关要求的原产地证书信息，海关按照确定的规则进行审核，并将审核结果通过“单一窗口”统一反馈，便于企业查询。

目前，“单一窗口”标准版海关原产地证申请系统可以申请的证书有22种：一般原产地证书；普惠制原产地证书；14种区域优惠原产地证书，分别为中国—韩国自贸区原产地证、中国—东盟自贸区原产地证、亚太贸易协定原产地证、中国—智利自贸区原产地证、中国—巴基斯坦自贸区原产地证、中国—秘鲁自贸区原产地证、海峡两岸经济合作框架协议原产地证、中国—澳大利亚自贸区原产地证、中国—哥斯达黎加自贸区原产地证、中国—新加坡自贸区原产地证、中国—新西兰自贸区原产地证、中国—冰岛自贸区原产地证、中国—瑞士自贸区原产地证、中国—格鲁吉亚自贸区原产地证；其他6种特殊原产地证书，分别为烟草真实性证书、转口证明书、加工装配证书、输欧盟非优惠进口特别安排项下产品原产地证、输往墨西哥瓷砖价格承诺原产地证书、输往巴基斯坦瓷砖价格承诺原产地证书。

一、企业备案

企业初次申请办理原产地证时，需向所在地海关办理原产地证申领企业备案，获得原产地证企业备案号。

二、“单一窗口”备案号维护

自理申报企业初次使用海关原产地证申请系统时，需将从海关获得的产地证企业备案号录入到系统后，才可进行初始值设置和新建证书等操作。

三、证书申请

企业根据各类原产地证的填制要求，通过“单一窗口”填报证书信息，提交海关审核。

四、初始值设置

企业可进行初始值设置，以便申请证书时可返填常用信息。

五、委托人维护

代理企业需要进行委托人维护，将委托人企业信息录入保存，以便申请证书时选择委托企业进行申报。

六、状态推送

企业可通过该功能订阅贸促会原产地证的审批数据状态，通过微信或短信接收“单一窗口”发送的数据状态。

七、业务统计

企业可按时间、证书类型等不同维度统计证书量并下载统计图表。

八、领取证书

企业网上申报的证书信息经海关审核通过后，即可在“单一窗口”海关原产地证申请系统自行打印或至当地海关打印证书，并按证书上的企业声明栏要求签字盖章。

企业也可在原产地证自助打印系统自行打印证书。

九、更改证

申请单位要求更改或补充已签发原产地证的内容时，需提交更改证申请，经签证机构审查符合要求后，重新办理申请手续，换发新证。

十、重发证

如果已签发的原产地证遗失或毁损，申请单位需要申请重发证书时，需提交重发证申请，经签证机构审查同意后重新办理申请手续，重发证书。

第二节　基本操作

企业登录“单一窗口”，选择“标准版应用”—“原产地”—“海关原产地证申请”，可进入海关原产地证申请系统申请证书（如图 2-1 所示）。

图 2-1 原产地证申请

界面中，带有红色星号的字段为必填项，否则无法继续进行保存或申报等操作。

界面中部分字段右侧带有三角形图标，表示该类字段需要在参数中进行调取，不允许用户随意录入。直接点击三角形图标，调出下拉菜单并在其中进行选择，也可将光标置于字段中，系统自动显示下拉菜单。如果用户已经知道相关参数的代码，也可直接输入相应数字、字母或汉字，迅速调出参数，使用上下箭头选择后，点击回车键确认录入。

一、企业备案

企业登录“互联网+海关”平台（http：//online. customs. gov. cn），依次点击右上角“注册”—“企业用户注册”，完善企业基本信息、管理员账号信息，完成新用户注册。

企业使用注册好的用户名和密码登录“互联网+海关”，点击“办事指南”—“企业管理和稽查”，找到最后一个子栏目“原产地企业备案”，点击“服务申请”即可填写申报备案信息。备案信息录入提交后显示“待审核”状态，请联系相应签证机构验核。对于信息无误、资料提供齐全的企业备案申请，签证机构在原产地管理系统予以审核通过，向申请人发送原产地证备案号。

二、备案号维护

自理申报企业管理员在“单一窗口”海关原产地证申请系统录入保存海关原产地证备案号后，该企业才能进行初始值设置、新建证书等操作。点击左侧菜单“备案号维护”，在产地证备案号维护界面中录入 9 位备案号，点击“保存”（如图 2-2 所示）。

图 2-2　产地证备案号维护

自理申报企业请输入正确的 9 位备案号，如果输入错误会导致证书申请申报不成功，企业可在综合服务平台查询企业备案号。

产地证备案号保存成功后，重新登录原产地系统，新建证书时界面中的产地证备案号、组织机构代码和公司中文名称直接返填（如图 2-3 所示）。

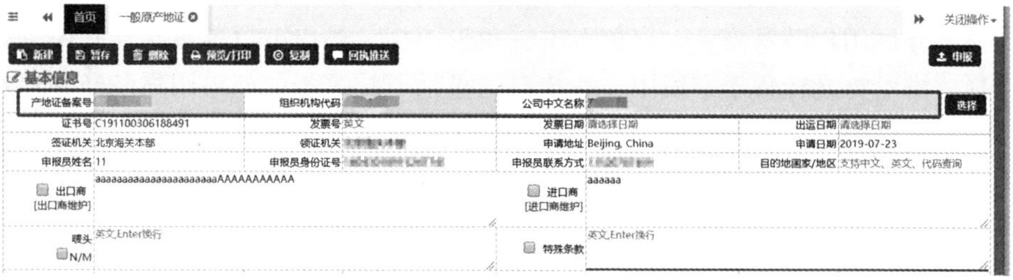

图 2-3　新建证书返填备案号

三、初始值设置

备案号维护完成并重新登录系统后，自理申报企业可设置原产地证初始值，如签证机关、领证机关、申请地址、出口商（英文）、申报员身份证号等，还可以设置操作员权限和证书号前缀（如图 2-4 所示）。在新建证书时，相关信息将自动返填（如图 2-5 所示），减少了常用信息的录入操作，提高了录入效率及申报准确率。

图 2-4　初始值设置界面

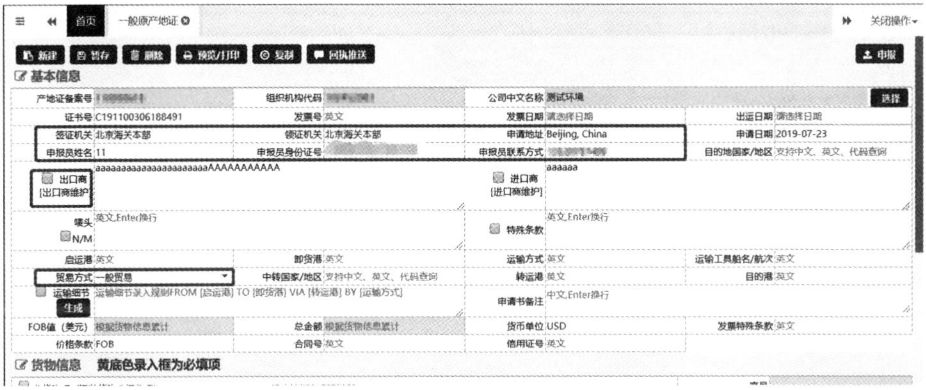

图 2-5　新建证书返填初始值界面

初始值设置部分字段的录入方法特别说明如下。

签证机关、领证机关：下拉列表选择，使用机构代码参数表。

贸易方式：下拉列表选择，使用原产地证贸易方式代码表。

出口商：使用英文录入。

小提示

修改初始值时，需在录入框修改内容后点击“保存”按钮，用户所设置的值才能生效。

初始值设置界面下方功能仅管理员可使用（如图 2-6 所示），管理员用户使用账号或法人卡登录系统后，可勾选“操作员只能查询自己的证书”前面的单选框，对企业操作员权限进行设置，选中单选框并保存后，该企业的操作员登录后仅可查询自己创建的证书数据。

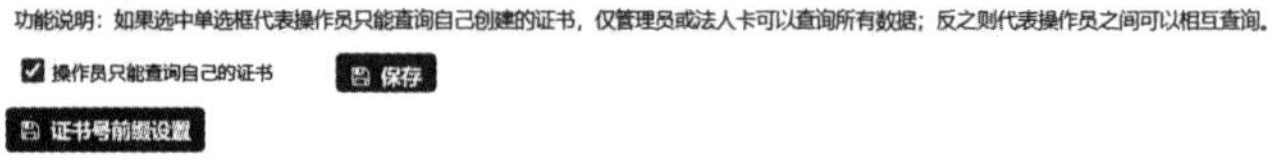

图 2-6　管理员设置

管理员用户还可以点击“证书号前缀设置”按钮，在证书号前缀维护界面（如图 2-7 所示）进行证书序列号的设置，选择证书类型并设置证书号倒数第 4 位的值，如设置一般原产地证书 C 证书号倒数第 4 位为 A，则该企业操作员申请一般原产地证书时，证书号的最后 4 位自编序号从 A001 开始依次加 1。若企业希望设置不同操作员申请证书时有不同的序号前缀，需拨打电话 010-95198 联系“单一窗口”客服。

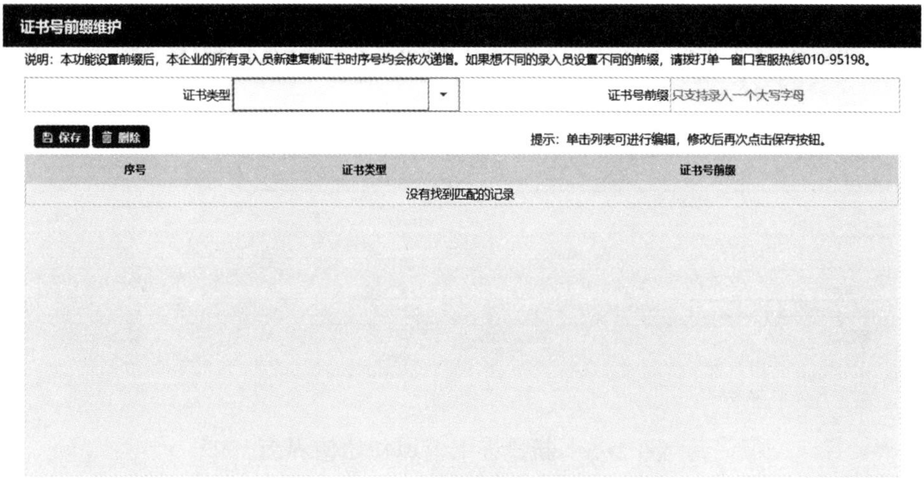

图 2-7　证书号前缀维护

四、委托人维护

系统支持代理企业申报海关原产地证。代理企业可以使用该功能填写多个委托人信息，以便在新建证书页面中选择不同的委托人进行代理申报。

代理企业可以录入委托人产地证备案号、组织机构代码、委托企业中文名称及地址、委托企业英文名称及地址，点击“保存”按钮，录入的信息会显示在列表中，点击“新增”按钮将清空录入区域的信息，以便录入新的委托人信息（如图 2-8 所示）。

图 2-8　委托人维护

新建证书时，在公司中文名称右侧点击蓝色“选择”按钮，系统会自动弹出代理企业提前保存好的委托人维护信息列表（如图 2-9 所示），点击列表中蓝色产地证备案号，委托人信息会自动返填到录入框里（如图 2-10 所示）。

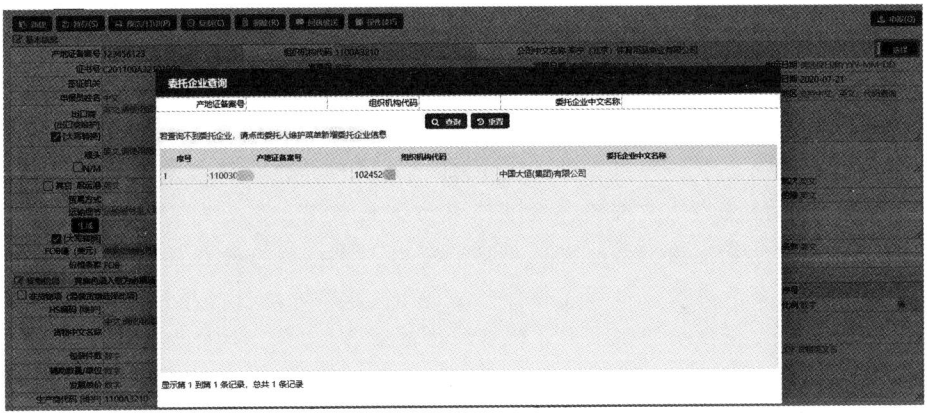

图 2-9　委托人选择

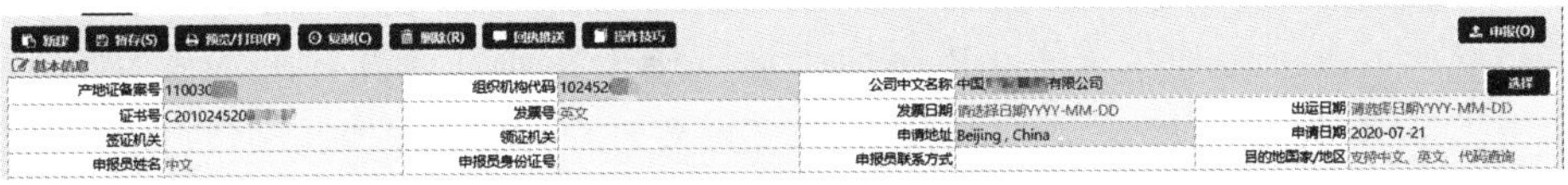

图 2-10　委托人返填

小提示

修改委托人信息时，需在录入框修改内容后点击“保存”按钮，用户所修改的信息才能生效。

五、新建证书

在新建证书界面（如图 2-11 所示），用户可根据需要选择原产地证书类型。系统为用户提供各类原产地证书的录入、暂存、复制、删除、打印等功能。

图 2-11 新建证书主界面

小提示

新建证书时，系统按照"证书类型+2 位年份+9～17 位统一社会信用代码或 9 位组织机构代码+4 位自编流水号"的格式自动生成证书号，4 位自编流水号按照相同证书类型和相同年份，从 1001 开始自动计值。证书号生成后，仍可修改。对于已经在其他申报端申报过证书的企业来说，务必先了解清楚该类证书的当前序列号最大值，第一次在"单一窗口"申报时自行在目前最大值基础上加 1 即可，之后申请证书系统将会自动加 1。若不清楚当前序列号的最大值，可以修改为较大值，如将证书第 4 位直接修改成 2、3 等，这样也基本上可保证与其他平台已申报的证书号不重复。

（一）一般原产地证

一般原产地证，也叫非优惠原产地证书，是根据《中华人民共和国进出口货物原产地条例》和《关于非优惠原产地规则中实质性改变标准的规定》，为中国出口货物签发的原产地证书。各国海关对持有一般原产地证的货物普遍按照最惠国税率征收关税，并无其他关税减免优惠。

1. 录入与暂存

（1）基本信息

在新建证书主界面中，选择一般原产地证，进入录入界面（如图 2-12 所示）。

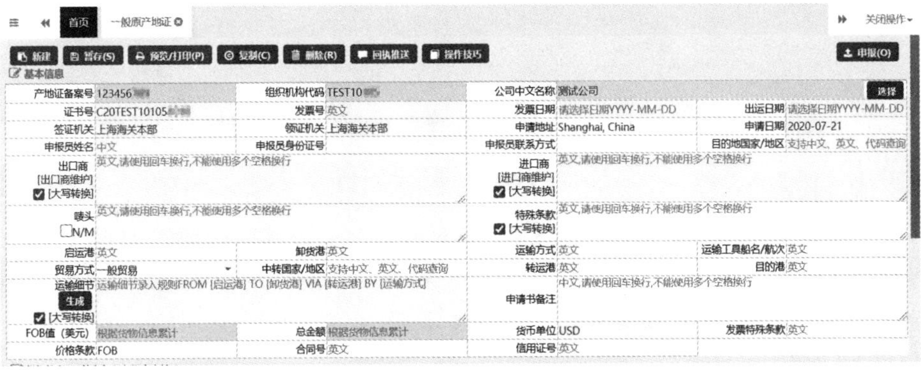

图 2-12　基本信息

部分字段（例如进口商、出口商、特殊条款等）需要用户手工录入，请根据业务主管部门要求，如实填写相关内容。

①录入字段说明

日期类字段（例如申请日期等）：需点击录入框后，在系统自动弹出的日历中选择日期。

目的地国家/地区字段：可直接输入中文、英文名称，也可将光标放在输入框中按回车键，系统将会显示下拉框（如图 2-13 所示），用户可自行查询，单击某一行即可完成选择。

图 2-13　目的地国家/地区字段下拉框

②唛头

* 唛头

即货物的商标或标签，如无运输标志，该项可选择 ☑N/M 或填写 NO MARK。

③运输细节

在基本信息中，填写好启运港、卸货港、运输方式、运输工具船名/航次等，点击运输细节字段后的蓝色“生成”按钮，系统自动生成运输细节，返填至该字段中（如图 2-14 所示）。

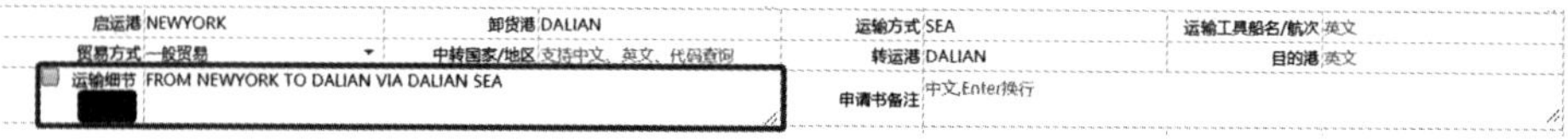

图 2-14　运输细节生成

（2）货物信息

用户将基本信息录入完毕后，可继续录入货物信息（如图 2-15 所示）。

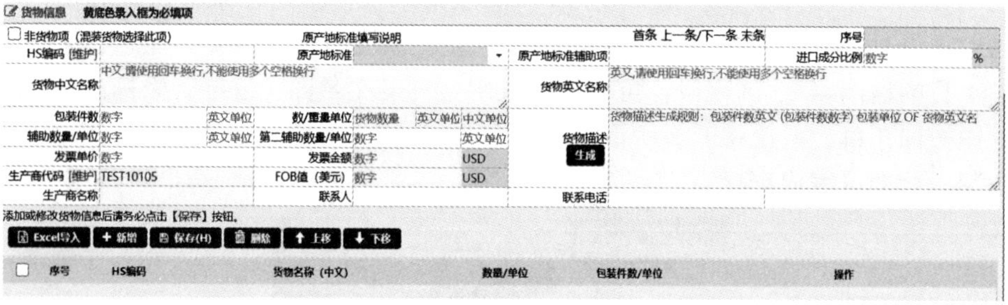

图 2-15　货物信息

①录入字段说明

HS 编码：企业可直接在货物信息中填写货物 HS 编码，然后依次录入货物中英文名称等，也可以从维护好的 HS 编码中选择，返填货物中英文名称等，用户点击 HS 编码字段后的红色“维护”链接，可通过 HS 编码或货物名称进行模糊查询，界面显示如图 2-16 所示，企业可添加常用的 HS 编码并保存，保存成功后，新增一条 HS 编码信息至下方列表中，企业双击列表中任一条数据，可将 HS 编码等信息直接返填至一般原产地证——货物信息界面中。

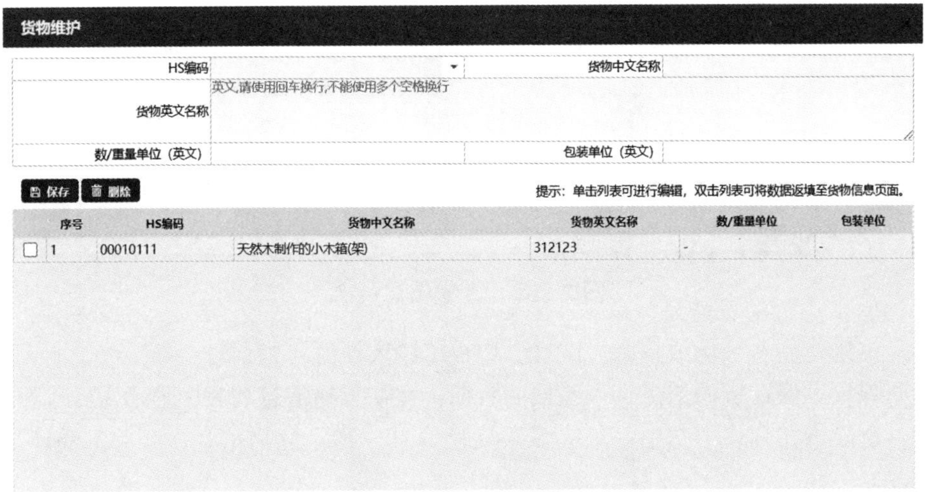

图 2-16　HS 维护

货物描述：点击货物描述字段的蓝色“生成”按钮，系统根据货物英文名称、包装单位和包装件数字段生成货物描述并返填到该项中。当企业依次将货物信息全部填写完毕后，点击货物信息列表中的“保存”按钮，系统将已填写完成的一条货物信息保存至货物信息保存下方列表中（如图 2-17 所示）。

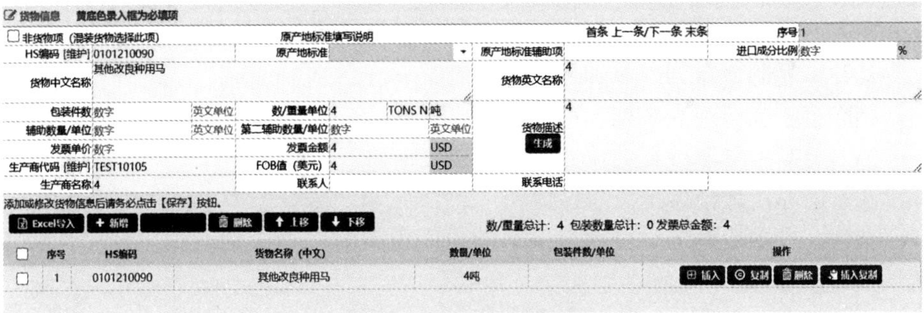

图 2-17　货物信息保存

②货物信息列表上方按钮说明

Excel 导入：货物信息导入，支持货物信息 Excel 表格导入功能。在货物信息录入界面的货物信息列表上方，点击“导入”按钮（如图 2-18 所示），在弹出的导入界面中，先下载导入的 Excel 模板，在模板中录入详细货物信息，再选择该 Excel 文件上传，上传成功后，导入的货物信息会显示在货物信息列表中。

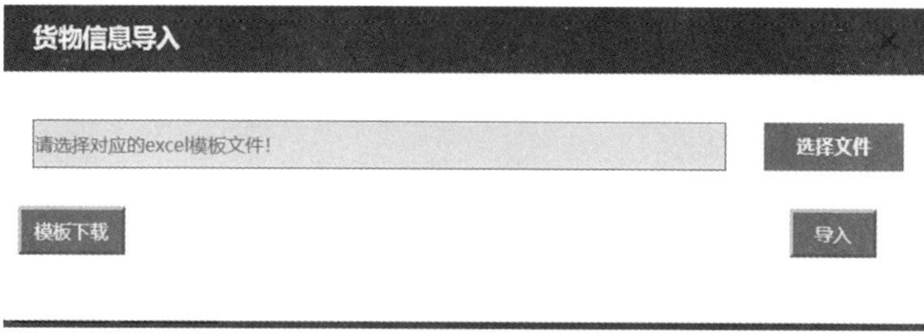

图 2-18　货物信息导入

新增：刷新货物信息录入区域，用户可录入新的货物信息。

保存：保存货物信息录入区域的数据，并在货物信息列表中显示。

删除：在列表中选中一条或多条货物信息，删除货物信息，删除后将不能恢复。

复制：选中一条货物信息，可复制该条货物信息，避免重复录入数据。

上移：选中一条货物信息，将该货物信息在列表中做位置上移，序号自动重排，每次只能上移一个位置（序号减小 1）。

下移：选中一条货物信息，将该货物信息在列表中做位置下移，序号自动重排，每次只能下移一个位置（序号加大 1）。

③货物信息列表中最后一列按钮说明

插入：点击该按钮，可在当前数据的下一行插入一条货物信息。

复制：复制该数据并添加至列表中最后一行。

删除：删除该列表数据。

插入复制：复制该行数据并添加至该数据的下一行。

④一般原产地证中上方按钮说明

新建：点击后系统将自动清空当前界面内所有已录入的数据，便于用户重新录入数据。

小提示

如用户在录入数据的过程中，点击“暂存”按钮，则系统将自动保存当前所录入的数据，即使进行新增操作，也不会丢失数据，可在证书查询中进行查找。

暂存：对当前录入信息进行暂存，根据业务类型在暂存时如有必填项未录入，会有相关提示。

复制：点击“复制”按钮，用户可对原产地证书进行复制操作，生成新的原产地证书号。

申报：点击将当前信息向申报对象方申报。

删除：用户可对暂存状态和审核不通过状态的原产地证书数据进行删除操作。点击一般原产地证界面上方的蓝色“删除”按钮，系统将提示用户是否删除当前数据，删除的数据将不可恢复，需重新录入，请谨慎操作。

预览/打印：点击蓝色“预览/打印”按钮，系统弹出“请选择打印类型”的提示框（如图 2-19 所示），企业可打印证书、申请书、认证凭条和发票。

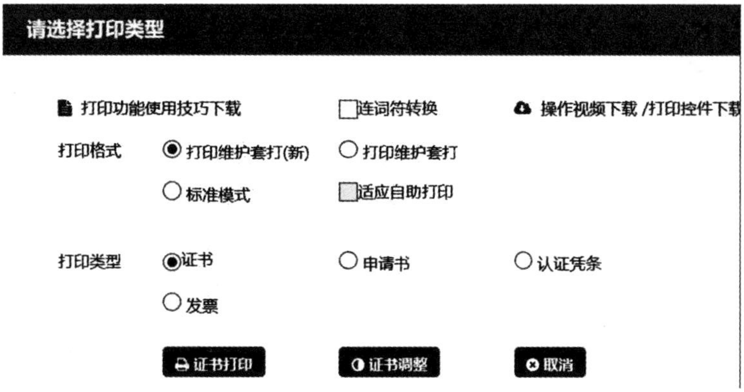

图 2-19　打印选项

系统支持多种打印模式，包括：

打印维护套打（新），主要指用于空白带底纹证书套打，用户可调整首页各栏打印文本内容位置、文字字体和大小，对于有多页证书的，格式以第一页为准。调整后系统自动保存，下次打印时无须再次调整。

打印维护套打，主要指用于空白带底纹证书套打，用户可调整每一页栏目的打印文本内容位置、文字字体和大小。

标准模式，主要指在 A4 纸上打印产地证表格和产地证文本内容。

适应自助打印，主要指在 A4 纸上打印产地证表格和产地证文本内容，该模式是完全参照原产地证书自助打印系统中的证书排版规则显示证书样式的，以便用户预览查看自助打印的证书，若存在显示不全的，可先调整产地证填报内容。

- 打印证书

企业选择打印类型为：证书，打印模式为“标准模式”，点击蓝色的打印按钮，页面跳转至一般原产地证打印证书（标准模式预览），点击右上角  图标，根据当前的浏览器设置或打印机实际情况进行打印即可（如图 2-20 所示）。如未录入或保存任何数据，系统将不提供打印空白原产地证书的功能。

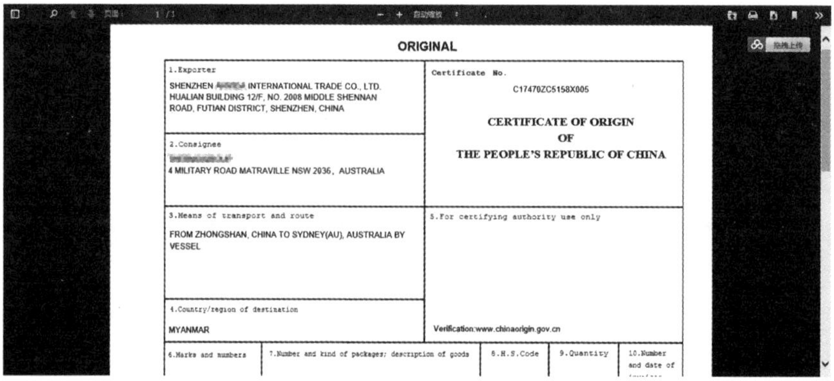

图 2-20　打印证书（标准模式预览）

小提示

1. 可点击蓝色“打印功能使用技巧下载”和“操作视频下载”链接下载相关说明和视频。

2. 把鼠标放在打印格式的按钮上，会提示该模式的功能。

- 打印申请书

企业选择打印类型为：申请书，点击“打印”按钮后，页面跳转至一般原产地证打印申请书（标准格式预览）。点击右上角图标，根据当前的浏览器设置或打印机实际安装情况进行打印即可（如图 2-21 所示）。如未录入或保存任何数据，系统将不提供打印空白申请书的功能。

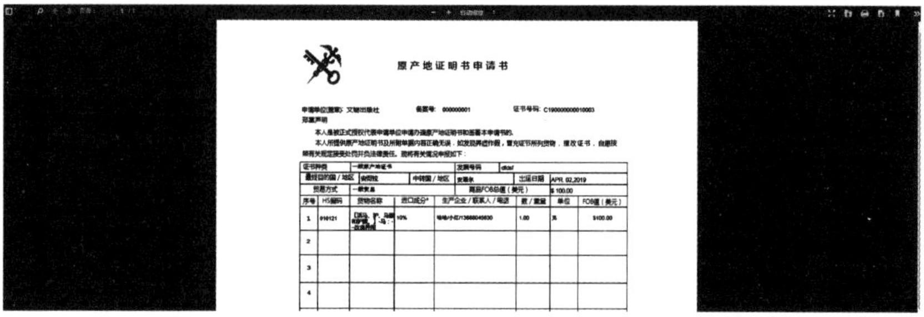

图 2-21　打印申请书（标准模式预览）

- 打印发票

选择打印类型为：发票，点击“打印”按钮后，页面跳转至一般原产地证打印发票（标准模式预览）界面。点击右上角图标，根据当前的浏览器设置或打印机实际安装情况进行打印即可（如图 2-22 所示）。如未录入或保存任

何数据，系统将不提供打印空白发票的功能。

图 2-22 打印发票（标准模式预览）

• 打印认证凭条

选择打印类型为：认证凭条，点击“打印”按钮后，页面跳转至一般原产地证打印认证凭条（标准模式预览）。点击右上角图标，根据当前的浏览器设置或打印机实际安装情况进行打印即可（如图 2-23 所示）。如未录入或保存任何数据，系统不提供打印空白认证凭条的功能。

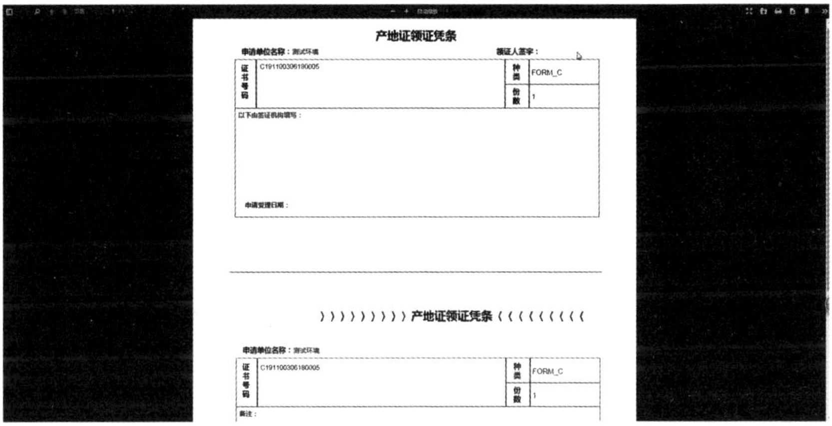

图 2-23 打印认证凭条（标准模式预览）

• 回执推送按钮：点击该按钮可下载“单一窗口信息订阅推送功能操作说明 . PDF”，用户可按文档说明进行申请数据的状态订阅推送。

• 操作技巧按钮：点击该按钮可查看各种操作技巧（如图 2-24 所示）。

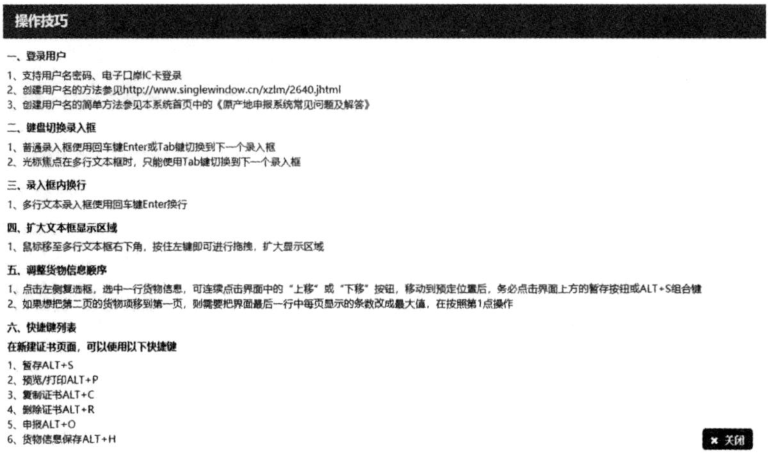

图 2-24　操作技巧

2. 证书样式

一般原产地证正本首页如图 2-25 所示。

ORIGINAL

1. Exporter	Certificate No. CERTIFICATE OF ORIGIN OF THE PEOPLE' S REPUBLIC OF CHINA
2. Consignee	
3. Means of transport and route	5. For certifying authority use only
4. Country / region of destination	

6. Marks and numbers	7. Number and kind of packages;description of goods	8. H.S.Code	9. Quantity	10. Number and date of invoices

11. Declaration by the exporter The undersigned hereby declares that the above details and statements are correct, that all the goods were produced in China and that they comply with the Rules of Origin of the People's Republic of China. Place and date, signature and stamp of authorized signatory	12. Certification It is hereby certified that the declaration by the exporter is correct. Place and date, signature and stamp of certifying authority

图 2-25 一般原产地证正本首页

3. 证书填制规范

一般原产地证共有 12 栏，各栏的填写规范如下：

（1）原产地证书号

标题栏（右上角），填上海关规定的证书号。编号规则如下：证书类型 C+2 位年份+9～17 位统一社会信用代码位或 9 位组织机构代码+4 位流水号。

（2）第 1 栏：出口商的名称、地址、国别

例如：

NINGBO ××× GROUP CO.，LTD.

ROOM ×××，××× MANSION，××× EAST ZHONGSHAN ROAD

NINGBO，CHINA

注意：

①此栏是强制性的，应填写在中国境内的出口商名称、详细地址、国别。出口商必须是已办理原产地证备案的申请单位，且公司英文名称应与备案一致。

②在台湾地区、香港地区、澳门地区注册的公司不能作为出口商。

③若经其他国家或地区转口需填写中间商名称的，可在出口商后面加填英文“VIA”或“O/B”，然后再填写中间商名称、地址和国家。

（3）第 2 栏：收货人的名称、地址、国别

例如：

××× CO.，LTD.

××× MUHREN9，F-2000，

HAMBURG GERMANY

注意：

①一般应填写外贸合同中的买方、信用证上规定的提单通知人或特别声明的收货人。在特殊情况下，此栏也可填上 TO ORDER 或 TO WHOM IT MAY CONCERN，但不得留空。

② 若经其他国家或地区转口需填写中间商名称的，可在最终收货人后面加填英文“VIA”或“O/B”，然后填写中间商名称。

（4）第 3 栏：运输方式及路线（就所知而言）

例如：

SHIPMENT FROM NINGBO TO HAMBURG BY SEA

注意：填写装货港、目的港名称及运输方式（海运、空运或陆运），如系转运货物，应加上转运港，如 FROM NINGBO TO PIRAEUS，GREECE VIA HONGKONG BY SEA。

（5）第4栏：目的地国家（地区）

注意：指货物最终运抵目的地国家或地区，即最终进口国（地区），不能填写中间商国家/地区名称；出口至台湾地区的必须填写“TAIWAN，CHINA”。

（6）第5栏：供签证机构使用

此栏由签证机构填写，申请单位应将此栏留空。签证机构根据实际情况，在此栏加注如下内容：

①如属“后发”证书，签证机构会在此栏填写“ISSUED RETROSPECTIVELY”。

②如属签发“复本”（重发证书），签证机构会在此栏填写“DUPLICATE”，同时注明原发证书的编号和签证日期，并声明原发证书作废，其文字是“THIS CERTIFICATE IS IN REPLACEMENT OF CERTIFICATE OF ORIGIN NO. ____ DATED ____ WHICH IS CANCELLED”。

（7）第6栏：唛头及包装号

例如：

JENSON，

ORDERN0. 325952065

LJCE766896505

CIN 1-270

注意：

①此栏填写的唛头应与货物外包装上的唛头及发票上的唛头一致。

②唛头不得出现中国以外的国家或地区制造的字样，也不能出现香港地区、澳门地区、台湾地区原产地字样。

③如货物无唛头，应填写“无唛头”（N/M 或 NO MARK）。

④如唛头为图文等较复杂的内容，此栏应填写“SEE ATTACHMENT”，申请单位用空白纸制作带图文的唛头附页，签证机构在附页上加盖签证印章。

（8）第7栏：包装数量及种类、商品说明

例如：

SIX HUNDRED（600）CTNS OF SHRIMPS

* *

注意：

①包装数量应用英文和阿拉伯数字同时表示，填写货物的具体包装种类（如CASE、CARTON、BAG、PACKAGE等）。

②如果无包装，应填明货物出运时的状态，如“NUDE CARGO”（裸装货）、“IN BULK”（散装货）、“HANGING GARMENTS”（挂装）等。

③商品名称必须具体填明，应详细到可以准确判定该商品的HS品目号。

如果信用证、合同中品名笼统或拼写错误，应在括号内加注具体描述或正确品名。

④商品名称等项列完后，应在最后一行下方加上表示结束的符号（＊＊＊），以防止加填伪造内容。国外信用证如要求填具合同、信用证号码、转口商出具的发票号等，可加填在结束符下的空白处。

（9）第8栏：HS税目号

例如：84.14

注意：此栏要求准确填写商品的四位数HS税目号，不得留空。若同一证书含有多种商品，应将相应的税目号全部填写。

（10）第9栏：数量

例如：1200KGS G. W. 或500PCS

注意：此栏应以商品的正常计量单位填制，以重量计算的可填毛重，也可填净重，如为毛重须加注“G. W.”（GROSS WEIGHT），净重则加注“N. W.”（NET WEIGHT）。

（11）第10栏：发票号及日期

例如：

SDAKFK22

MAY 08, 2017

注意：此栏不得留空，发票号码、日期必须与正式商业发票一致，月份一般用英文缩写JAN.，FEB.，MAR. 等表示。

（12）第11栏：出口商声明

例如：

NINGBO，CHINA MAY 10，2017

注意：

①此栏填写申报地点、日期，申请单位应授权专人在此栏签字，并加盖申请单位中英文印章。

②申报日期不得早于发票日期，一般也不要迟于提单日期，如迟于提单日期，则要申请后发证书。重发证申报日期应为当前日期。

（13）第12栏：签证机构证明

例如：

NINGBO，CHINA MAY 10，2017

注意：

①此栏填写签证机构签证地点、日期。签证机构授权签证人员在此栏签字，在证书正本加盖中英文签证印章，签名必须清楚且保持与备案笔迹一致。印章应加盖清晰，不能与签名重叠。

② 签证机构一般只在证书正本加盖印章，如客户要求也可在副本上加盖印章。

（14）其他说明

①凡申请办理一般原产地证的申请单位，须在当地海关进行备案。

②一般原产地证明书所有内容除第 2 栏，第 6 栏不受文种限制，其余栏目都要用英文表示。

③如果签发的证书正本遗失或损毁，申请单位可向原签证机构申请重发，提供中华人民共和国非优惠原产地证书更改/重发申请书及原证的复印件，经签证机构核实，予以重发。

④证书自签发之日起有效期为 1 年，更改证、重发证有效期同原证书。

⑤ 签证机构已经签发的证书，申报单位如需要更改，应在原证书有效期内申请更改，并退还原签发证书。

（二）普惠制原产地证

普惠制是发达国家给予发展中国家针对出口制成品和半制成品（包括某些初级产品）的一种普遍的、非歧视的、非互惠的关税优惠待遇。“普遍原则”指在给惠范围内发达国家对发展中国家出口的制成品和半制成品给予普遍的优惠待遇。“非歧视原则”指应使发展中国家都无歧视、无例外地享受普惠制待遇。“非互惠原则”指非对等的，发达国家应单方面给予发展中国家特别的关税减让，而不要求发展中国家给予同等优惠。

普惠制的目标有以下 3 方面：

（1）增加发展中国家出口收益。

（2）促进发展中国家工业化。

（3）加速发展中国家的经济增长。

在新建证书主界面选择普惠制原产地证，可进入普惠制原产地证书录入界面。

1. 基本信息

基本信息录入规则与一般原产地证基本相同，新增、录入、暂存等更多详细操作，可参考一般原产地证中的相关描述。

2. 货物信息

用户将基本信息录入完毕后，可继续录入货物信息（如图 2-26 所示）。

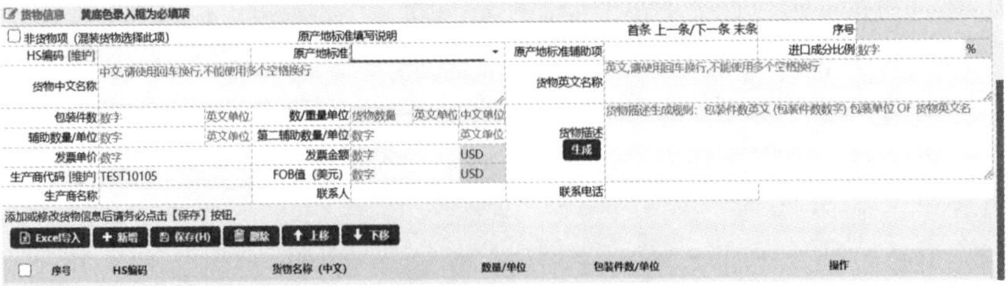

图 2-26 货物信息界面

①原产地标准

点击“原产地标准”字段后的三角形小图标▾，调出下拉菜单并在其中进行选择。如果用户已经知道相关参数，也可直接输入相应字母、迅速调出参数，使用上下箭头选择后，点击回车键确认录入。

②原产地标准填写说明

点击“原产地标准填写说明”，弹出原产地标准详情界面（如图 2-27 所示）。

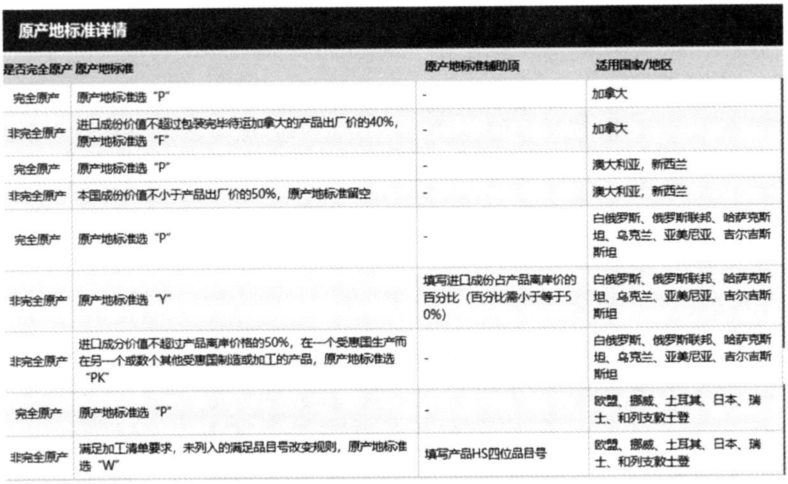

原产地标准详情

是否完全原产	原产地标准	原产地标准辅助项	适用国家/地区
完全原产	原产地标准选“P”	-	加拿大
非完全原产	进口成份价值不超过包装完毕待运加拿大的产品出厂价的40%，原产地标准选“F”	-	加拿大
完全原产	原产地标准选“P”	-	澳大利亚，新西兰
非完全原产	本国成份价值不小于产品出厂价的50%，原产地标准留空	-	澳大利亚，新西兰
完全原产	原产地标准选“P”	-	白俄罗斯、俄罗斯联邦、哈萨克斯坦、乌克兰、亚美尼亚、吉尔吉斯斯坦
非完全原产	原产地标准选“Y”	填写进口成份占产品离岸价的百分比（百分比需小于等于50%）	白俄罗斯、俄罗斯联邦、哈萨克斯坦、乌克兰、亚美尼亚、吉尔吉斯斯坦
非完全原产	进口成分价值不超过产品离岸价格的50%，在一个受惠国生产而在另一个或数个其他受惠国制造或加工的产品，原产地标准选“PK”	-	白俄罗斯、俄罗斯联邦、哈萨克斯坦、乌克兰、亚美尼亚、吉尔吉斯斯坦
完全原产	原产地标准选“P”	-	欧盟、挪威、土耳其、日本、瑞士、和列支敦士登
非完全原产	满足加工清单要求，未列入的满足品目号改变规则，原产地标准选“W”	填写产品HS四位品目号	欧盟、挪威、土耳其、日本、瑞士、和列支敦士登

图 2-27 原产地标准详情界面

小提示

如用户在普惠制原产地证，货物信息的原产地标准选择为“W”时，原产地标准辅助项字段，根据该货物的 HS 编码，自动取前 4 位，返填为××.××，不可修改。

3. 证书样式

普惠制原产地证正本首页如图 2-28 所示，企业可参考证书背面说明填报原产地证申请信息（如图 2-29 所示）。

ORIGINAL

1. Goods consigned from (Exporter's business name, address, country)

Reference No.

GENERALIZED SYSTEM OF PREFERENCES

CERTIFICATE OF ORIGIN

(Combined declaration and certificate)

FORM A

Issued in THE PEOPLE'S REPUBLIC OF CHINA
(Country)

See notes overleaf

2. Goods consigned to (Consignee's name, address, country)

3. Means of transport and route (as far as known)

4. For official use

5. Item number	6. Marks and numbers of packages	7. Number and kind of packages, description of goods	8. Origin criterion (see notes overleaf)	9. Gross weight or other quantity	10. Number and date of invoices

11. Certification

It is hereby certified, on the basis of control carried out, that the declaration by the exporter is correct.

....

Place and date, signature and stamp of certifying authority

12. Declaration by the exporter

The undersigned hereby declares that the above details and statements are correct; that all the goods were produced in

CHINA
(country)

and that they comply with the origin requirements specified for those goods in the Generalized System of Preferences for goods exported to

....
(importing country)

....

Place and date, signature of authorized signatory

图 2-28　普惠制原产地证正本首页

NOTES (2013)

I. Countries which accept Form A for the purposes of the Generalized System of Preferences (GSP):

Australia*	European Union:	France	Netherlands
Belarus	Austria	Germany	Poland
Canada	Belgium	Greece	Portugal
Iceland	Bulgaria	Hungary	Romania
Japan	Croatia	Ireland	Slovakia
New Zealand**	Cyprus	Italy	Slovenia
Norway	Czech Republic	Latvia	Spain
Russian Federation	Denmark	Lithuania	Sweden
Switzerland including Liechtenstein***	Estonia	Luxembourg	United Kingdom
Turkey	Finland	Malta	
United States of America****			

Full details of the conditions covering admission to the GSP in these countries are obtainable from the designated authorities in the exporting preference-receiving countries or from the customs authorities of the preference-giving countries listed above. An information note is also obtainable from the UNCTAD secretariat.

II. General conditions

To qualify for preference, products must:

(a) fall within a description of products eligible for preference in the country of destination. The description entered on the form must be sufficiently detailed to enable the products to be identified by the customs officer examining them;

(b) comply with the rules of origin of the country of destination. Each article in a consignment must qualify separately in its own right; and,

(c) comply with the consignment conditions specified by the country of destination. In general, products must be consigned direct from the country of exportation to the country of destination but most preference-giving countries accept passage through intermediate countries subject to certain conditions. (For Australia, direct consignment is not necessary).

III. Entries to be made in Box 8

Preference products must either be wholly obtained in accordance with the rules of the country of destination or sufficiently worked or processed to fulfil the requirements of that country's origin rules.

(a) Products wholly obtained: for export to all countries listed in Section I, enter the letter "P" in Box 8 (for Australia and New Zealand Box 8 may be left blank).

(b) Products sufficiently worked or processed: for export to the countries specified below, the entry in Box 8 should be as follows:

(1) United States of America: for single country shipments, enter the letter "Y" in Box 8, for shipments from recognized associations of counties, enter the letter "Z", followed by the sum of the cost or value of the domestic materials and the direct cost of processing, expressed as a percentage of the ex-factory price of the exported products; (example "Y" 35% or "Z" 35%).

(2) Canada: for products which meet origin criteria from working or processing in more than one eligible least developed country, enter letter "G" in Box 8; otherwise "F".

(3) Iceland, the European Union, Japan, Norway, Switzerland including Liechtenstein, and Turkey; enter the letter "W" in Box 8 followed by the Harmonized Commodity Description and coding system (Harmonized System) heading at the 4-digit level of the exported product (example "W" 96.18).

(4) Russian Federation: for products which include value added in the exporting preference-receiving country, enter the letter "Y" in Box 8 followed by the value of imported materials and components expressed as a percentage of the fob price of the exported products (example "Y" 45%); for products obtained in a preference-receiving country and worked or processed in one or more other such countries, enter "Pk".

(5) Australia and New Zealand: completion of Box 8 is not required. It is sufficient that a declaration be properly made in Box 12.

---

* For Australia, the main requirement is the exporter's declaration on the normal commercial invoice. Form A, accompanied by the normal commercial invoice, is an acceptable alternative, but official certification is not required.

** Official certification is not required.

*** The Principality of Liechtenstein forms, pursuant to the Treaty of 29 March 1923, a customs union with Switzerland.

**** The United States does not require GSP Form A. A declaration setting forth all pertinent detailed information concerning the production or manufacture of the merchandise is considered sufficient only if requested by the district collector of Customs.

图 2-29 普惠制原产地证正本背页说明

4. 证书填制规范

普惠制原产地证格式 A 证书共有 12 栏，各栏填制规范如下：

（1）原产地证书号

标题栏（右上角），填上海关规定的证书号。编号规则如下：证书类型 G+2 位年份+9~17 位统一社会信用代码或 9 位组织机构代码+4 位流水号。

注意：

①更改证、重发证的号码与新证的编码规则一致，但改变流水号。

②出口日本产品采用日本原料的证书，其附件从日本国进口原料的证明书（CERTIFICATE OF MATERIALS IMPORTED FROM JAPAN）的号码为原产地证书号码后加“A”，如 G173800000050045A。

（2）第 1 栏：出口商的名称、地址、国别

例如：

NINGBO ××× GROUP CO. , LTD.

ROOM ×××, ××× MANSION,

××× EAST ZHONGSHAN ROAD, NINGBO CHINA

注意：

①此栏是强制性的，应填写在中国境内的出口商名称、详细地址、国别。出口商必须是已办理原产地证备案的申请单位，且公司英文名称应与备案一致。

②在台湾地区、香港地区、澳门地区注册的公司不能作为出口商。

（3）第 2 栏：收货人的名称、地址、国别

例如：

JENSON&JESSON CO. , LTD.

LANCE MUHREN9, ×××

HAMBURG GERMANY

注意：

① 一般应填写外贸合同中的买方、信用证上规定的提单通知人或特别声明的收货人。在特殊情况下，此栏也可填上 TO ORDER 或 TO WHOM IT MAY CONCERN，但不得留空。

② 若经其他国家或地区转口需填写中间商名称的，可在最终收货人后面加填英文“VIA”或“O/B”，然后填写中间商名称。

（4）第 3 栏：运输方式及路线（就所知而言）

例如：

SHIPMENT FROM NINGBO TO HAMBURG BY SEA

注意：填写装货港、目的港名称及运输方式（海运、空运或陆运），货物最终目的地应与第 12 栏进口国保持一致，如系转运货物，应加上转运港，如

FROM NINGBO TO PIRAEUS, GREECE VIA HONGKONG BY SEA。

（5）第 4 栏：供官方使用（官方声明）

此栏由签证机构填写，申请单位将此栏空白。签证机构根据实际情况，在此栏加注如下内容：

①货物已出运，签证日期迟于出货日期，签发“补发”证书时，签证机构会在此栏填写“ISSUED RETROSPECTIVELY”字样。

②证书遗失、被盗或损毁，签发“复本”（重发）证书，签证机构会在此栏填写“DUPLICATE”，同时注明原证书的编号和签证日期，并声明原发证书作废，其文字是“THIS CERTIFICATE IS IN REPLACEMENT OF CERTIFICATE OF ORIGIN NO. ______ DATED ______ WHICH IS CANCELLED”。

③出口日本产品采用日本原料，利用日本给惠成分的，签证机构在此栏填写“THE NUMBER OF CERTIFICATE OF MATERIALS IMPORTED FROM JAPAN IS……”。

④出口欧盟或挪威的产品采用上述国家原料，利用给惠国成分的，签证机构在此栏填写“EC CUMULATION”“NORWAY CUMULATION”。

（6）第 5 栏：商品顺序号

在收货人、运输条件相同的情况下，如同批出口货物有不同品种，则可按不同品种分列“1”“2”“3”……，依此类推。

（7）第 6 栏：唛头及包装号

例如：

JENSON，

ORDERN0. 325952065

LJCE766896505

CIN 1-270

注意：

①此栏填写的唛头应与货物外包装上的唛头及发票上的唛头一致。

②唛头不得出现中国以外的国家或地区制造的字样，也不能出现台湾地区、香港地区、澳门地区原产地字样。

③如货物无唛头，应填写“无唛头”（N/M 或 NO MARK）。

④如唛头为图文等较复杂的内容，此栏应填写“SEE ATTACHMENT”，申请单位用空白纸制作带图文的唛头附页，签证机构在附页上加盖签证印章。

（8）第 7 栏：包装数量及种类、商品的名称

例如：

SIX HUNDRED（600）CTNS OF SHRIMPS

* * * * * * * * * *

注意：

①包装数量应用英文和阿拉伯数字同时表示，填写货物的具体包装种类（如 CASE、CARTON、BAG、PACKAGE 等）。

②如果无包装，应填明货物出运时的状态，如“NUDE CARGO”（裸装货）、“IN BULK”（散装货）、“HANGING GARMENTS”（挂装）等。

③商品名称必须具体填明，应详细到可以准确判定该商品的 HS 品目号，不能笼统填“MACHINE”（机器）、“GARMENT”（服装）等。如果信用证、合同中品名笼统或拼写错误，应在括号内加注具体描述或正确品名。

④商品名称等项列完后，应在最后一行下方加上表示结束的符号（＊＊＊），以防止加填伪造内容。国外信用证如要求填具合同、信用证号码、转口商出具的发票号等，可加填在结束符下的空白处。

（9）第 8 栏：原产地标准

注意：此栏为原产地证书的核心栏目，填写要求如下：

① 完全原产的产品，不含任何非原产成分，出口到所有给惠国，填写“P”。

②含非原产成分的产品，但符合原产地标准，输往下列国家时，填写如下：

A. 欧盟、挪威、日本、土耳其：填写“W”，其后填写出口产品的四位数税则号，如：“W”96.18；属于给惠国成分的进口原料部分可视作本国原料，故如果完全采用给惠国成分和本国成分，则该产品的原产地标准填写“P”。

B. 加拿大：非原产成分的价值未超过产品出厂价的 40%，填写“F”。

C. 俄罗斯、白俄罗斯、乌克兰、哈萨克斯坦：进口成分不得超过产品离岸价的 50%，填写“Y”，并标注非原产成分价值占该产品离岸价格的百分比，如“Y”48%。

D. 澳大利亚、新西兰：本国原料和劳务不低于产品出厂成本的 50%，此栏可以留空。

（10）第 9 栏：毛重或其他数量

此栏应填写商品的正常计量单位，如“PCS”“PAIRS”“SETS”等。货物以重量计的则填毛重，净重则加注 N. W.（NET WEIGHT）。

（11）第 10 栏：发票号码及日期

例如：

SDAKF0522

MAY 22，2010

注意：此栏不得留空，发票号码、日期必须与正式商业发票一致，月份一般用英文缩写 JAN.，FEB.，MAR. 等表示。

（12）第 11 栏：签证机构证明

例如：

NINGBO，CHINA MAR. 24，2010

注意：

①此栏填写签证机构签证地点、日期。签证机构授权签证人员在此栏签字，在证书正本加盖“FORM A 签证印章”，签名必须清楚且保持与备案笔迹一致。印章应加盖清晰，不能与签名重叠。

②如进口国为俄罗斯、白俄罗斯、哈萨克斯坦的，需在此栏加注直属检验检疫局的英文全称。

（13）第 12 栏：出口商声明

例如：

NINGBO，CHINA MAY 24，2010

注意：

①进口国填写最终进口国，进口国必须是给惠国。货物发往欧盟，进口国不明确时，进口国可填“E. U.”。

②此栏填写申报地点、日期，申请单位应授权专人在此栏签字。

③申报日期不得早于发票日期，一般也不要迟于提单日期，如迟于提单日期，则要申请后发证书。重发证申报日期应为当前日期。

（14）其他说明

①凡申请办理普惠制原产地证的单位，必须预先在当地海关进行备案.

②普惠制原产地证书中所有内容除第 2 栏，第 6 栏不受文种限制，其余栏目都要用英文或法文填写。

③如果签发的证书正本遗失或损毁，申请单位可按普惠制有关规定向原签证机构申请重发，经签证机构核实，予以重发。

④如果从日本进口原料加工制作后又出口到日本国的（即采用日本给惠国成分），需提供“从日本进口原料证书”（CERTIFICATE OF MATERIALS IMPORTED FROM JAPAN）一式三份作为证书附件。

⑤采用从欧盟给惠国及挪威的原料加工制作后又出口到上述国家的产品（即适用给惠国成分条款），需提供进口发票或欧洲 1 号流动证书。

⑥签证机构已经签发的证书，申报单位如需要更改，须提出更改申请，退回原签发证书。

⑦目前，普惠制给惠国中仅有俄罗斯、白俄罗斯、哈萨克斯坦、乌克兰、挪威、日本给予中国普惠制待遇。

（三）中国—韩国自贸区原产地证

中国—韩国自贸区原产地证是依照《中国—韩国自由贸易协定》和国家法

律有关规定，申请人可以向各地海关、贸促会及其各地方分会申请签发中国—韩国自贸区原产地证，随附上述证书的出口货物依照《中国—韩国自由贸易协定》规定在韩国享受优惠关税待遇。

1. 基本信息

界面与一般原产地证书基本相同，新增、录入、暂存等更多详细操作，可参考一般原产地证的相关描述。部分字段的录入方法特别说明如下：

（1）目的地国家/地区

作为中国—韩国自贸区原产地证，该项内容系统返填为韩国，用户无须修改（如图 2-30 所示）。

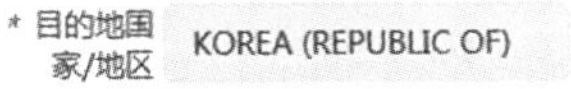

图 2-30　目的地国家/地区

（2）生产商描述

在该项中，用户需要用英文录入生产商实际情况（如图 2-31 所示）。

图 2-31　生产商描述

（3）生产商保密

在有需要时，用户可通过勾选生产商保密选项（如图 2-32 所示），使系统返填出：AVAILABLE UPON REQUEST，即为：要求时可提供。在证明书中不明确显示生产商描述。

图 2-32　生产商保密

（4）证书备注信息

该项为非必填项，用户根据实际情况填写。

其他基本信息录入规则与一般原产地证书基本相同，新增、录入、暂存等更多详细操作，可参考一般原产地证中的相关描述。

2. 货物信息

（1）原产地标准填写说明

点击“原产地标准填写说明”，弹出原产地标准详情界面（如图 2-33 所示）。

原产地标准详情

是否完全原产	原产地标准	原产地标准辅助项	适用国家/地区
完全原产	货物在一方境内完全获得，原产地标准选“WO”	-	韩国
非完全原产	货物在一方或双方境内，且仅适用符合本章（原产地规则）规定的原产材料，原产地标准选“WP”	-	韩国
非完全原产	货物在一方或双方境内，所使用的非原产材料符合产品特定原产地规则或其他要求，原产地标准选“PSR”	-	韩国

图 2-33　原产地标准详情

其他信息录入规则与一般原产地证书基本相同，可参考一般原产地证中的相关描述。

3. 证书样式

中国—韩国自贸区原产地证正本首页如图 2-34 所示，企业可参考证书背面说明填报原产地证申请信息（如图 2-35 所示）。

ORIGINAL

1. Exporter's name and address, country:

2. Producer's name and address, country:

3. Consignee's name and address, country:

Certificate No.:

CERTIFICATE OF ORIGIN
Form for China-Korea FTA

Issued in ______________________

(see Overleaf Instruction)

4. Means of transport and route (as far as known):

Departure Date:

Vessel/Flight/Train/Vehicle No.:

Port of loading:

Port of discharge:

5. Remarks:

6. Item number (Max 20)	7. Marks and Numbers on packages	8. Number and kind of packages; description of goods	9. HS code (Six-digit code)	10. Origin criterion	11. Gross weight, quantity (Quantity Unit) or other measures (liters, m^3, etc.)	12. Number and date of invoice

13. Declaration by the exporter:

The undersigned hereby declares that the above details and statement are correct, that all the goods were produced in

CHINA
....
(Country)

and that they comply with the origin requirements specified in the FTA for the goods exported to

KOREA
....
(Importing country)

....
Place and date, signature of authorized signatory

14. Certification:

On the basis of control carried out, it is hereby certified that the information herein is correct and that the goods described comply with the origin requirements specified in the China-Korea FTA.

....
Place and date, signature and stamp of authorized body

图 2-34　中国—韩国自贸区原产地证正本首页

Overleaf Instruction

Certificate No.: Serial number of Certificate of Origin assigned by the authorized body.

Box 1: State the full legal name and address (including country) of the exporter in either China or Korea.

Box 2: State the full legal name and address (including country) of the producer. If goods from more than one producer are included in the certificate, list the additional producers, including their full legal name and address (including country). If the exporter or the producer wishes to maintain this information as confidential, it is acceptable to state "AVAILABLE UPON REQUEST". If the producer and the exporter are the same, please complete field with "SAME".

Box 3: State the full legal name and address (including country) of the consignee resident in either China or Korea.

Box 4: Complete the means of transport and route and specify the departure date, transport vehicle No., port of loading, and port of discharge.

Box 5: In case where a good is invoiced by a non-Party operator, the full legal name, country of the non-Party operator shall be indicated in this box. In case of issuance of certificates retroactively, should bear the words "ISSUED RETROACTIVELY", and in case of a certified true copy, should bear the words "CERTIFIED TRUE COPY of the original Certificate of Origin number ___ dated ___".

Box 6: State the item number, and the number of items should not exceed 20.

Box 7: State the shipping marks and numbers on packages, when such marks and numbers exist, if the shipping marks are images or symbols, other than letter or numerical number, shall state "IMAGE OR SYMBOL (I/S)", otherwise shall state "NO MARKS AND NUMBERS (N/M)".

Box 8: The number and kind of packages shall be specified. Provide a full description of each good. The description should be sufficiently detailed to enable the goods to be identified by the Customs Officers examining them and relate them to the invoice description and to the HS description of the good. If the goods are not packed, state "IN BULK".

Box 9: For each good described in Box 8, identify the HS tariff classification to six-digit.

Box 10: The exporter must indicate in Box 10 the origin criteria on the basis of which he claims that the goods qualify for preferential tariff treatment, in the manner shown in the following table:

Origin Criteria	Insert in Box 10
The good is wholly obtained or produced entirely in a Party, as set out and defined in Article 3.4 (Goods Wholly Obtained or Produced) or required so in Annex 3-A (Product Specific Rules of Origin).	WO
The good is produced entirely in a Party, exclusively from materials whose origin conforms to Chapter 3 (Rules of Origin and Origin Implementation Procedures).	WP
The good is produced in a Party, using non-originating materials that conform to a change in tariff classification, a regional value content, a process requirement or other requirements specified in Annex 3-A (Product Specific Rules of Origin).	PSR
The good is subject to Article 3.3 (Treatment of Certain goods).	OP

Box 11: Gross weight in Kilos should be shown here. Other units of measurement e.g. volume or number of items which would indicate exact quantities may be used when customary.

Box 12: Invoice number and date of invoice should be shown here. In case where a good is invoiced by a non-Party operator and the number and date of the commercial invoice is unknown, the number and date of the original commercial invoice, issued in the exporting Party, shall be indicated in this box.

Box 13: This box shall be completed, signed and, dated by the exporter.

Box 14: This box shall be completed, signed, dated, and stamped by the authorized person of the authorized body.

Note: The instructions hereon are only used for the purposes of reference to complete the Certificate of Origin, and thus do not have to be reproduced or printed in the overleaf page. The instruction hereon can be printed or reproduced in the official language of a Party.

图 2-35 中国—韩国自贸区原产地证正本背页说明

4. 证书填制规范

中国—韩国自贸区原产地证共有14栏，各栏填制规范如下：

（1）原产地证书号

标题栏（右上角），填上海关规定的证书号。编号规则如下：证书类型K+2位年份+9~17位统一社会信用代码或9位组织机构代码+4位流水号。

注意：更改证、重发证的号码与新证的编码规则一致，但改变流水号。

（2）第1栏：出口商的名称、地址、国家

例如：

NINGBO ××× GROUP CO. , LTD.

ROOM ×××, ××× MANSION,

××× ROAD, NINGBO CHINA

注意：

①此栏是强制性的，应填写在中国境内的出口商名称、地址、国家等。出口商必须是已办理原产地证备案的企业，且公司英文名称应与备案一致。

②在台湾地区、香港地区、澳门地区注册的公司不能作为出口商。

（3）第2栏：生产商的名称、地址、国家

例如：

J & D ××× APPLIANCE MANUFACTORY

22 ××× ROAD, NINGBO CHINA

注意：

①如果证书上的货物生产商不止一个时，其他生产商的名称、地址（包括国家）也须全部分别列明。

②如果出口人或生产商希望对该信息保密时，可以填写“应要求提供给主管政府机构（AVAILABLE UPON REQUEST）”。

③如果生产商和出口人相同，应填写“同上（SAME）”。

④如果不知道生产商，可填写“不知道（UNKNOWN）”。

（4）第3栏：收货人的名称、地址、国家

例如：

××× ELECTRONICS CO. , LTD,

112, ×××-ROAD,

YEONGTONG-GU ××× SUWON KOREA

注意：此栏是强制性的，应填写韩国最终收货人名称、地址、国家。若经其他国家或地区转口需填写中间商名称的，可在最终收货人后面加填英文“VIA”或“O/B”，然后填写中间商名称。

（5）第4栏：运输方式及路线（已知）

例如：

离港日期（Departure Date）：28 JAN，2017

运输工具号（Vessel/Flight/Train/Vehicle No.）：KMCT ULSA V. 406S

装运口岸（Port of loading）：NINGBO，CHINA

卸货口岸（Port of discharge）：BUSAN，KOREA

注意：如果运输工具未知的情况下，允许仅填写 BY SEA，BY TRUCK 或 BY RAILWAY。

（6）第5栏：备注

例如：

L/C：2846905067640465

注意：

①如有要求，该栏可注明客户订单编号、信用证编号等。

②如果发票由非缔约方经营者出具，应在此栏填写非缔约方经营者的名称及国家。

③如果原产地证书是后补发的，则应注明“补发”（ISSUED RETROACTIVELY）字样。

④如果原产地证书是经核准的副本，则应注明“原产地证书正本（编号 ×××日期 ×××）经核准的真实副本”（CERTIFIED TRUE COPY of the original Certificate of Origin number ××× dated ××× ）字样。

（7）第6栏：项目编号

在收货人、运输条件相同的情况下，如同批出口货物有不同品种，则可按不同品种分列“1”“2”“3”……，依此类推，但不得超过20个。

（8）第7栏：唛头及包装号

例如：

JENSON，

ORDER NO. 325952065

L/C E766896505

C/N 1-270

注意：

①此栏填写的唛头应与货物外包装上的唛头及发票上的唛头一致。

②唛头不得出现中国以外的国家或地区制造的字样，也不能出现香港地区、澳门地区、台湾地区原产地字样（如 MADE IN HONG KONG，MACAO，TAIWAN）。

③如果唛头是图形或者符号而非字母或者数字，应填写“图形或符号（I/

S）”；如货物无唛头应填写“无唛头”（N/M 或 NO MARK）；如唛头过多，可填写在第 8、9、10 栏的空白处。

（9）第 8 栏：包装数量及种类、商品描述

例如：

SIX（6）PALLETS OF SKIP HOISTS

* * * * * * * * * * * * * * *

注意：

①包装数量必须用英文和阿拉伯数字同时表示，填写货物的具体包装种类（如 CASE，CARTON，BAG、PACKAGE 等）。

②如果无包装，应填明货物出运时的状态，如“NUDE CARGO”（裸装货）、“IN BULK”（散装货）、“HANGING GARMENTS”（挂装）等。

③商品名称必须具体填明，应详细到可以准确判定该商品的 HS 品目号，不能笼统填“MACHINE”（机器）、“GARMENT”（服装）等。如果信用证、合同中品名笼统或拼写错误，应在括号内加注具体描述或正确品名。

④商品名称等项列完后，应在最后一行下方加上表示结束的符号（* * *），以防止加填伪造内容。

（10）第 9 栏：HS 编码

例如：

842810

注意：此栏填写第 8 栏中货物名称对应的 6 位 HS 编码。

（11）第 10 栏：原产地标准

此栏为原产地证书的核心栏目，填写要求如下：

①如该货物在一缔约方完全获得或生产，填写“WO”。

②如该货物使用了非原产原材料，但符合原产地标准：

A. 如该货物完全由已获得原产资格的材料生产，填写“WP”。

B. 满足特定产品原产地标准表所规定的税则归类改变、区域价值成分、工序要求或其他要求，填写“PSR”。

C. 如符合特定货物处理的规定，填写“OP”。

（12）第 11 栏：毛重或其他计量单位

例如：

1200KGS

注意：此栏应填写商品的正常计量单位，如“PCS”“PAIRS”“SETS”等。货物以重量计的则填毛重，只有净重的，则需加注 N. W.（NET WEIGHT）。

（13）第12栏：发票号、发票日期

例如：

SDAKF0522

JAN. 22，2017

注意：

①发票号码、日期必须与正式商业发票一致，此栏不得留空。月份一般用英文缩写 JAN.，FEB.，MAR. 等表示。

②如果发票由非缔约方经营者开具且不知道该商业发票号及日期，应在此栏注明出口方签发的原始商业发票号及日期。

（14）第13栏：出口商声明

例如：

NINGBO，CHINA JAN. 24，2017

注意：

①生产国国名应填写“CHINA”，进口国国名应填写“KOREA”。

②此栏填写申报地点、日期，申请单位应授权专人在此栏签字。

③申报日期不得早于发票日期。

（15）第14栏：签证机构证明

例如：

NINGBO，CHINA OCT. 24，2017

注意：

①此栏填写签证机构签证地点、日期。

②签证机构授权签证人员在此栏签字，在提供给申请单位的证书正本和副本上加盖中英文签证印章，印章应加盖清晰，不能与签名重叠。

（16）其他说明

①凡申请办理中国—韩国自贸区原产地证的单位，须在当地海关进行备案。

②中国—韩国自贸区原产地证所用文字为英文。

③在合理情况下，出口商在货物出口后申请补发中国—韩国自贸区原产地证。补发证书在证书右上角标题栏内显示“ISSUED RETROSPECTIVELY”。

④原产地证书被盗、遗失或损毁时，出口商可根据其持有的出口文件，向授权机构书面申请签发原产地证书副本。据此签发的原产地证书副本应当在备注栏注明“CERTIFIED TRUE COPY OF THE ORIGINAL CERTIFICATE OF ORIGIN NUMBER ______ DATED ______”。其有效期按正本签发日期计算。

⑤签证机构已经签发的证书，申请单位如需更改，须提出更改申请，退回原签发证书。

（四）中国—东盟自贸区原产地证

中国—东盟自贸区原产地证是根据《中国—东盟全面经济合作框架协议货物贸易协定》的规定签署的一种优惠性原产地证明书。签证国家有文莱、柬埔寨、印度尼西亚、老挝、马来西亚、缅甸、菲律宾、新加坡、泰国、越南。

1. 基本信息

基本信息界面与一般原产地证书基本相同，新增、录入、暂存等更多详细操作可参考一般原产地证中的相关描述。部分特殊字段填写说明如下：

（1）展览标志

将鼠标悬浮在展览标志前面的方框上，系统显示展览标志的填写规则，若为展览证书，在展览标志前打勾，用户需要将展览名称地址填写到证书<进口商>中，即填写在进口商信息后面（如图 2-36 所示）。

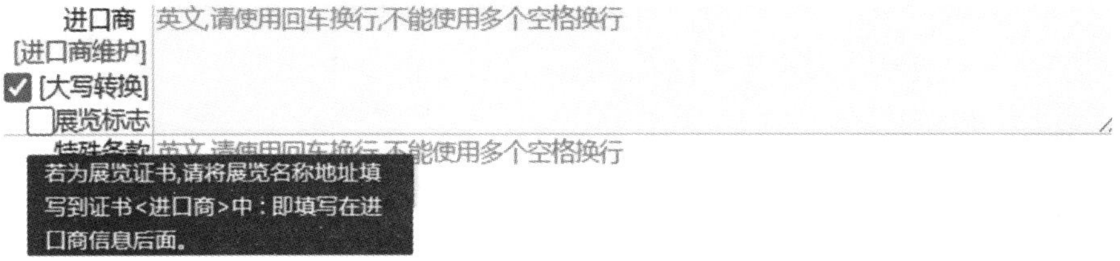

图 2-36　是否展览证书

（2）是否第三方发票

将鼠标悬浮在展览标志前面的方框上，系统显示第三方发票的填写规则，若是第三方发票，在该字段上打勾，并将原发票号和发票日期填写到申请书<备注>中，第三方发票号填写到证书信息的<发票号>中，第三方发票日期填写到证书信息的<发票日期>中，第三方发票公司名称和所在国家或地区填写到证书信息的<特殊条款>中（如图 2-37 所示）。

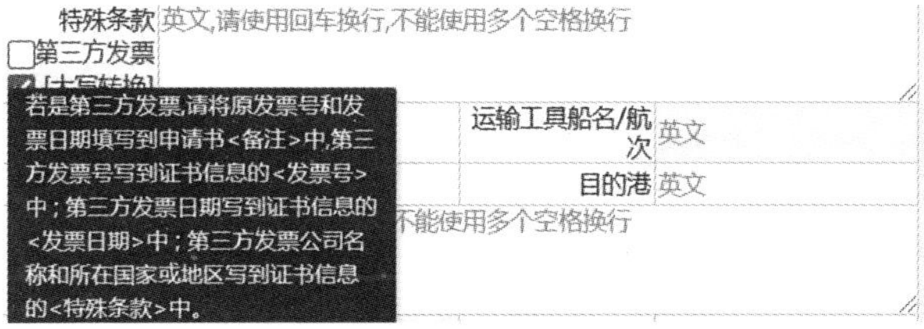

图 2-37　是否第三方发票

2. 货物信息

（1）原产地标准填写说明

点击"原产地标准填写说明"，弹出原产地标准详情界面（如图 2-38 所示）。

原产地标准详情

WO清单下载 PSR清单下载 CTH清单下载

是否完全原产	原产地标准	原产地标准辅助项	进口成分	适用国家/地区
完全原产	完全获得的，原产地标准选“WO”	-	0%	东盟成员国
完全原产	在一方境内由取得原产资格的材料生产的，主要针对于工业品或加工制成品，原产地标准选“PE”	-	0%	东盟成员国
非完全原产	由非原产材料生产，符合区域价值成分标准的，即单一国家成分或中国—东盟自贸区累计成分大于等于产品离岸价40%的，原地标准为空	100%减去进口成分比例(不能小于40%)	不能大于60%	东盟成员国
非完全原产	由非原产材料生产，符合税则归类改变标准的，原产地标准选"CTH"	-	不能为0%	东盟成员国
-	符合特定产品规则，列入特定原产地规则清单，但采用完全获得原产地规则的，原产地标准选"WO"	-	0%	东盟成员国
非完全原产	符合特定产品规则，列入特定原产地规则清单，但采用区域价值成分原产地规则的，原产地标准填写"PSR"，原产地子标准三选一	-	不能为0%	东盟成员国
非完全原产	符合特定产品规则，列入特定原产地规则清单，但采用除完全获得原产地规则和区域价值成分规则之外的，原产地标准填写"PSR"，原产地子标准三选一	-	不能为0%	东盟成员国

图 2-38　原产地标准详情

货物信息其他字段参见中国—韩国自贸区原产地证。

3. 证书样式

中国—东盟自贸区原产地证正本首页如图 2-39 所示，企业可参考证书背面说明填报原产地证申请信息（如图 2-40 所示）。

Triplicate

1. Products consigned from (Exporter's business name, address, country)

Reference No.

ASEAN-CHINA FREE TRADE AREA
PREFERENTIAL TARIFF
CERTIFICATE OF ORIGIN
(Combined Declaration and Certificate)

FORM E

Issued in THE PEOPLE'S REPUBLIC OF CHINA
(Country)

See Overleaf Notes

2. Products consigned to (Consignee's name, address, country)

3. Means of transport and route (as far as known)

Departure date

Vessel's name / Aircraft etc.

Port of Discharge

4. For Official Use

☐ Preferential Treatment Given

☐ Preferential Treatment Not Given (Please state reason/s)

Signature of Authorised Signatory of the Importing Party

5. Item Number	6. Marks and numbers on packages	7. Number and type of packages, description of products (including quantity where appropriate and HS number in six digit code)	8. Origin criteria (see Overleaf Notes)	9. Gross weight or net weight or other quantity, and value (FOB) only when RVC criterion is applied	10. Number, date of Invoices

11. Declaration by the exporter

The undersigned hereby declares that the above details and statement are correct; that all the products were produced in

CHINA
(Country)

and that they comply with the origin requirements specified for these products in the Rules of Origin for the ACFTA for the products exported to

(Importing Country)

Place and date, signature of authorised signatory

12. Certification

It is hereby certified, on the basis of control carried out, that the declaration by the exporter is correct.

Place and date, signature and stamp of certifying authority

13.
☐ Issued Retroactively ☐ Exhibition
☐ Movement Certificate ☐ Third Party Invoicing

图 2-39 中国—东盟自贸区原产地证正本首页

OVERLEAF NOTES

1. Parties which accept this form for the purpose of preferential treatment under the ASEAN-China Free Trade Area (ACFTA):

BRUNEI DARUSSALAM	CAMBODIA	CHINA
INDONESIA	LAOS	MALAYSIA
MYANMAR	PHILIPPINES	SINGAPORE
THAILAND	VIETNAM	

2. CONDITIONS: The main conditions for admission to the preferential treatment under the ACFTA are that products sent to any Parties listed above:

   (i) must fall within a description of products eligible for concessions in the country of destination;

   (ii) must comply with all relevant provisions of Annex 1 (Rules of Origin) of the Protocol to Amend the Framework Agreement on Comprehensive Economic Co-operation and Certain Agreements thereunder between the Association of Southeast Asian Nations (ASEAN) and the People's Republic of China (ACFTA Upgrading Protocol).

3. ORIGIN CRITERIA: For each good described in Box 7 of this form, the origin criteria met should be indicated in Box 8, in the manner shown in the following table:

Circumstances of production or manufacture in the first country named in Box 11 of this form	Insert in Box 8
(a) Goods wholly produced or obtained satisfying subparagraph (a) of Article 2 of Annex 1 of the ACFTA Upgrading Protocol	WO
(b) Goods produced in a Party exclusively from originating materials from one or more of the Parties satisfying subparagraph (b) of Article 2 of Annex 1 of the ACFTA Upgrading Protocol	PE
(c) Goods produced from non-originating materials in a Party, satisfying paragraph 1 of Article 4 of Annex 1 of the ACFTA Upgrading Protocol	
- Regional Value Content	Actual percentage of ACFTA value content, example "40%"
- Change in Tariff Classification at the four-digit level	CTH
(d) Goods satisfying the Product Specific Rules (PSR) in Attachment B of Annex 1 of the ACFTA Upgrading Protocol	PSR

4. EACH ARTICLE MUST QUALIFY: It should be noted that all the products in a consignment must qualify separately in their own right. This is of particular relevance when similar articles of different sizes or spare parts are sent.

5. DESCRIPTION OF PRODUCTS: The description of products in Box 7 must be sufficiently detailed to enable the products to be identified by the Customs Officers examining them.

6. The Harmonised System number of the importing party in Box 7 (six digit code) shall be determined according to the International Convention on the Harmonized Commodity Description and Coding System and subsequent amendments thereto.

7. The term "Exporter" in Box 1 and 11 may include the manufacturer or the producer. In the case of Movement Certificate (MC), the term "Exporter" also includes the exporter in the intermediate Party. For China, a Chinese manufacturer can apply for a Certificate of Origin (Form E) in the case where the manufacturer needs to authorise other agencies to export on its behalf. In this case, the manufacturer can make the declaration indicated in Box 11 and shall state the name and address of the exporter in Box 7.

8. FOR OFFICIAL USE: The Customs Authority of the importing Party must indicate (√) in the relevant boxes in column 4 whether or not preferential treatment is accorded.

9. MOVEMENT CERTIFICATE: In cases of Movement Certificate, in accordance with Rule 12 of Attachment A of the Rules of Origin of the ACFTA Upgrading Protocol (Operational Certification Procedures). (i) "Movement Certificate" in Box 13 should be ticked (√), (ii) the indicated value in Box 9 shall be the invoice value of the products exported from the intermediate Party. The indicated value in Box 9 is only required when the RVC criterion is applied; (iii) The name of the original Issuing Authorities of the Party, date of the issuance and the reference number of the original Certificate of Origin (Form E) to be indicated in Box 7.

10. THIRD PARTY INVOICING: In cases where invoices are issued by a third country, "the Third Party Invoicing" in Box 13 shall be ticked (√). The invoice number shall be indicated in Box 10. Information such as name and country of the company issuing the invoice shall be indicated in Box 7.

11. EXHIBITIONS: In cases where products are sent from the exporting Party for exhibition in another Party and sold during or after the exhibition for importation into a Party, in accordance with Rule 22 of Attachment A of the Rules of Origin for the ACFTA, the "Exhibitions" in Box 13 should be ticked (√) and the name and address of the exhibition indicated in Box 2.

12. ISSUED RETROACTIVELY: In exceptional cases, due to involuntary errors or omissions or other valid causes, the Certificate of Origin (Form E) may be issued retroactively in accordance with Rule 11 of Attachment A of the Rules of Origin for the ACFTA. The "Issued Retroactively" in Box 13 shall be ticked (√) electronically or typewritten together with other information in the Certificate of Origin (Form E). In cases where the "Issued Retroactively" in Box 13 cannot be ticked electronically or typewritten, the Certificate of Origin (Form E) shall be stamped with the words "ISSUED RETROACTIVELY".

图 2-40　中国—东盟自贸区原产地证正本背页说明

4. 证书填制规范

中国—东盟自贸区原产地证共有 13 栏，各栏填制规范如下：

（1）原产地证书号

标题栏（右上角），填上海关规定的证书号。编号规则如下：证书类型 E+2 位年份+9~17 位统一社会信用代码或 9 位组织机构代码+4 位流水号。

注意：重发证的号码与新证的编码规则一致，但改变流水号。

（2）第 1 栏：出口商的名称、地址、国家

例如：

NINGBO ××× GROUP CO.，LTD.

ROOM ×××，××× MANSION，

93 ××× ROAD，NINGBO CHINA

注意：

①填写在中国境内的出口商或生产商名称、地址、国家等。出口商或生产商必须是已办理原产地证备案的企业，且公司英文名称应与备案一致。此栏显示生产商（不是出口商）信息时，应在第 11 栏加盖生产商的中英文章，同时需在第 7 栏加注出口商的名称、地址。

②在台湾地区、香港地区、澳门地区注册的公司不能作为出口商。

（3）第 2 栏：收货人的名称、地址、国家

例如：

××× CO.，LTD.，

LAN GE×××，F-2000，

SURABAYA，INDONESIA

注意：此栏是强制性的，应填东盟最终收货人名称、地址、国家。

（4）第 3 栏：运输方式及路线（就所知而言）

例如：

离港日期（Departure date）：26 OCT，2019

船舶名称/飞机等（Vessel´s name/Aircraft etc）：KMCT ULA V. 46S

卸货口岸（Port of discharge）：SURABAYA，INDONESIA

（5）第 4 栏：供官方使用（进口方海关使用）

由进口成员方的海关当局在该栏简要说明根据协定是否给予优惠待遇。申请单位应将此栏留空。

（6）第 5 栏：商品顺序号

在收货人、运输条件相同的情况下，如同批出口货物有不同品种，则可按不同品种分列“1”“2”“3”……，依此类推。

(7) 第6栏：唛头及包装号

例如：

JENSON，

ORDER N0. 325952065

LJCE766896505

CTN1-270

注意：

①此栏填写的唛头应与货物外包装上的唛头及发票上的唛头一致。

②唛头不得出现中国以外的国家或地区制造的字样，也不能出现香港地区、澳门地区、台湾地区原产地字样（如 MADE IN HONG KONG，MACAO，TAI-WAN）。

③如货物无唛头应填“无唛头”（N/M 或 NO MARK）。

④如唛头为图文等较复杂的内容，此栏打上“SEE ATTACHMENT”，申请单位用空白纸制作带图文的唛头附页，签证机构加盖签证印章。

⑤对于多页证书的情况，续页一律使用 Form E 证书，不得用白纸作为证书续页。

(8) 第7栏：包装数量及种类、商品描述及 HS 编码

例如：

SIX HUNDRED（600）CTNS OF SHRIMPS

H. S.：030613

＊＊＊＊＊＊＊＊＊＊

注意：

①包装数量必须用英文和阿拉伯数字同时表示，填写货物的具体包装种类（如 CASE，CARTON，BAG 等）。

②如果无包装，应填明货物出运时的状态，如“NUDE CARGO”（裸装货）、“IN BULK”（散装货）、“HANGING GARMENTS”（挂装）等。

③商品名称必须具体填明，应详细到可以准确判定该商品的 HS 品目号。如果信用证、合同中品名笼统或拼写错误，应在括号内加注具体描述或正确品名。商品名称后需填写商品的6位 HS 编码。

④商品名称及 HS 编码等项列完后，应在最后一行下方加上表示结束的符号（＊＊＊），以防止加填伪造内容。

⑤国外信用证如要求填具合同、信用证号码、转口商出具的发票号等，可加填在结束符下的空白处。

⑥出口至东盟成员国的货物在进口国海关报关时如使用第三方发票，应在本栏目空白处注明开具发票的公司名称及所在国家等信息，例如“THE THIRD

PART：ALTEAD CO. LTD，HONGKONG ”。第三方必须为中国以外的第三方公司，不得为国内公司。

（9）第 8 栏：原产地标准

此栏为原产地证书的核心栏目，填写要求如下：

①完全获得的，填写“WO”。

②在一方境内由取得原产资格的材料生产的，填写“PE”。

③由非原产材料生产：

A. 符合区域价值成分标准的，即单一国家成分或中国—东盟自贸区累计成分大于等于产品离岸价 40%的，应填写增值的百分比，例如“40%”（同时第 9 栏需加注货物 FOB 值）。

B. 符合税则归类改变标准的，填 CTH。

④符合特定产品规则的：

A. 列入特定原产地规则清单，但采用完全获得原产地规则的，填写“WO”。

B. 列入特定原产地规则清单，但采用区域价值成分原产地规则的，填写 PSR（同时第 9 栏需加注货物 FOB 值）。

C. 列入特定原产地规则清单，但采用除以上两种原产地规则外的，填写 PSR。

（10）第 9 栏：毛重、净重或其他数量及价格（FOB）（仅采用区域价值成分标准时填制价格）

例如：

1200KGS G. W.

注意：

①此栏应填写商品的正常计量单位，如“PCS”“PAIRS”“SETS”等。货物以重量计的则填毛重，只有净重的，则需加注 G. W. （GROSS WEIGHT）或 N. W. （NET WEIGHT）。

②对于原产地标准采用区域价值成分标准的情况，此栏需显示产品 FOB 值，其余情况无须填写金额。

（11）第 10 栏：发票号码及日期

例如：

SDAKF0522

MAY05，2019

注意：

①此栏不得留空，发票号码、日期必须与正式商业发票一致，月份一般用英文缩写 JAN.，FEB.，MAR 等表示。

②发票日期不能迟于提单日期和申报日期。

③涉及第三方的，应注明第三方发票号。

（12）第 11 栏：出口商声明

例如：

NINGBO, CHINA OCT. 26, 2019

注意：

①生产国国名应填写“CHINA”，进口国国名必须是东盟成员国，一般与最终收货人或目的港的国别一致。签证国家为文莱、柬埔寨、印度尼西亚、老挝、马来西亚、缅甸、菲律宾、新加坡、泰国、越南。

②此栏填写申报地点、日期，申请单位应在此栏加盖印章并授权专人在此栏签字。生产企业（非出口商）作为申请单位时，此栏加盖生产企业印章。

（13）第 12 栏：签证机构证明

例如：

NINGBO, CHINA OCT. 26, 2019

注意：

①此栏填写签证机构签证地点、日期。

②签证机构授权签证人员在此栏签字，在提供给申请单位的证书正本和副本上加盖中英文签证印章，印章应加盖清晰，不能与签名重叠。签证人员的手签笔迹必须经总署统一向东盟备案，签名必须清楚，且与备案笔迹保持一致。

③如属重发证书，签证机构在此栏加打“CERTIFIED TRUE COPY OF THE ORIGINAL CERTIFICATE OF ORIGIN NUMBER __________ DATED __________”。

（14）第 13 栏

此栏为后发、流动证书、展览证书和第三方发票等四项内容的勾选项目。

注意：

①后发证书：申报日期迟于出运日期三天，勾选“Issued Retroactively”。

②流动证书：勾选“ Movement Certificate”。

③展览证书：当产品由出口方运至另一方展览并在展览期间或展览后销售给一方时，勾选“ Exhibition”。展览的名称及地址应在第二栏中注明。

④第三方发票：当发票是由第三方开具时，勾选“Third Party Invoice”。

（15）其他说明

①凡申请办理中国—东盟自贸区原产地证的单位，须在当地海关进行备案。

②如果签发的证书正本遗失或损毁，申请单位可向原签证机构申请重发，提供申请单位和丢证方书面说明及原证的复印件，经核实，予以重发。

③该证书内容需要更改时，需提供更改申请书，由签证人员审核后，将证

书上错误项目以横线划去，在旁边空白处手写或打印正确的内容，在正确内容周围加“＊”截止符，签证人员签字，加盖签证印章。

（五）亚太贸易协定原产地证

《亚太贸易协定》的全称是《关于亚洲及太平洋经济和社会理事会发展中国家成员国关于贸易谈判的协定》，其第一协定也称《曼谷协定》，于 1975 年在泰国首都曼谷订立，并于 1976 年 6 月 17 日正式生效，我国自 2001 年 5 月 23 日起正式成为《曼谷协定》的成员国，自 2002 年 10 月 1 日起执行《曼谷协定》原产地证书签证管理办法规定。

亚太贸易协定原产地证签证国家有中国、印度、韩国、孟加拉国、斯里兰卡和老挝。

1. 基本信息

基本信息参见一般原产地证。

2. 货物信息

点击“原产地标准填写说明”，弹出原产地标准详情界面（如图 2-41 所示）。

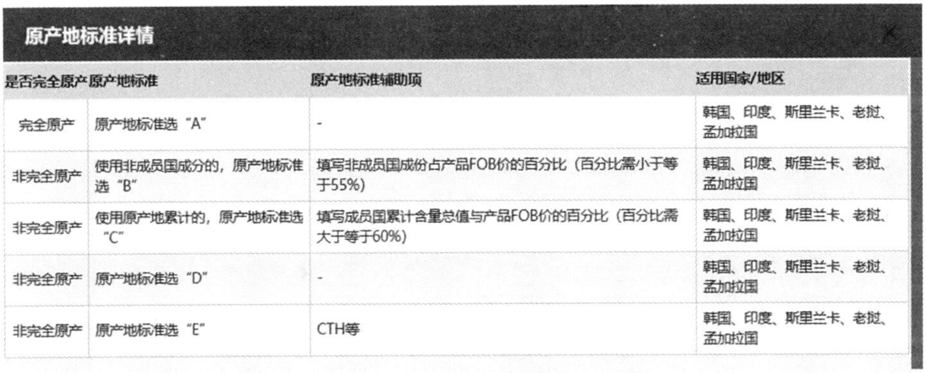

原产地标准详情

是否完全原产	原产地标准	原产地标准辅助项	适用国家/地区
完全原产	原产地标准选“A”	-	韩国、印度、斯里兰卡、老挝、孟加拉国
非完全原产	使用非成员国成分的，原产地标准选“B”	填写非成员国成份占产品FOB价的百分比（百分比需小于等于55%）	韩国、印度、斯里兰卡、老挝、孟加拉国
非完全原产	使用原产地累计的，原产地标准选“C”	填写成员国累计含量总值与产品FOB价的百分比（百分比需大于等于60%）	韩国、印度、斯里兰卡、老挝、孟加拉国
非完全原产	原产地标准选“D”	-	韩国、印度、斯里兰卡、老挝、孟加拉国
非完全原产	原产地标准选“E”	CTH等	韩国、印度、斯里兰卡、老挝、孟加拉国

图 2-41 原产地标准详情

货物信息其他字段参见中国—韩国自贸区原产地证。

3. 证书样式

亚太贸易协定原产地证正本首页如图 2-42 所示，企业可参考证书的背面说明填报原产地证申请信息（如图 2-43 所示）。

ORIGINAL

1. Goods consigned from (Exporter's business name, address, country)	Reference No. **CERTIFICATE OF ORIGIN** **Asia-Pacific Trade Agreement** **(Combined Declaration and Certificate)** Issued in The People's Republic of China (Country)
2. Goods consigned to (Consignee's name, address, country)	3. For Official use
4. Means of transport and route	

5. Tariff item number	6. Marks and number of Packages	7. Number and kind of packages/description of goods	8. Origin criterion (see notes overleaf)	9. Gross weight or other quantity	10. Number and date of invoices

11. Declaration by the exporter The undersigned hereby declares that the above details and statements are correct, that all the goods were produced in CHINA (Country) and that they comply with the origin requirements specified for these goods in the Asia - Pacific Trade Agreement for goods exported to .... (Importing Country) .... Place and date, signature of authorized Signatory	12. Certificate It is hereby certified on the basis of control carried out, that the declaration by the exporter is correct. .... Place and date, signature and Stamp of Certifying Authority

图 2-42　亚太贸易协定原产地证正本首页

Notes for completing Certificate of Origin

I. General Conditions:

To qualify for preference, products must:

fall within a description of products eligible for preference in the list of concessions of an Asia-Pacific Trade Agreement country of destination;

comply with Asia-Pacific Trade Agreement rules of origin. Each article in a consignment must qualify separately in its own right; and

comply with the consignment conditions specified by the Asia-Pacific Trade Agreement rules of origin. In general, products must be consigned directly within the meaning of Rule 5 hereof from the country of exportation to the country of destination.

II. Entries to be made in the boxes

Box 1: Goods Consigned from

Type the name, address and country of the exporter. The name must be the same as the exporter described in the invoice.

Box 2: Goods Consigned to

Type the name, address and country of the importer. The name must be the same as the importer described in the invoice. For third party trade, the words "To Order" may be typed.

Box 3: For Official Use

Reserved for use by certifying authority.

Box 4: Means of Transport and Route

State in detail the means of transport and route for the products exported. If the L/C terms etc.do not require such details, type "By Air" or "By Sea". If the products are transported through a third country this can be indicated as follows:

e.g. "By Air"

"Laos to India via Bangkok"

Box 5: Tariff Item Number

Type the 6-digit HS heading of the individual items.

Box 6: Marks and Numbers of Packages

Type the marks and numbers of the packages covered by the Certificate. This information should be identical to the marks and numbers on the packages.

Box 7: Number and Kind of Packages; Description of Goods

Type clearly the description of the products exported. This should be identical to the description of the products contained in the invoice. An accurate description will help the Customs Authority of the country of destination to clear the products quickly.

Box 8: Origin Criterion

Preference products must be wholly produced or obtained in the exporting Participating State in accordance with Rule 2 of the Asia-Pacific Trade Agreement Rules of Origin, or where not wholly produced or obtained in the exporting Participating State must be eligible under Rule 3 or Rule 4.

a) Products wholly produced or obtained: enter the letter "A" in Box 8.

b) Products not wholly produced or obtained: the entry in Box 8 should be as follows:

1. Enter letter "B" in Box 8 for products which meet the origin criteria according to Rule 3. Entry of letter "B" would be followed by the sum of the value of materials, parts or produce originating from non-Participating States, or undetermined origin used, expressed as a percentage of the f.o.b. value of the products (example "B" 50 percent);

2. Enter letter "C" in Box 8 for products which meet the origin criteria according to Rule 4. Entry of letter "C" would be followed by the sum of the aggregate content originating in the territory of the exporting Participating State expressed as a percentage of the f.o.b. value of the exported product (example "C" 60 percent);

3. Enter letter "D" in Box 8 for products which meet the special origin criteria according to Rule 10;

4. Enter letter "E" in Box 8 for products which meet the origin criteria according to Rule 3(b). Entry of letter "E" would be followed by the criteria of the RoO (example "E" CTH) .

Box 9: Gross Weight or Other Quantity

Type the gross weight or other quantity (such as pieces, kg) of the products covered by the Certificate.

Box 10: Number and Date of Invoices

State number and date of the invoice in question. The date of the invoice attached to the Application should not be later than the date of approval on the Certificate.

Box 11: Declaration by the Exporter

The term "Exporter" refers to the shipper who can either be a trader or a manufacturer. Type the name of the producing country and the importing country and the place and date when the declaration is made. This box must be signed by the Company's authorized signatory.

Box 12: Certification

The certifying authority will certify in this Box.

图 2-43　亚太贸易协定原产地证正本背页说明

4. 证书填制规范

亚太贸易协定原产地证共有 12 栏，各栏的填写规范如下：

（1）原产地证书号

标题栏（右上角），填上海关规定的证书号。编号规则如下：证书类型 B+2 位年份+9~17 位统一社会信用代码或 9 位组织机构代码+4 位流水号。

注意：更改证、重发证的号码与新证的编码规则一致，但改变流水号。

（2）第 1 栏：出口商名称、地址、国家

例如：

NINGBO ××× GROUP CO.，LTD.

ROOM 1209，××× MANSION，

××× EAST ZHONGSHAN ROAD，NINGBO CHINA

注意：

①此栏是强制性的，应填写在中国境内的出口商名称、地址、国家等。出口商必须是已办理原产地证备案的企业，且公司英文名称应与备案一致。

②在台湾地区、香港地区、澳门地区注册的公司不能作为出口商。

（3）第 2 栏：收货人的名称、地址、国家

例如：

DCCCORPORATIN

12345BL 3LT，×××，GOJAN-DONG

NAMDONG-KU，INCHEON，KOREA

注意：

①此栏是强制性的，应填写亚太贸易协定成员国最终收货人名称、地址、国家。

②若经其他国家或地区转口需填写中间商名称的，可在最终收货人后面加填英文“VIA”或“O/B”，然后填写中间商名称。

（4）第 3 栏：供官方使用（官方声明）

注意：

①此栏由签证机构填写，正常情况下此栏空白。

②签发重发证书时，签证机构在此栏注明原证书的签发日期，并加注“CERTIFIED TRUE COPY. THIS CERTIFICATE IS IN REPLACEMENT OF CERTIFICATE OF ORIGIN NO. ____ DATED ____ WHICH IS CANCELLED.”

（5）第 4 栏：运输方式及路线（就所知而言）

例如：

FROM NINGBO TO BUSAN BY SEA

注意：一般应填装货、到货地点（始运港、目的港）及运输方式（如海运、

陆运、空运），最终收货地应与第 11 栏进口国保持一致。运输路线始发地应填中国最后一道离境地，如系转运货物，应加上转运港。

（6）第 5 栏：税则号

例如：3204

注意：此栏填写第 7 栏货物名称对应的 4 位 HS 编码。

（7）第 6 栏：唛头及包装编号

例如：

JENSON,

ORDERNO. 325952065

L/CE766896505

C/N1-270

注意：

①此栏填写的唛头应与货物外包装上的唛头及发票上的唛头一致。

②唛头不得出现中国以外的国家或地区制造的字样，也不能出现香港地区、澳门地区、台湾地区原产地字样（如 MADE IN HONG KONG，MACAO，TAIWAN）。

③如货物无唛头应填“无唛头”（N/M 或 NO MARK）。

④如唛头为图文等较复杂的内容，此栏应填写“SEE ATTACHMENT”，申请单位用空白纸制作带图文的唛头附页，签证机构在附页上加盖签证印章。

（8）第 7 栏：包装数量及种类、商品的名称

例如：

SIX HUNDRED（600）CTNS OF SHRIMPS

* * * * * * * * * *

注意：

①包装数量必须用英文和阿拉伯数字同时表示，填写货物的具体包装种类（如 CASE，CARTON，BAG，PACKAGE 等）。

②如果无包装，应填明货物出运时的状态，如“NUDE CARGO”（裸装货）、“IN BULK”（散装货）、“HANGING GARMENTS”（挂装）等。

③商品名称必须具体填明，应详细到可以准确判定该商品的 HS 品目号，不能笼统填“MACHINE”（机器）、“GARMENT”（服装）等。如果信用证、合同中品名笼统或拼写错误，应在括号内加注具体描述或正确品名。

④商品名称等项列完后，应在最后一行下方加上表示结束的符号（* * *），以防止加填伪造内容。

⑤国外信用证如要求填具合同、信用证号码、转口商出具的发票号等，可加填在结束符下的空白处。

（9）第8栏：原产地标准

此栏为原产地证书的核心栏目，填写要求如下：

①完全原产的，填写“A”。

②含有进口成分的产品，填写如下：

A. 在一出口成员国境内最终制得或加工的产品，如果其使用的来自非成员国或不明原产地的原材料、零件或制品的总价值不超过该产品FOB价的55%，则填写字母“B”并注明原产于非成员国或原产地不明的原材料、零部件或制品的总价值占出口产品FOB价的百分比（例如“B”50%）。

B. 符合原产地累积标准的，如果最终产品中成员国成分合计不低于其FOB价的60%，则填写字母“C”并注明原产于成员国领土内的累计含量的总价值占出口产品FOB价的百分比（例如“C”60%）。

C. 最不发达成员国原产的产品在适用条件A时百分比不能超过65%，适用条件B时百分比不能低于50%。符合该特定原产地标准的产品，填写字母“D”。

（10）第9栏：毛重或其他数量

例如：

1200KGS

注意：此栏应填写商品的正常计量单位，如“PCS”“PAIRS”“SETS”等。货物以重量计的则填毛重，只有净重的，则需加注N.W.（NET WEIGHT）。

（11）第10栏：发票号码及日期

例如：

SDAKF0522

MAY 22，2017

注意：此栏不得留空，发票号码、日期必须与正式商业发票一致，月份一般用英文缩写JAN.，FEB.，MAR等表示。

（12）第11栏：出口商声明

例如：

NINGBO，CHINA MAY 24，2017

注意：

①生产国国名应填写“CHINA”，进口国国名应填写最终进口国，进口国必须是亚太贸易协定成员国。

②此栏填写申报地点、日期，申请单位应授权专人在此栏签字。

③申报日期不得早于发票日期。

（13）第12栏：签证机构的证明

例如：

NINGBO, CHINA MAY 24, 2017

注意：

①此栏填写签证机构签证地点、日期。

②签证机构授权签证人员在此栏签字，在证书正本加盖中英文签证印章，印章应加盖清晰，其不能与签名重叠。

（14）其他说明

①凡申请办理亚太优惠原产地证明书的单位，须在当地海关进行备案。

②亚太贸易协定原产地证使用英文填制。

③亚太贸易协定原产地证不接受后发证，企业必须在货物出口前或者出运后3个工作日内申请签发该证书，逾期不予签发。

④亚太贸易协定原产地证自签发之日起1年内有效。

⑤如果签发的证书正本遗失或损毁，申请单位可向原签证机构申请重发，提供申请单位和丢证方书面说明及原证的复印件，经海关核实，予以重发。原证书签发之日起一年内可以申请重发。

⑥签证机构已经签发的证书，申报单位如需要更改，须提出更改申请，并退还原签发证书。

（六）中国—智利自贸区原产地证

依照《中国—智利自由贸易协定》和国家法律有关规定，申请人可以向签发机构申请中国—智利自贸区原产地证，随附上述证书的出口货物依照《中国—智利自由贸易协定》规定在智利享受优惠关税待遇。

1. 基本信息

基本信息参见一般原产地证。

2. 货物信息

点击“原产地标准填写说明”，弹出原产地标准详情界面（如图2-44所示）。

原产地标准详情

是否完全原产	原产地标准	原产地标准辅助项	适用国家/地区
-	在一缔约方境内仅使用原产材料生产的货物，原产地标准选“WP”	-	智利
-	完全获得货物，原产地标准选“WO”	-	智利
非完全原产	中国—智利原产成份价值占产品FOB价的百分比大于等于40%，原产地标准选“RVC”	-	智利
非完全原产	符合特定原产地标准的，原产地标准选“PSR”	-	智利

图2-44　原产地标准详情

货物信息其他字段参见中国—韩国自贸区原产地证。

3. 证书样式

中国—智利自贸区原产地证正本首页如图 2-45 所示，企业可参考证书背面说明填报原产地证申请信息（如图 2-46 所示）。

ORIGINAL

1.Exporter's name, address, country:

2.Producer's name and address, country:

3.Consignee's name, address, country:

Certificate No.:

CERTIFICATE OF ORIGIN

Form for China-Chile FTA

Issued in THE PEOPLE'S REPUBLIC OF CHINA

(see Instruction overleaf)

4.Means of transport and route (as far as known)

Departure Date

Vessel /Flight/Train/Vehicle No.

Port of loading

Port of discharge

For Official Use Only

5.Remarks

6.Item number	7.Marks and packages No.	8.Number and kind of packages; description of goods	9.HS code (Six digit code)	10.Origin criterion	11.Net weight or quantity, with unit of measurement	12.Number(s) and date(s) of invoice(s)

13.Declaration by the exporter or producer

The undersigned hereby declares that the above details and statement are correct, that all the goods were produced in

CHINA

(Country)

and that they comply with the origin requirements specified in the China-Chile FTA for the goods exported to

CHILE

(Importing country)

Place and date, signature of authorised signatory

14.Certification

On the basis of control carried out, it is hereby certified that the declaration made by the exporter or producer is correct.

Place and date, signature and stamp of authorised body

图 2-45　中国—智利自贸区原产地证正本首页

Overleaf Instruction

Certificate No.: Unique serial number of Certificate of Origin assigned by the authorised body.

Box 1: State the full legal name and address (including country) of the exporter in either China or Chile.

Box 2: State the full legal name and address (including country) of the producer. If goods from more than one producer are included in the certificate, list the additional producers, including their full legal name and address (including country). If the exporter or the producer wishes to maintain this information as confidential, it is acceptable to state "AVAILABLE UPON REQUEST". If the producer and the exporter are the same, please complete field with "SAME".

Box 3: State the full legal name and address (including country) of the consignee in either China or Chile.

Box 4: Complete the means of transport and route and specify the departure date, transport vehicle No., port of loading and discharge, as far as known.

Box 5: State the order number, Letter of Credit number or other information. In case where a good is invoiced by a non-Party operator, the full legal name, country of the non-Party operator shall be indicated in this box, as far as known. In case of issuance of certificate retroactively, shall bear the words "ISSUED RETROACTIVELY", and in case of a certified copy, shall bear the word "CERTIFIED COPY of the original Certificate of Origin number____dated____".

Box 6: State the item number, 50 is the maximum.

Box 7: State the shipping marks and numbers on the packages when such marks and numbers exist, otherwise shall state "NO MARKS AND NUMBERS (N/M)".

Box 8: The Number and kind of packages shall be specified. Provide a full description of each good. The description should be sufficiently detailed to enable the goods to be identified by the Customs Officers examining them and relate them to the invoice description and to the HS description of the good. If the goods are not packed, state "IN BULK". When the description of the goods is finished, add "***" (three stars) or " \ " (finishing slash).

Box 9: Identify the HS tariff classification to six digits corresponding to each good described in Box 8.

Box 10: If the goods qualify as originating good according to the Rules of Origin Chapter, the exporter or producer shall indicate in Box 10 the origin criteria on the basis of which the goods qualify for preferential tariff treatment, in the manner shown in the following table:

Origin Criteria	Insert in Box 10
Good wholly obtained	WO
Good is produced entirely in the territory of one Party, exclusively from originating materials	WP
General rule as ≥ 40% regional value content	RVC
Products specific rules	PSR

Box 11: Net weight or quantity shall be shown here with unit of measurement.

Box 12: Number(s) and date(s) of invoice(s) issued by the exporter or number and date of invoice issued by non-Party operator shall be shown here.

Box 13: The field shall be completed, signed and dated by the exporter or producer who applies for the Certificate of Origin.

Box 14: The field shall be completed, signed, dated and stamped by the authorised body.

图 2-46 中国—智利自贸区原产地证正本背页

4. 证书填制规范

中国—智利自贸区原产地证共有 15 栏，各栏填制规范如下：

（1）原产地证书号

标题栏（右上角），填上海关规定的证书号。编号规则如下：证书类型 F+2 位年份+9~17 位统一社会信用代码或 9 位组织机构代码+4 位流水号。

注意：更改证的号码与新证的编码规则一致，但改变流水号。

（2）第 1 栏：出口商名称、地址、国家

例如：

NINGBO ××× GROUP CO.，LTD.

ROOM ×××，××× MANSION，

93 ××× ROAD，NINGBO CHINA

注意：

①此栏是强制性的，应填写在中国境内的出口商名称、地址、国家等。出口商必须是已办理原产地证备案的企业，且公司英文名称应与备案一致。

②在台湾地区、香港地区、澳门地区注册的公司不能作为出口商。

（3）第 2 栏：生产商的名称、地址、国家

例如：

××× MECHANICAL APPLIANCE MANUFACTORY

××× ROAD，NINGBO CHINA

注意：

①如果证书上的货物生产商不止一个时，其他生产商的名称、地址（包括国家）也须全部分别列明。

②如果出口人或生产商希望对该信息保密时，可以填写“应要求提供给主管政府机构（AVAILABLE TO THE COMPETENT GOVERNMENTAL AUTHORITY UPON REQUEST）”。

③如果生产商和出口人相同，应填写“同上（SAME）”。

④如果不知道生产商，可填写“不知道（UNKNOWN）”。

（4）第 3 栏：收货人的名称、地址、国别

例如：

××× TRADING CO.，LTD.

HOVEN6，××× LIRQUEN CHILE

注意：此栏是强制性的，应填明智利最终收货人名称、地址、国家。若经其他国家或地区转口需填写中间商名称的，可在最终收货人后面加填英文“VIA”或“O/B”，然后填写中间商名称。

（5）第4栏：运输方式及路线（已知）

例如：

离港日期（Departure Date）：10 OCT，2016

运输工具号（Vessel/Flight/Train/Vehicle No.）：KMCT ULSAV. 406S

装运口岸（Port of loading）：NINGBO，CHINA

卸货口岸（Port of discharge）：SAN ANTONIO，CHILE

注意：如果运输工具未知的情况下，允许仅填写 BY SEA，BY TRUCK 或 BY RAILWAY。

（6）第5栏：供官方使用

由进口方海关在该栏简要说明根据协定是否给予优惠待遇。

（7）第6栏：备注

例如：

L/C：2846905067640465

注意：

①如有要求，该栏可注明客户订单编号、信用证编号等。

②如果发票由非缔约方经营者出具，应在此栏填写原产地国生产商的名称、地址及国家。

（8）第7栏：商品顺序号

在收货人、运输条件相同的情况下，如同批出口货物有不同品种，则可按不同品种分列“1”“2”“3”……，依此类推，但不得超过20个。

（9）第8栏：唛头及包装编号

例如：

JENSON，

ORDER NO. 325952065

L/C E766896505

C/N 1-270

注意：

①此栏填写的唛头应与货物外包装上的唛头及发票上的唛头一致。

②唛头不得出现中国以外的国家或地区制造的字样，也不能出现香港地区、澳门地区、台湾地区原产地字样（如 MADE IN HONG KONG，MACAO，TAIWAN）。

③如货物无唛头应填“无唛头”（N/M 或 NO MARK）。

④如唛头为图文等较复杂的内容，此栏打上“SEE ATTACHMENT”，用空白纸制作带图文的唛头附页，签证机构加盖签证印章。

（10）第9栏：包装数量及种类、商品描述

例如：

SIX（6）PALLETS OF SKIP HOISTS

＊＊＊＊＊＊＊＊＊＊＊＊＊＊

注意：

①包装数量必须用英文和阿拉伯数字同时表示，填写货物的具体包装种类（如 CASE，CARTON，BAG，PACKAGE 等）。

②如果无包装，应填明货物出运时的状态，如“NUDE CARGO”（裸装货）、“IN BULK”（散装货）、“HANGING GARMENTS”（挂装）等。

③商品名称必须具体填明，应详细到可以准确判定该商品的 HS 品目号，不能笼统填“MACHINE”（机器）、“GARMENT”（服装）等。如果信用证、合同中品名笼统或拼写错误，应在括号内加注具体描述或正确品名。

④商品名称等项列完后，应在最后一行下方加上表示结束的符号（＊＊＊），以防止加填伪造内容。

（11）第10栏：HS 编码

例如：842810

此栏对应第9栏中货物名称对应的6位 HS 编码。

（12）第11栏：原产地标准

此栏为原产地证书的核心栏目，填写要求如下：

①完全原产的，填写“P”。

②含有进口成分，但符合原产地标准：

A. 如使用了非原产于中国、智利或无法确定原产地的原材料生产和加工产品时，中国—智利自贸区累计价值成分不少于产品离岸价格的40%，且最后生产加工工序在中国境内完成，填写“RVC”。

B. 符合中国—智利自由贸易区原产地规则产品特定原产地标准的产品，填写“PSR”。

（13）第12栏：毛重或其他数量

例如：

1200KGS

注意：此栏应填写商品的正常计量单位，如“PCS”“PAIRS”“SETS”等。货物以重量计的则填毛重，只有净重的，则需加注 N.W.（NET WEIGHT）。

（14）第13栏：发票号、发票日期及价格

例如：

SDAKF0522

JAN. 22，2016

FOB：USD 188890

注意：

①此栏不得留空，发票号码、日期必须与正式商业发票一致，月份一般用英文缩写 JAN.，FEB.，MAR. 等表示。

②发票价格一般填写 FOB 价，也可填写 CIF 等价格。

（15）第 14 栏：出口商声明

例如：

NINGBO，CHINA OCT. 24，2016

注意：

①生产国应填上“CHINA”，进口国应填写“CHILE”。

②此栏填写申报地点、日期，申请单位应授权专人在此栏签字。

③申报日期不得早于发票日期，申请单位应在出口前或出口后 30 天内申报。

（16）第 15 栏：签证当局证明

例如：

NINGBO，CHINA OCT. 24，2016

TEL：0086-574-××× FAX：0086-574-×××

ADDRESS：××× ROAD，NINGBO，CHINA

注意：

①此栏填写签证机构签证地点、日期以及直属检验检疫局的电话号码、传真及地址。

②签证机构授权签证人员在此栏签字，在提供给申请单位的证书正本和副本上加盖中英文签证印章，印章应加盖清晰，不能与签名重叠。

（17）其他说明

①凡申请办理中国—智利自贸区原产地证的单位，须在当地海关进行备案。

②该证书所用文字为英文。

③该证书无后发证，申请单位应在出口前或出口后 30 天内申报。

④该证书目前无重发证。

⑤签证机构已经签发的证书，申请单位如需更改，须提出更改申请，退回原签发证书。

（七）中国—巴基斯坦自贸区原产地证

依照《中国—巴基斯坦自由贸易协定》和国家法律有关规定，申请人可以向签发机构申请中国—巴基斯坦自贸区原产地证，随附上述证书的出口货物依照《中国—巴基斯坦自由贸易协定》规定在巴基斯坦享受优惠关税待遇。

1. 基本信息

基本信息参见中国—韩国自贸区原产地证。

2. 货物信息

点击“原产地标准填写说明”，弹出原产地标准详情界面（如 2–47 所示）。

原产地标准详情

是否完全原产	原产地标准	原产地标准辅助项	适用国家/地区
完全原产	原产地标准选“P”	-	巴基斯坦
非完全原产	使用非成员国成分的，原产地标准留空	填写单一国家成份价值或中巴自贸区累计原产成份价值占产品FOB价的百分比（百分比需大于等于40%）	巴基斯坦
非完全原产	符合产品特定原产地标准的货物，原产地标准选“PSR”	-	巴基斯坦

图 2–47　原产地标准详情

货物信息其他字段参见中国—韩国自贸区原产地证。

3. 证书样式

中国—巴基斯坦自贸区原产地证正本首页如图 2–48 所示，企业可参考证书背面说明填报原产地证申请信息（如图 2–49 所示）。

ORIGINAL

1. Exporter's Name and Address, Country

2. Consignee's Name and Address, Country

3. Producer's Name and Address, Country

CERTIFICATE NO.

CERTIFICATE OF ORIGIN

CHINA-PAKISTAN FTA

(Combined Declaration and Certificate)

Issued in THE PEOPLE' S REPUBLIC OF CHINA

(Country)

See Instructions Overleaf

4. Means of transport and route (as far as known)

Departure Date

Vessel /Flight/Train/Vehicle No.

Port of loading

Port of discharge

5. For Official Use Only

☐ Preferential Treatment Given Under China-Pakistan FTA Free Trade Area Preferential Tariff

☐ Preferential Treatment Not Given (Please state reason/s)

....

Signature of Authorized Signatory of the importing Country

6. Item number	7. Marks and numbers on packages; Number and kind of packages; description of goods; HS code of the importing country	8.Origin Criterion	9. Gross Weight, Quantity and FOB value	10. Number and date of invoices	11.Remarks

12.Declaration by the exporter

The undersigned hereby declares that the above details and statement are correct; that all the goods were produced in

CHINA

....

(Country)

and that they comply with the origin requirements specified for these goods in the China-Pakistan Free Trade Area Preferential Tariff for the goods exported to

PAKISTAN

....

(Importing country)

....

Place and date, signature and stamp of authorized signatory

13. Certification

It is hereby certified, on the basis of control carried out, that the declaration by the exporter is correct.

....

Place and date, signature and stamp of certifying authority

图 2-48 中国—巴基斯坦自贸区原产地证正本首页

China-Pakistan FTA Certificate of Origin Instructions

Box 1: State the full legal name, address (including country) of the exporter.

Box 2: State the full legal name, address (including country) of the consignee.

Box 3: State the full legal name, address (including country) of the producer. If more than one producer's good is included in the certificate, list the additional producers, including name, address (including country). If the exporter or the producer wishes the information to be confidential, it is acceptable to state"Available to Customs upon request". If the producer and the exporter are the same, complete field with "SAME".

Box 4: Complete the means of transport and route and specify the departure date, transport vehicle No., port of loading and discharge.

Box 5: The Customs Authority of the importing Party must indicate in the relevant boxes whether or not preferential treatment is accorded.

Box 6: State the item number.

Box7: Provide a full description of each good. The description should be sufficiently detailed to enable the products to be identified by the Customs Officers examining them and relate it to the invoice description and to the HS description of the good. Shipping Marks and numbers on the packages, number and kind of package shall also be specified. For each good, identify the HS tariff classification to 6 digits, using the HS tariff classification of the country into whose territory the goods is imported.

Box 8: For exports from one Party to the other Party to be eligible for preferential treatment under China-Pakistan FTA, the requirement is that either: (to be adjusted according to the specific rules of origin)

i. The products wholly obtained in the exporting Party as defined in China-Pakistan FTA Rules of Origin;

ii. Subject to sub-paragraph (i) above, for the purpose of implementing the provisions of China-Pakistan FTA Rules of Origin, products worked on and processed as a result of which the total value of material originating from non- China-Pakistan FTA member states or of undetermined origin used is less than 60% of the FOB value of the product produced or obtained and the final process of the manufacture is performed within territory of the exportingParty;

iii. Products which comply with origin requirements provided for in Article 16 of this Agreement and which are used in a Party as inputs for a finished product eligible for preferential treatment in the other Party shall be considered as a product originating in the Party where working or processing of the finished product has taken place provided that the aggregate China-Pakistan FTA content of the final product is not less than 40%; or

iv. Products that satisfy the Product Specific Rules provided for in Attachment B of the China-Pakistan FTA Rules of Origin shall be considered as goods to which sufficient transformation has been carried out in a Party.

If the goods qualify under the above criteria, the exporter must indicate in Field 8 of this form the origin criteria on the basis of which he claims that his goods qualify for preferential treatment, in the manner shown in the following table:

Circumstances of production or manufacture in the first country named in Field 12 of this form	Insert in Field 8
(a) Products wholly produced in the country of exportation (see paragraph 8 (i) above)	"P"
(b) Products worked upon but not wholly produced in the exporting Party which were produced in conformity with the provisions of paragraph 8 (ii) above	Percentage of single country content, example 40%
(c) Products worked upon but not wholly produced in the exporting Party which were produced in conformity with the provisions of paragraph 8 (iii) above	Percentage of China-Pakistan FTA cumulative content, example 40%
(d) Products satisfied the Product Specific Rules	"PSR"

Box 9: Gross weight in Kilos should be shown here. Other units of measurement e.g. volume or number of items which would indicate exact quantities may be used when customary; the FOB value shall be the invoiced value declared by exporter to the issuing authority.

Box 10: Invoice number and date of invoices should be shown here.

Box 11: Customer's Order Number, Letter of Credit Number, and etc. may be included if required.

Box 12: The field must be completed, signed and dated by the exporter. Insert the place, date of signature.

Box 13: The field must be completed, signed, dated and stamped by the authorized person of the certifying authority.

图 2–49 中国—巴基斯坦自贸区原产地证正本背页说明

4. 证书填制规范

中国—巴基斯坦自贸区原产地证共有 13 栏，各栏的填写规范如下：

（1）原产地证书号

标题栏（右上角），填上海关规定的证书号。编号规则如下：证书类型 P+2 位年份+9~17 位统一社会信用代码或 9 位组织机构代码+4 位流水号。

注意：更改证、重发证的号码与新证的编码规则一致，但改变流水号。

（2）第 1 栏：出口商的名称、地址、国家

例如：

NINGBO ××× GROUP CO. , LTD.

ROOM ×××, ××× MANSION,

93 ××× ROAD, NINGBO CHINA

注意：

①此栏是强制性的，应填写在中国境内的出口商名称、地址、国家等。出口商必须是已办理原产地证备案的企业，且公司英文名称应与备案一致。

②在台湾地区、香港地区、澳门地区注册的公司不能作为出口商。

（3）第 2 栏：收货人的名称、地址、国家

例如：

××× CO. , LTD.

LAN GE MUHREN 9, ×××

KARACHI PAKISTAN

注意：此栏是强制性的，应填写巴基斯坦最终收货人名称、地址、国家。若经其他国家或地区转口需填写中间商名称的，可在最终收货人后面加填英文"VIA"或"O/B"，然后填写中间商名称。

（4）第 3 栏：生产商的名称、地址、国家

例如：

J & D ××× APPLIANCE MANUFACTORY

22××× ROAD, NINGBO CHINA

注意：

①如果证书上的货物生产商不止一个时，其他生产商的名称、地址（包括国家）也须全部分别列明。

②如果出口商或生产商希望对该信息保密时，可以填写"应要求向海关提供（AVAILABLE TO CUSTOMS UPON REQUEST）"。

③如果生产商与出口商相同时，该栏只需填写"SAME"。

（5）第4栏：运输方式及路线（就所知而言）

例如：

离港日期（Departure Date）：10 May，2016

运输工具号（Vessel/Flight/Train/Vehicle No.）：KMCTULSAV. 406S

装运口岸（Port of loading）：NINGBO，CHINA

卸货口岸（Port of discharge）：KARACHI，PAKISTAN

注意：如果运输工具未知，允许仅填写 BY SEA，BY TRUCK 或 BY RAILWAY。

（6）第5栏：供官方使用（官方声明）

由进口方的海关在该栏简要说明根据协定是否给予优惠待遇。申请单位应将此栏留空。

（7）第6栏：商品顺序号

在收货人、运输条件相同的情况下，如同批出口货物有不同品种，则可按不同品种分列“1”“2”“3”……，依此类推，但不得超过20个。

（8）第7栏：唛头、包装数量及种类，商品的名称

例如：

SIX（6）PALLETS OF SKIP HOISTS

HS：842810

* *

Marks and numbers on packages：

JENSON，

ORDER NO. 325952065

L/C E766896505

C/N 1-270

注意：

①包装数量必须用英文和阿拉伯数字同时表示，填写货物的具体包装种类（如 CASE，CARTON，BAG，PACKAGE 等）。

②如果无包装，应填明货物出运时的状态，如“NUDE CARGO”（裸装货）、“IN BULK”（散装货）、“HANGING GARMENTS”（挂装）等。

③商品名称必须具体填明，应详细到可以准确判定该商品的 HS 品目号，不能笼统填“MACHINE”（机器）、“GARMENT”（服装）等。如果信用证、合同中品名笼统或拼写错误，应在括号内加注具体描述或正确品名。商品名称后还需填写对应商品的6位 HS 编码。

④商品名称及 HS 编码等项列完后，应在最后一行下方加上表示结束的符号（* * *），以防止加填伪造内容。

⑤此栏填写的唛头应与货物外包装上的唛头及发票上的唛头一致。

⑥唛头不得出现中国以外的国家或地区制造的字样，也不能出现香港地区、澳门地区、台湾地区原产地字样（如 MADE IN HONG KONG，MACAO，TAIWAN）。

⑦如货物无唛头应填“无唛头”（N/M 或 NO MARK）。

⑧如唛头为图文等较复杂的内容，此栏打上“SEE ATTACHMENT”，申请单位用空白纸制作带图文的唛头附页，签证机构加盖签证印章。

（9）第 8 栏：原产地标准

此栏为原产地证书的核心栏目，填写要求如下：

①完全原产的，填写“P”。

②非完全原产的，单一国家成分或中国—巴基斯坦累计成分大于等于产品离岸价 40%，且最后生产加工工序在中国境内完成，应填写增值的百分比，例如“40%”。

③符合特定产品原产地标准的，填写“PSR”。

（10）第 9 栏：毛重或其他数量及价格（FOB）

例如：

1200KGS

USD 23234

注意：此栏应填写商品的正常计量单位，如“PCS”“PAIRS”“SETS”等。货物以重量计的则填毛重，只有净重的，则需加注 N. W.（NET WEIGHT）。同时加注出口商品 FOB 值。

（11）第 10 栏：发票号码及日期

例如：

SDAKF0522

MAY05，2016

注意：此栏不得留空，发票号码、日期必须与正式商业发票一致，月份一般用英文缩写 JAN.，FEB.，MAR 等表示。

（12）第 11 栏：备注栏

例如：

L/C：2846905067640465

注意：国外信用证有时要求填写合同、信用证号码等，可在此栏注明。

（13）第 12 栏：出口商声明

例如：

NINGBO，CHINA MAR 8，2017

注意：

①生产国国名应填写“CHINA”，进口国国名应填写“PAKISTAN”。

②此栏填写申报地点、日期，申请单位应授权专人在此栏签字，并加盖申请单位中英文印章，印章应清晰。

（14）第13栏：签证机构证明

例如：

NINGBO，CHINA MAR 8，2017

注意：

①此栏填写签证机构签证地点、日期。

②签证机构授权签证人员在此栏签字，在提供给申请单位的证书正本和副本上加盖中英文签证印章，印章应加盖清晰，不能与签名重叠。签证人员的手签笔迹必须经总局统一向巴基斯坦备案，签名必须清楚，且与备案笔迹保持一致。

③原产地证书可以在货物装运之日起一年内补发，签发补发证书时，需在此栏注明“ISSUED RETROACTIVELY”。该证书货物出运时或出运后15天内签发，不算后发。

④如原产地证书被盗、遗失或损毁，出口人可在其正本签发之日起一年之内申请重发。签发重发证书的，需在此栏中注明“CERTIFIED TRUE COPY”，并注明原证正本的签发日期。

（15）其他说明

①凡申请办理中国—巴基斯坦自贸区原产地证的单位，须在当地海关进行备案。

②该证书栏目都要用英文填写。

③如果签发的证书正本遗失或损毁，申请单位可向原签证机构申请重发，提供申请单位和丢证方书面说明及原证的复印件，经海关核实，予以重发。

④签证机构已经签发的证书，申报单位如需要更改，须提出更改申请，退回原签发证书。

（八）中国—秘鲁自贸区原产地证

依照《中国—秘鲁自由贸易协定》和国家法律有关规定，申请人可以向签发机构申请中国—秘鲁自贸区原产地证，随附上述证书的出口货物依照《中国—秘鲁自由贸易协定》规定在秘鲁享受优惠关税待遇。

1. 基本信息

基本信息参见中国—韩国自贸区原产地证。

2. 货物信息

点击“原产地标准填写说明”，弹出原产地标准详情界面（如图2-50所示）。

原产地标准详情			
是否完全原产	原产地标准	原产地标准辅助项	适用国家/地区
完全原产	在缔约方境内完全原产，原产地标准选"WO"	-	秘鲁
非完全原产	在一方或双方境内，完全由已经取得原产地资格的材料生产的，原产地标准选"WP"	-	秘鲁
非完全原产	满足《特定产品原产地标准表》规定的税则号归类改变、工序要求或其 他要求的，原产地标准选"PSR"	-	秘鲁
非完全原产	满足《特定产品原产地标准表》规定的区域价值成份（RVC），原产地标准选"PSR"	填写区域价值成份的百分比	秘鲁

图 2-50　原产地标准详情

货物信息其他字段参见中国—韩国自贸区原产地证。

3. 证书样式

中国—秘鲁自贸区原产地证正本首页如图 2-51 所示，企业可参考证书背面说明填报原产地证申请信息（如图 2-52 所示）。

ORIGINAL

1. Exporter's name and address:	Certificate No.: **CERTIFICATE OF ORIGIN** **Form for China-Peru FTA** Issued in ______________________ (see Overleaf Instruction)
2.Producer's name and address, if known:	
3. Consignee's name and address:	
4. Means of transport and route (as far as known): Departure Date: Vessel/Flight/Train/Vehicle No.: Port of loading: Port of discharge:	For Official Use Only: 5. Remarks:

6. Item number (Max 20)	7. Number and kind of packages; description of goods	8. HS code (Six digit code)	9. Origin criterion	10. Gross weight, quantity (Quantity Unit) or other measures (liters, m^3, etc.)	11. Number and date of invoice	12. Invoiced value

13.Declaration by the exporter: The undersigned hereby declares that the above details and statement are correct, that all the goods were produced in CHINA .... (Country) and that they comply with the origin requirements specified in the FTA for the goods exported to PERU .... (Importing country) .... Place and date, signature of authorized signatory	14. Certification: On the basis of control carried out, it is hereby certified that the information herein is correct and that the goods described comply with the origin requirements specified in the China-Peru FTA. .... Place and date, signature and stamp of authorized body

图 2-51　中国—秘鲁自贸区原产地证正本首页

OVERLEAF INSTRUCTION

Certificate No.: Serial number of Certificate of Origin assigned by the authorized body.

Box 1: State the full legal name and address (including country) of the exporter.

Box 2: State the full legal name and address (including country) of the producer. If goods from more than one producer are included in the certificate, list the additional producers, including their full legal name and address (including country). If the exporter or the producer wishes to maintain this information as confidential, it is acceptable to state "Available to the authorized body upon request". If the producer and the exporter are the same, please complete field with "SAME". If the producer is unknown, it is acceptable to state "UNKNOWN".

Box 3: State the full legal name and address (including country) of the consignee resident in China or Peru.

Box 4: Complete the means of transport and route and specify the departure date, transport vehicle No., port of loading and port of discharge.

Box 5: Any additional information such as Customer's Order Number, Letter of Credit Number, etc. may be included. In the case where a good is invoiced by a non-Party operator, the full legal name of the non-Party operator and the producer of the goods shall be indicated in this box.

Box 6: State the item number, and the number of items should not exceed 20.

Box 7: The number and kind of packages shall be specified. Provide a full description of each good. The description should be sufficiently detailed to enable the goods to be identified by the Customs Officers examining them and relate it to the invoice description and to the HS description of the goods. If goods are not packed, state "In bulk". When the description of the goods is finished, add "****" (three stars) or " \ " (finishing slash).

Box 8: For each good described in Box 7, identify the HS tariff classification to six digits.

Box 9: The exporter must indicate in Box 9 the origin criteria on the basis of which he claims that the goods qualify for preferential tariff treatment, in the manner shown in the following table:

Origin Criteria	Insert in Box 9
The good is wholly obtained or produced in the territory of the Parties as set out and defined in Article 3 (Wholly Obtained Goods), including where required to be so under Annex 4 (Product Specific Rules of Origin).	WO
The good is produced entirely in the territory of the Parties, exclusively from materials whose origin conforms to the provisions of Section A (Rules of Origin) of Chapter 3 (Rules of Origin and Operational Procedures Related to Origin).	WP
The good is produced in the territory of the Parties, using non-originating materials that conform to a change in tariff classification, a regional value content, a process requirement or other requirements specified in Annex 4 (Product Specific Rules of Origin), and the good meets the other applicable provisions of Section A (Rules of Origin) of Chapter 3 (Rules of Origin and Operational Procedures Related to Origin).	PSR[1]

Box 10: Gross weight in kilos should be shown here. Other units of measurement e.g. volume or number of items which would indicate exact quantities may be used when customary.

Box 11: Invoice number and date of invoice should be shown here. In the case where a good is invoiced by a non-Party operator and the number and date of the commercial invoice is unknown, the number and date of the original commercial invoice, issued in the exporting Party, shall be indicated in this box.

Box 12: Invoiced value should be shown here. In the case where a good is invoiced by a non-Party operator and the invoiced value is unknown, the invoiced value of the original commercial invoice shall be indicated in this box.

Box 13: This box shall be completed, signed and dated by the exporter.

Box 14: This box shall be completed, signed, dated and stamped by the authorized person of the authorized body.

[1]When the good is subject to a regional value content (RVC) requirement stipulated in Annex 4 (Product Specific Rules of Origin), indicate the RVC percentage reached in the production of the good.

图 2–52　中国—秘鲁自贸区原产地证正本背页说明

4. 证书填制规范

中国—秘鲁自贸区原产地证共有 14 栏，各栏填制规范如下：

（1）原产地证书号

标题栏（右上角），填上海关规定的证书号。编号规则如下：证书类型 R+2 位年份+9～17 位统一社会信用代码或 9 位组织机构代码+4 位流水号。

注意：更改证、重发证的号码与新证的编码规则一致，但改变流水号。

（2）第 1 栏：出口商的名称、地址、国家

例如：

NINGBO ××× GROUP CO.，LTD.

ROOM ×××，××× MANSION，

93 ××× ROAD，NINGBO CHINA

注意：

①此栏是强制性的，应填写在中国境内的出口商名称、地址、国家等。出口商必须是已办理原产地证备案的申请单位，且公司英文名称应与备案一致。

②在台湾地区、香港地区、澳门地区注册的公司不能作为出口商。

（3）第 2 栏：生产商的名称、地址、国别

例如：

××× MECHANICAL APPLIANCE MANUFACTORY

××× ROAD，NINGBO CHINA

注意：

①如果证书上的货物生产商不止一个时，其他生产商的名称、地址（包括国家）也须全部分别列明。

②如果出口人或生产商希望对该信息保密时，可以填写“应要求提供给主管政府机构（AVAILABLE TO THE AUTHORIZED BODY UPON REQUEST）”。

③如果生产商和出口人相同，应填写“同上（SAME）”。

④如果不知道生产商，可填写“不知道（UNKNOWN）”。

（4）第 3 栏：收货人的名称、地址、国家

例如：

CENCOSUD××× PERU S. A.

CALLE AUGUSTO ANGULO NRO×××

SAN ANTONIO MIRAFLORES，LIMA PERU

注意：

①此栏是强制性的，应填明秘鲁最终收货人名称、地址、国家。

②若经其他国家或地区转口需填写中间商名称的，可在最终收货人后面加填英文“VIA”或“O/B”，然后填写中间商名称。

（5）第4栏：运输方式及路线（已知）

例如：

离港日期（Departure Date）：15 JAN，2017

运输工具号（Vessel/Flight/Train/Vehicle No.）：KMCT ULSA V. 406S

装运口岸（Port of loading）：NINGBO，CHINA

卸货口岸（Port of discharge）：CALLAO，PERU

注意：如果运输工具未知，允许仅填写 BY SEA，BY TRUCK 或 BY RAILWAY。

（6）第5栏：备注

例如：

L/C：2846905067640465

注意：

①如有要求，该栏可注明客户订单编号、信用证编号等。

②如果发票由非缔约方经营者出具，应在此栏填写非缔约方经营者和货物生产商的依法登记的名称。

③如申请人要求在证书上显示货物唛头，应在此栏填制。如填制空间不够，可使用中国—秘鲁自贸区原产地证书作为附页。附页第5、13和14栏据实填制，其余栏目打星号，证书右上角应据实注明“Page X of X”（共几页，第几页）。

（7）第6栏：项目编号

在收货人、运输条件相同的情况下，如同批出口货物有不同品种，则可按不同品种分列“1”“2”“3”……，依此类推，但不得超过20个。

（8）第7栏：包装数量及种类、商品描述

例如：

SIX（6）PALLETS OF SKIP HOISTS

* * * * * * * * * * * * * *

注意：

①包装数量必须用英文和阿拉伯数字同时表示，填写货物的具体包装种类（如CASE，CARTON，BAG，PACKAGE等）。

②如果无包装，应填明货物出运时的状态，如“NUDE CARGO”（裸装货）、“IN BULK”（散装货）、“HANGING GARMENTS”（挂装）等。

③商品名称必须具体填明，应详细到可以准确判定该商品的HS品目号，不能笼统填“MACHINE”（机器）、“GARMENT”（服装）等。如果信用证、合同中品名笼统或拼写错误，应在括号内加注具体描述或正确品名。

④商品名称等项列完后，应在最后一行下方加上表示结束的符号（* *

*），以防止加填伪造内容。

（9）第8栏：HS编码

例如：842810

此栏对应第7栏中的货物名称对应的6位HS编码。

（10）第9栏：原产地标准

此栏为原产地证书的核心栏目，填写要求如下：

1. 如属完全获得的产品，填写“WO”。

2. 含有进口成分，但符合原产地标准：

A. 如完全由已获得原产资格的材料生产的产品，填写“WP”。

B. 如使用了非原产原材料，且满足《产品特定原产地规则》中税则归类改变、工序要求等规定，填写“PSR”。

C. 如使用了非原产原材料，且满足《产品特定原产地规则》中所规定的区域价值成分，填写“PSR”+区域价值百分比。

（11）第10栏：毛重或其他

例如：

1200KGS

注意：此栏应填写商品的正常计量单位，如“PCS”“PAIRS”“SETS”等。货物以重量计的则填毛重，只有净重的，则需加注N. W.（NET WEIGHT）。

（12）第11栏：发票号、发票日期

例如：

SDAKF0522

JAN. 8，2017

注意：

①此栏不得留空，发票号码、日期必须与正式商业发票一致，月份一般用英文缩写JAN.，FEB.，MAR.等表示。

②如果发票由非缔约方经营者开具且不知道商业发票号及日期，应在此栏注明出口方签发的原始商业发票号及日期。

（13）第12栏：发票价格

例如：FOB USD6000

注意：

①应按出口商业发票填写，并注明FOB、CIF或其他方式。

②如果发票由非缔约方经营者开具且不知道价格，应在此栏填写国内出口商发票的价格。

（14）第13栏：出口商声明

例如：

NINGBO，CHINA JAN. 10，2017。

注意：

①生产国应填上“CHINA”，进口国应填写“PERU”。

②此栏填写申报地点、日期，申请单位应授权专人在此栏签字。

③申报日期不得早于发票日期。

（15）第14栏：签证当局证明

例如：

NINGBO，CHINA JAN. 10，2017

注意：

①此栏填写签证机构签证地点、日期。

②签证机构授权签证人员在此栏签字，在提供给申请单位的证书正本和副本上加盖中英文签证印章，印章应加盖清晰，不能与签名重叠。

（16）其他说明

①凡申请办理中国—秘鲁自贸易区原产地证的单位，须在当地海关进行备案。

②该证书所用文字为英文。

③在合理情况下，出口商在货物出口后申请补发该证书，需提供必需的商业单证和由出口方海关签注的出口报关单。补发证书在证书右上角标题栏内显示“ISSUED RETROSPECTIVELY”。

④原产地证书被盗、遗失或损毁时，出口商可根据其持有的出口文件，向授权机构书面申请签发原产地证书副本。据此签发的原产地证书副本应当在备注栏注明“CERTIFIED TRUE COPY OF THE ORIGINAL CERTIFICATE OF ORIGIN NUMBER DATED”。其有效期按正本签发日期计算。

⑤签证机构已经签发的证书，申请单位如需更改，须提出更改申请，退回原签发证书。

（九）海峡两岸经济合作框架协议原产地证

依照《海峡两岸经济合作框架协议》有关规定，申请人可以向签发机构申请海峡两岸经济合作框架协议原产地证，随附上述证书的出口货物依照《海峡两岸经济合作框架协议》规定在台湾地区享受优惠关税待遇。

1. 基本信息

基本信息参见中国—韩国自贸区原产地证。

其中，出口商电话、出口商传真、出口商邮箱、出口报关日期、进口商电话等字段前带红色＊号的均为必填项，用户需如实填写。

2. 货物信息

点击“原产地标准填写说明”，弹出原产地标准详情界面（如 2-53 所示）。

原产地标准详情

是否完全原产	原产地标准	原产地标准辅助项	适用国家/地区
完全原产	在缔约一方或双方完全获得，原产地标准选“WO”	-	中国台湾
非完全原产	在缔约一方或双方,由已经取得原产资格材料生产，原产地标准选“WP”	-	中国台湾
非完全原产	符合产品特定原产地标准的货物，原产地标准选“PSR”。如果适用的原产地标准依据“累计规则”、“微小含量”或“可互换材料”条款，原产地标准相应选择“PSR ACU”、“PSR DMI”或“PSR FG”	-	中国台湾

图 2-53　原产地标准详情

货物信息其他字段参见中国—韩国自贸区原产地证。

小提示

该种证书查看或打印时均显示为中文。

3. 证书样式

海峡两岸经济合作框架协议原产地证正本首页如图 2-54 所示，正本续页如图 2-55 所示，企业可参考证书背面说明填报原产地证申请信息（如图 2-56 所示）。

海峡两岸经济合作框架协议原产地证书

正本　　　　如有任何涂改、损毁或填写不清均将导致本原产地证书失效

1.出口商(名称、地址)： 电话：　　传真： 电子邮件：	编号： 签发日期： 有效期至：
2.生产商(名称、地址)： 电话：　　传真： 电子邮件：	5.受惠情况 □ 依据海峡两岸经济合作框架协议给予优惠关税待遇； □ 拒绝给予优惠关税待遇（请注明原因） 进口方海关已获授权签字人签字
3.进口商(名称、地址)： 电话：　　传真： 电子邮件：	
4.运输工具及路线： 离港日期： 船舶/飞机编号等： 装货口岸： 到货口岸：	6.备注：

7.项目编号	8.HS编码	9.货品名称、包装件数及种类	10.毛重或其他计量单位	11.包装唛头或编号	12.原产地标准	13.发票价格、编号及日期

14.出口商声明 –本人对于所填报原产地证书内容的真实性与正确性负责； –本原产地证书所载货物，系原产自本协议一方或双方，且货物属符合海峡两岸经济合作框架协议之原产货物。 出口商或已获授权人签字 地点和日期	15.证明 依据《海峡两岸经济合作框架协议》临时原产地规则规定，兹证明出口商所做申报正确无讹。 地点和日期，签字和签证机构印章 电话：　　传真： 地址：

图 2–54　海峡两岸经济合作框架协议原产地证正本首页

正本续页

证书编号：

如有任何涂改、损毁或填写不清均将导致本原产地证书失效

7.项目编号	8.HS编码	9.货品名称、包装件数及种类	10.毛重或其他计量单位	11.包装唛头或编号	12.原产地标准	13.发票价格、编号及日期

14.出口商声明	15.证明
-本人对于所填报原产地证书内容的真实性与正确性负责； -本原产地证书所载货物，系原产自本协议一方或双方，且货物属符合海峡两岸经济合作框架协议之原产货物。 ------------------------------ 出口商或已获授权人签字 ------------------------------ 地点和日期	依据《海峡两岸经济合作框架协议》临时原产地规则规定，兹证明出口商所做申报正确无讹。 ------------------------------ 地点和日期，签字和签证机构印章 电话： 传真： 地址：

图 2-55 海峡两岸经济合作框架协议原产地证正本续页

填写须知

第1栏：应填写海峡两岸经济合作框架协议下在双方注册登记的海峡两岸双方出口商详细名称、地址、电话、传真和电子邮件等联系方式。如无传真或电子邮件，应填写“无”。

第2栏：应填写海峡两岸经济合作框架协议下在双方注册登记的海峡两岸双方生产商的详细名称、地址、电话、传真和电子邮件等联系方式。如无传真或电子邮件，应填写“无”。如果证书包含一家以上生产商，应详细列出所有生产商的名称、地址，如果证书填写不下，可以随附生产商清单。如果生产商和出口商相同，应填写“同上”。若本栏资料属机密性资料时，请填写“签证机构或相关机关要求时提供”。

第3栏：应填写海峡两岸经济合作框架协议下在双方注册登记的海峡两岸双方进口商的详细名称、地址、电话、传真和电子邮件等联系方式，如无传真或电子邮件，应填写“无”。

第4栏：应填写运输方式及路线，详细说明离港日期、运输工具（船舶、飞机等）的编号、装货口岸和到货口岸。如离港日期未最终确定，可填写预计的离港日期，并注明“预计”字样。

第5栏：不论是否给予优惠关税待遇，进口方海关可在本栏标注(√)。如果不给予优惠关税待遇，请在该栏注明原因。该栏应由进口方海关已获授权签字人签字。

第6栏：如有需要，可填写订单号码、信用证号等。

第7栏：应填写项目编号，但不得超过20项。

第8栏：应对应第9栏中的每项货物填写《协调制度》编码，以进口方8位编码为准。

第9栏：应详细列明货品名称、包装件数及种类，以便于海关关员查验。货品名称可在中文名称外辅以英文，但不能仅以英文填写。货品名称应与出口商发票及《协调制度》上的商品描述相符。如果是散装货，应注明“散装”。当本栏货物信息填写完毕时，加上“***”（三颗星）或“\”（结束斜线符号）。

第10栏：每种货物的数量可依照海峡两岸双方惯例采用的计量单位填写，但应同时填写以国际计量单位衡量的数量，如毛重（用千克衡量），容积（用公升衡量），体积（用立方米衡量）等，以精确地反映货物数量。

第11栏：应填写唛头或包装号，以便于海关关员查验。

第12栏：若货物符合临时原产地规则，出口商必须按照下列表格中规定的格式，在本证书第12栏中标明其货物申报适用优惠关税待遇所根据的原产地标准。

本表格第9栏列名的货物生产或制造的详情	填入第12栏
(a)　出口方完全获得的货物	“WO”
(b)　完全是在一方或双方，仅由符合本附件的临时原产地规则的原产材料生产	“WP”
(c)　符合产品特定原产地标准的货物	“PSR”

此外，如果货物适用的原产地标准依据“累积规则”条款、“微小含量”条款或“可互换材料”条款，亦应于本栏相应填写“ACU”、“DMI”或“FG”。

第13栏：应填写海峡两岸经济合作框架协议下海峡两岸双方出口商开具的商业发票所载明的货物实际成交价格、发票编号及发票日期。

第14栏：应由出口商或已获授权人填写、签名，并应填写签名的地点及日期。

第15栏：应由签证机构的授权人员填写签证地点和日期，并签名、盖章。同时应提供签证机构的电话号码、传真及地址。

证书应以中文填写，必要时辅以英文，但不能仅以英文填写。所有栏目必须填写。证书如有续页，亦按照本须知填写，续页也应填写同一证书编码。同时请在证书下方填写“第X页，共X页”。如果证书仅有1页，亦应填写“第1页，共1页”。

图2-56　海峡两岸经济合作框架协议原产地证正本背页说明

4. 证书填制规范

海峡两岸经济合作框架协议原产地证共有 15 栏，各栏的填写规范如下：

（1）原产地证书号

标题栏（右上角），填上海关规定的证书号。编号规则如下：证书类型 H+2 位年份+9~17 位统一社会信用代码或 9 位组织机构代码+4 位流水号。

注意：更改证、重发证的号码与新证的编码规则一致，但改变流水号。

（2）第 1 栏：出口商名称、地址

例如：

×××进出口有限公司

浙江省×××市×××路×××号××大厦×××楼

电话：86-574-×××传真：86-574-×××

电子邮件：无

注意：此栏是强制性的，应填写在中国大陆境内的出口商名称、地址、国家等。出口商必须是已办理原产地证备案的企业；如无传真或电子邮件，应填写“无”。

（3）第 2 栏：生产商名称、地址

例如：

宁波×××电器有限公司

×××市×××镇工业区

电话：0574-×××传真：0574-×××

电子邮件：无

注意：

①应填写在中国大陆备案登记的生产商的详细名称、地址、电话、传真和电子邮件等联系方式。如无传真或电子邮件，应填写“无”。

②如果证书包含一家及以上生产商，应详细列出所有生产商的名称、地址，如果证书填写不下，可以随附生产商清单，以 A4 空白纸打印。

③如果生产商和出口商相同，应填写“同上”。

④若本栏资料属机密性资料时，请填写“签证机构或相关机关要求时提供”。

（4）第 3 栏：进口商名称、地址

例如：

×××制业股份有限公司

台北市×××路×××号×××楼

电话：×××-×××-×××传真：×××-×××-×××

电子邮件：无

注意：应填写在台湾地区注册登记的进口商的详细名称、地址、电话、传真和电子邮件等联系方式，如无传真或电子邮件，应填写“无”。

（5）第4栏：运输工具及路线

例如：

离港日期：预计2017年02月20日

船舶/飞机编号等：WAN HAI 202 V. S334

装货口岸：宁波

到货口岸：基隆

注意：

①应填写运输方式及路线，详细说明离港日期、运输工具（船舶、飞机等）的编号、装货口岸和到货口岸。

②如离港日期未最终确定，可填写预计的离港日期，并注明“预计”字样。

（6）第5栏：受惠情况

由进口方的海关在该栏简要说明根据协定是否给予优惠待遇。申请单位应将此栏留空。

（7）第6栏：备注

例如：

L/C：569765

注意：如有需要，可在此栏填写订单号码、信用证号等。

（8）第7栏：项目编号

在收货人、运输条件相同的情况下，如同批出口货物有不同品种，则可按不同品种分列“1”“2”“3”……，依此类推，但不得超过20个。

（9）第8栏：HS编码

例如：

84159000

注意：此栏填写第9栏对应货物名称对应的8位HS编码，不同货物应分列。

（10）第9栏：货品名称、包装件数及种类

例如：

420纸箱空调配件（柜机风轮）

* * * * * * * * * * * * * * *

注意：

①应详细列明货品名称、包装件数及种类。

②货品名称可在中文名称外辅以英文，但不能仅以英文填写。货品名称应与出口商发票及《协调制度》上的商品描述相符。

③如果是散装货，应注明“散装”。

④当本栏货物信息填写完毕时，加上“＊＊＊”（三颗星）或“\”（结束斜线符号）。

（11）第10栏：毛重或其他计量单位

例如：

2268千克

注意：每种货物的数量可依照海峡两岸双方惯例采用的计量单位填写，但应同时填写以国际计量单位衡量的数量，如毛重（用千克衡量），容积（用公升衡量），体积（用立方米衡量）等，以精确地反映货物数量。

（12）第11栏：包装唛头或编号

例如：BEST PARTNER

DN-1012005

C/NO.：1-840

MADE IN CHINA

注意：

①此栏填写的唛头应与货物外包装上的唛头及发票上的唛头一致，填写完整的图案文字标记及包装号。

②唛头不得出现“HONGKONG”“MACAO”“TAIWAN”等其他产地制造字样。

③此栏不得留空。货物无唛头时，应填“无唛头”。如唛头内容中含有图形，可在该栏填上“见附页”，申请单位用空白纸制作带图文的唛头附页，签证机构加盖签证印章。

（13）第12栏：原产地标准

此栏为原产地证书的核心栏目，填写要求如下：

①出口方完全获得的货物，填写“WO”。

②完全是在一方或双方，仅由符合本附件的临时原产地规则的原产材料生产，填写“WP”。

③符合产品特定原产地规则的产品，填写“PSR”。

注意：如果货物适用的原产地标准依据“累积规则”条款、“微小含量”条款或“可互换材料”条款，应在本栏相应填写“ACU”“DMI”或“FG”。

（14）第13栏：发票价格、编号及日期

例如：

FOB：美元5460.00

E10091

2017年01月10日

注意：应填写海峡两岸经济合作框架协议下海峡两岸双方出口商开具的商业发票所载明的货物实际成交价格、发票编号及发票日期。

（15）第 14 栏：出口商声明

例如：

宁波 2017 年 02 月 17 日

注意：

①申请单位的授权签字人应在此栏签字，填上申报地点和日期。不允许申请单位在此栏加盖印章。

②申报日期不得早于发票日期，一般应在货物报关日期前，如迟于报关日期，则要申请补发证书。

（16）第 15 栏：证明

例如：

宁波 2017 年 02 月 17 日

电话：0086-574-××× 传真：0086-574-×××

地址：宁波市×××区×××路×××号 315012

注意：

①此栏填写签证机构签证地点、日期，一般情况下与出口商申报地点和日期一致，签证机构授权签证人员在此栏签字，并加盖海峡两岸经济合作框架协议原产地证书专用印章。

②签证机构在提供给申请单位的证书正本和副本加盖印章。

③如属补发证书，签证机构在此栏加打“补发”字样。

（17）其他说明

①根据《海峡两岸经济合作框架协议》，仅有货物贸易早期收获产品清单中的产品可以享受优惠关税，因此，仅对货物贸易早期收获产品清单中的产品签发海峡两岸经济合作框架协议原产地证。

②证书应以中文填写（唛头除外），品名必要时辅以英文，但不能仅以英文填写。

③该证书有统一的专用的序页格式，证书如有续页，应使用专用的续页，不可以用 A4 纸打印续页。续页亦应按照上述填制要求填写，续页也应填写同一证书编码。同时应在证书下方填写“第×页，共×页”。如果证书仅有 1 页，亦应填写“第 1 页，共 1 页”。

④该证书自签发之日起 12 个月内有效。补发的原产地证书自货物出口报关之日起 12 个月内有效，并注记“补发”字样。

⑤符合下列情况之一的，出口商或生产商可在货物出口报关之日起 90 天内申请补发原产地证书：

A. 因不可抗力或出口方按规定可接受的正当理由。

B. 签证机构已签发原产地证书，但由于在填制或签发证书时产生的技术性错误，出口商申请注销及补发原产地证书。

C. 原产地证书遗失或损毁。

⑥凡申请办理海峡两岸经济合作框架协议原产地证的单位，须在当地海关进行备案。

⑦签证机构已经签发的证书，申报单位如需要更改，须在报关之日起 90 天内提出更改申请，并退还原签发证书。

⑧如果签发的证书正本遗失或损毁，申请单位可在货物出口报关之日起 90 天内向原签证机构申请补发，提供申请单位和丢证方书面说明及原证的复印件，经海关核实，予以重发。

⑨除企业名称外，证书各个栏目不允许显示“中国”“台湾”字样。

（十）中国—澳大利亚自贸区原产地证

依照《中国—澳大利亚自由贸易协定》和国家法律有关规定，申请人可以向签发机构申请中国—澳大利亚自贸区原产地证，随附上述证书的出口货物依照《中国—澳大利亚自由贸易协定》规定在澳大利亚享受优惠关税待遇。

1. 基本信息

基本信息参见中国—韩国自贸区原产地证。

2. 货物信息

点击“原产地标准填写说明”，弹出原产地标准详情界面（如图 2-57 所示）。

原产地标准详情

是否完全原产	原产地标准	原产地标准辅助项	适用国家/地区
完全原产	在缔约一方或双方完全获得，原产地标准选“WO”	-	澳大利亚
非完全原产	在缔约一方或双方,由已经取得原产资格材料生产，原产地标准选“WP”	-	澳大利亚
非完全原产	符合产品特定原产地标准的货物，原产地标准选“PSR”	-	澳大利亚

图 2-57　原产地标准详情

货物信息其他字段参见中国—韩国自贸区原产地证。

3. 证书样式

中国—澳大利亚自贸区原产地证正本首页如图 2-58 所示，续页如图 2-59 所示，企业可参考证书背面说明填报原产地证申请信息（如图 2-60 所示）。

CERTIFICATE OF ORIGIN

1. Exporter's name, address and country:

Certificate No.:

CERTIFICATE OF ORIGIN

Form for China-Australia Free Trade Agreement

Issued in: ____________________

2. Producer's name and address (if known):

3. Importer's name, address and country (if known):

For official use only:

4. Means of transport and route (if known):

Departure date:

Vessel/Flight/Train/Vehicle No.:

Port of loading:

Port of discharge:

5. Remarks:

6. Item number (max.20)	7. Marks and numbers on packages (optional)	8. Number and kind of packages; description of goods	9. HS code (6-digit code)	10. Origin criterion	11.Gross or net weight or other quantity (e.g. Quantity Unit, litres, m^3.)	12. Invoice number and date

13.Declaration by the exporter or producer

The undersigned hereby declares that the above-stated information is correct and that the goods exported to

AUSTRALIA

(Importing Party)

comply with the origin requirements specified in the China-Australia Free Trade Agreement.

Place, date and signature of authorised person

14.Certification

On the basis of the control carried out, it is hereby certified that the information herein is correct and that the described goods comply with the origin requirements of the China-Australia Free Trade Agreement.

Place, date, and signature and stamp of the Authorised Body

Tel:　　Fax:

Address:

图 2-58　中国—澳大利亚自贸区原产地证正本首页

Continuation Sheet

Certificate of Origin-Form for China-Australia Free Trade Agreement

Certificate No.:

6. Item number (max.20)	7. Marks and numbers on packages (optional)	8. Number and kind of packages; description of goods	9. HS code (6-digit code)	10. Origin criterion	11.Gross or net weight or other quantity (e.g. Quantity Unit, litres, m³.)	12. Invoice number and date

13.Declaration by the exporter or producer	14.Certification
The undersigned hereby declares that the above-stated information is correct and that the goods exported to AUSTRALIA (Importing Party) comply with the origin requirements specified in the China-Australia Free Trade Agreement. Place, date and signature of authorised person	On the basis of the control carried out, it is hereby certified that the information herein is correct and that the described goods comply with the origin requirements of the China-Australia Free Trade Agreement. Place, date, and signature and stamp of the Authorised Body Tel: Fax: Address:

图 2-59　中国—澳大利亚自贸区原产地证正本续页

Overleaf Instruction

Box 1: State the full legal name and address of the exporter in Australia or China.

Box 2: State the full legal name and address (including country) of the producer, if known. If more than one producer's good is included in the certificate, list the additional producers, including names and addresses (including country). If the exporter or the producer wish the information to be confidential, it is acceptable to state "Available to the competent authority or authorised body upon request". If the producer and the exporter are the same, please complete the box with "SAME". If the producer is unknown, it is acceptable to state "UNKNOWN".

Box 3: State the full legal name and address of the importer in Australia or China, if known.

Box 4: Complete the means of transport and route and specify the departure date, transport vehicle number, and port of loading and discharge, if known.

Box 5: The Customer's Order Number, Letter of Credit Number, among others, may be included. If the invoice is issued by a non-Party operator, information such as the name, address and country of the operator issuing the invoice shall be indicated herein.

Box 6: State the item number; item number shall not exceed 20.

Box 7: State the shipping marks and numbers on packages, when such marks and numbers exist.

Box 8: The number and kind of packages shall be specified. Provide a full description of each good. The description should be sufficiently detailed to enable the products to be identified by the Customs Officers examining them and relate it to the invoice description and to the HS description of the good. If the goods are not packed, state "in bulk". When the description of the goods is finished, add "***" (three stars) or "\" (finishing slash).

Box 9: For each good described in Box 8, identify the HS tariff classification (a six-digit code).

Box 10: For each good described in Box 8, state which criterion is applicable, according to the following instructions. The rules of origin are contained in Chapter 3 (Rules of Origin and Implementation Procedures) and Annex II (Product Specific Rules of Origin) of the China-Australia Free Trade Agreement.

Origin Criterion	Insert in Box 10
The good is "wholly obtained" in the territory of a Party in accordance with Article 3.3 (Wholly Obtained Goods).	WO
The good is produced entirely in the territory of one or both Parties, exclusively from materials whose origin conforms to the provisions of Chapter 3 (Rules of Origin and Implementation Procedures).	WP
The good is produced in the territory of one or both Parties, using non-originating materials that comply with the applicable product specific rule; and meets the other applicable provisions of Chapter 3 (Rules of Origin and Implementation Procedures).	PSR

Box 11: State gross or net weight in kilograms or other units of measurement for each good described in Box 8. Other units of measurement (e.g. volume or number of items) which would indicate exact quantities may be used where customary.

Box 12: The invoice number and date should be shown here.

Box 13: The box must be completed by the exporter or producer. Insert the place, date and the signature of a person authorised by the exporter or producer.

Box 14: The box must be completed, signed, dated and stamped by the authorised person of the authorised body. The telephone number, fax and address of the authorised body should be given.

图 2-60 中国—澳大利亚自贸区原产地证正本背页说明

4. 证书填制规范

中国—澳大利亚自贸区原产地证共有14栏，各栏的填制规范如下：

（1）原产地证书号

标题栏（右上角），填上海关规定的证书号。编号规则如下：证书类型A+2位年份+9~17位统一社会信用代码或9位组织机构代码+4位流水号。

注意：更改证、重发证的号码与新证的编码规则一致，但改变流水号。

（2）第1栏：出口商的名称、地址、国家

例如：

NINGBO ××× GROUP CO.，LTD.

ROOM ×××，××× MANSION，

××× EAST ZHONGSHAN ROAD，NINGBO CHINA

注意：

①此栏是强制性的，应填写在中国境内的出口商名称、地址、国家等。出口商必须是已办理原产地证备案的申请单位，且公司英文名称应与备案一致。

②在台湾地区、香港地区、澳门地区注册的公司不能作为出口商。

（3）第2栏：生产商的名称、地址、国别

例如：

××× APPLIANCE MANUFACTORY

22 ××× ROAD，NINGBO CHINA

注意：

①如果证书上的货物生产商不止一个时，其他生产商的名称、地址（包括国家）也须全部分别列明。

②如果出口商或生产商希望对该信息保密时，可以填写“应要求提供给主管政府机构或授权机构（AVAILABLE TO THE COMPETENT AUTHORITY OR AUTHORIZED BODY UPON REQUEST）”。

③如果生产商和出口人相同，应填写“同上（SAME）”。

④如果不知道生产商，可填写“不知道（UNKNOWN）”。

（4）第3栏：收货人的名称、地址、国家

例如：

ABC INDUSTRIES PTY LTD

UNIT ××× 5 ××× ROAD AUSTRALIA

注意：

①此栏是强制性的，应填明澳大利亚最终收货人名称、地址、国家。

②若经其他国家或地区转口需填写中间商名称的，可在最终收货人后面加填英文“VIA”或“O/B”，然后填写中间商名称。

（5）第4栏：运输方式及路线（已知）

例如：

离港日期（Departure Date）：JAN. 28，2017

运输工具号（Vessel/Flight/Train/Vehicle No.）：KMCT ULSA V. 406S

装运口岸（Port of loading）：NINGBO，CHINA

卸货口岸（Port of discharge）：BRISBANE，AUSTRALIA

注意：如果运输工具未知的情况下，允许仅填写 BY SEA，BY TRUCK 或 BY RAILWAY。

官方使用栏由签证机构填写，一般情况下此栏空白；有下列情况的，签证机构根据实际情况在此栏加注如下内容：

①如果原产地证书是后补发的，则在此栏注明“补发（ISSUED RETROSPECTIVELY）”字样。

②如果原产地证书是经核准的副本，则在此栏注明“原产地证书正本（编号 日期）经核准的真实副本（CERTIFIED TRUE COPY of the original Certificate of Origin number ______ dated ______）字样”。

（6）第5栏：备注

例如：

L/C：2846905067640465

注意：

①如有要求，该栏可注明客户订单编号、信用证编号等信息。

②如发票由非缔约方经营者开具，应在此栏填写开具发票的经营者名称、地址及国家等信息。

（7）第6栏：项目编号

在收货人、运输条件相同的情况下，如同批出口货物有不同品种，则可按不同品种分列“1”“2”“3”……，依此类推，但不得超过20个。

（8）第7栏：唛头及包装编号

例如：

JENSON，

ORDER NO. 325952065

L/C E766896505

C/N 1-270

注意：

①此栏填写的唛头应与货物外包装上的唛头及发票上的唛头一致。

②唛头不得出现中国以外的国家或地区制造的字样，也不能出现香港地区、澳门地区、台湾地区原产地字样（如 MADE IN HONG KONG，MACAO，TAI-

WAN)。

③如货物无唛头应填“无唛头”(N/M 或 NO MARK)。

④如唛头为图文等较复杂的内容，此栏应填写“SEE ATTACHMENT”，申请单位用空白纸制作带图文的唛头附页，签证机构在附页上加盖签证印章。

(9) 第 8 栏：包装数量及种类、商品描述

例如：

SIX (6) PALLETS OF SKIP HOISTS

* * * * * * * * * * * * * * *

注意：

①包装数量必须用英文和阿拉伯数字同时表示，填写货物的具体包装种类(如 CASE，CARTON，BAG，PACKAGE 等)。

②如果无包装，应填明货物出运时的状态，如“NUDE CARGO”（裸装货)、“IN BULK”(散装货)、“HANGING GARMENTS”(挂装）等。

③商品名称必须具体填明，应详细到可以准确判定该商品的 HS 品目号，不能笼统填“MACHINE”(机器)、“GARMENT”(服装）等。如果信用证、合同中品名笼统或拼写错误，应在括号内加注具体描述或正确品名。

④商品名称等项列完后，应在最后一行下方加上表示结束的符号（* * *)，以防止加填伪造内容。

(10) 第 9 栏：HS 编码

例如：

842810

注意：此栏填写第 8 栏货物名称对应的 6 位 HS 编码。

(11) 第 10 栏：原产地标准

此栏为原产地证书的核心栏目，填写要求如下：

①如属完全获得的产品，填写“WO”。

②含有进口成分，但符合原产地标准：

A. 如完全由已获得原产资格的材料生产的产品，填写“WP”。

B. 如该货物在缔约一方或双方领土内使用符合产品特定原产地规则及其他有关要求的非原产材料生产，填写“PSR”。

(12) 第 11 栏：毛重或其他计量单位

例如：

1200KGS

注意：此栏应填写商品的正常计量单位，如“PCS”“PAIRS”“SETS”等。货物以重量计的则填毛重，只有净重的，则需加注 N. W. (NET WEIGHT)。

（13）第 12 栏：发票号、发票日期

例如：

SDAKF0522

JAN. 22，2017

注意：此栏不得留空，发票号码、日期必须与正式商业发票一致，月份一般用英文缩写 JAN.，FEB.，MAR. 等表示。

（14）第 13 栏：出口商或生产商声明

例如：

NINGBO，CHINA JAN. 24，2017

注意：

①进口国的国名应填写“AUSTRALIA”。

②此栏填写申报地点、日期，申请单位应授权专人在此栏签字。

③申报日期不得早于发票日期。

（15）第 14 栏：签证当局证明

例如：

NINGBO，CHINA JAN. 24，2017

TEL：0086-×××-×××　　FAX：0086-×××-×××

ADDRESS：××× ROAD，NINGBO，CHINA

注意：

①此栏填写签证机构签证地点、日期以及直属检验检疫局的电话号码、传真及地址。

②签证机构授权签证人员在此栏签字，在提供给申请单位的证书正本和副本上加盖中英文签证印章，印章应加盖清晰，不能与签名重叠。

（16）其他说明

①凡申请办理中国—澳大利亚自贸区原产地证的单位，须在当地海关进行备案。

②该证书所用文字为英文。

③该证书有专用的续页证书，签证内容无法在一页显示完整的，需另附续页证书。

④证书应在货物出口前或出口时签发，如未能及时签发的，可以在货物出口之日起 12 个月内补发，并注明“ISSUED RETROSPECTIVELY”字样。

⑤如原产地证被盗、遗失或损毁，在出口商或制造商确信此前签发的原产地证书正本未被使用的情况下，可签发经核准的原产地证书副本，并注明“CERTIFIED TRUE COPY of the original Certificate of Origin number ______ dated ______”。

⑥签证机构已经签发的证书，申请单位如需更改，须提出更改申请，退回原签发证书。

（十一）中国—哥斯达黎加自贸区原产地证

依照《中国—哥斯达黎加自由贸易协定》和国家法律有关规定，申请人可以向签发机构申请中国—哥斯达黎加自贸区原产地证，随附上述证书的出口货物依照《中国—哥斯达黎加自由贸易协定》规定在哥斯达黎加享受优惠关税待遇。

1. 基本信息

基本信息参见中国—韩国自贸区原产地证。

2. 货物信息

点击"原产地标准填写说明"，弹出原产地标准详情界面（如图 2-61 所示）。

原产地标准详情

是否完全原产	原产地标准	原产地标准辅助项	适用国家/地区
完全原产	在缔约一方或双方完全获得，原产地标准选"WO"	-	哥斯达黎加
非完全原产	在缔约一方或双方,由已经取得原产资格材料生产，原产地标准选"WP"	-	哥斯达黎加
非完全原产	符合产品特定原产地标准的货物，原产地标准选"PSR"	-	哥斯达黎加

图 2-61　原产地标准详情

货物信息其他字段参见中国—韩国自贸区原产地证。

3. 证书样式

中国—哥斯达黎加自贸区原产地证正本首页如图 2-62 所示，企业可参考证书背面说明填报原产地证申请信息（如图 2-63 所示）。

Certificate of Origin

1. Exporter's name, address, country:

2. Producer's name and address, if known:

3.Importer's name, address, country:

4.Means of transport and route (as far as known)

Departure Date:

Vessel/Flight/Train/Vehicle No.:

Port of loading:

Port of discharge:

Certificate No.:

CERTIFICATE OF ORIGIN

Form for China-Costa Rica Free Trade Agreement

Issued in THE PEOPLE'S REPUBLIC OF CHINA

(see Overleaf Instruction)

For Official Use Only:

5. Remarks:

6.Item number (Max. 20)	7. Marks and Numbers on packages	8. Number and kind of packages; Description of goods	9. HS code (6 digit code)	10. Origin criterion	11. Gross weight or other quantity (e.g. Quantity Unit, liters, m³.)	12. Number, date of invoice and Invoiced value

13.Declaration by the exporter

The undersigned hereby declares that the above stated information is correct, and that all the goods are produced in

CHINA

(Country)

and that they comply with the origin requirements specified in the Free Trade Agreement for the goods exported to

COSTA RICA

(Importing country)

Place, date and signature of authorized person

14.Certification

On the basis of the carried out control, it is hereby certified that the information herein is correct and that the described goods comply with the origin requirements of the China -Costa Rica Free Trade Agreement.

Place and date*, signature and stamp of the Authorized Body

Tel:　　　　Fax:

Address:

* A Certificate of Origin issued under China-Costa Rica Free Trade Agreement shall be valid for one year from the date of issuance in the exporting country.

图 2-62　中国—哥斯达黎加自贸区原产地证正本首页

Overleaf Instruction

The English version of the Certificate of Origin shall be used and such Certificate shall be completed in that same language, in accordance with the overleaf instructions established herein.

Box 1: State the full legal name, address of the exporter in China or Costa Rica.

Box 2: State the full legal name, address (including country) of the producer. If more than one producer's good is included in the certificate, list the additional producers, including name, address (including country). If the exporter or the producer wish the information to be confidential, state " Available to the competent authority or authorized body upon request ". If the producer and the exporter are the same, please complete the box with " SAME ". If the producer is unknown, state " UNKNOWN ".

Box 3: State the full legal name, address of the importer in China or Costa Rica.

Box 4: Complete the means of transport and route and specify the departure date, transport vehicle No., port of loading and discharge, as far as known.

Box 5: Customer's Order Number, Letter of Credit Number, among others, may be included. If the invoice is issued by a non - Party operator, information such as name and country of the operator issuing the invoice shall be indicated herein.

Box 6: State the item number, and item number shall not exceed 20. If the box' s space is not enough, additional pages, with the same form as the first page could be attached. Any additional page will have the phrase " page of " noted, and the boxes 6 to 14 will be completed with the corresponding information.

Box 7: State the shipping marks and numbers on packages, when such marks and numbers exist, otherwise shall state " NO MARKS AND NUMBERS (N / M) ".

Box 8: Number and kind of packages shall be specified. Provide a full description of each good. The description should be sufficiently detailed to enable the products to be identified by the Customs Officers examining them and relate it to the invoice description and to the HS description of the good. If goods are not packed, state " in bulk ". When the description of the goods is finished, add " *** " (three stars) or " \ "(finishing slash).

Box 9: For each good described in Box 8, identify the HS tariff classification to 6 digit code.

Box 10: For each good described in Box 8, state which criterion is applicable, according to the following instructions. The rules of origin are contained in Chapter 4 (Rules of Origin and Related Operational Procedures) and Annex 3 (Product Specific Rules of Origin).

Origin Criterion	Insert in Box 10
The good is "wholly obtained" in the territory of one or both Parties, as referred to in Article 22 (Wholly Obtained Goods).	WO
The good is produced entirely in the territory of one or both Parties, exclusively from materials whose origin conforms to the provisions of Chapter 4 (Rules of Origin and Related Operational Procedures).	WP
The good is produced in the territory of one or both Parties, using non-originating materials that comply with the Product Specific Rules and other applicable provisions of Chapter 4 (Rules of Origin and Related Operational Procedures).	PSR

Box 11: State gross weight in kilos or other units of measurement for each good described in Box 8. Other units of measurement e.g. volume or number of items which would indicate exact quantities may be used when customary.

Box 12: Register the invoice number, date of invoice and the total invoiced value. In cases where invoices are issued by a non-Party operator, information such as the invoice number and invoice value shall be indicated herein.

Box 13: The box must be completed, signed and dated by the exporter. Insert the place (including the country where the goods are produced and imported), date and signature of authorized person.

Box 14: The box must be completed, signed, dated and stamped by the authorized person of the authorized body. The telephone number, fax and address of the authorized body should be given.

图 2-63　中国—哥斯达黎加自贸区原产地证正本背页说明

4. 证书填制规范

中国—哥斯达黎加自贸区原产地证共有 14 栏，各栏填制规范如下：

（1）原产地证书号

标题栏（右上角），填上海关规定的证书号。编号规则如下：证书类型 L+2 位年份+9～17 位统一社会信用代码或 9 位组织机构代码+4 位流水号。

注意：更改证、重发证的号码与新证的编码规则一致，但改变流水号。

（2）第 1 栏：出口商的名称、地址、国别

例如：

NINGBO ××× GROUP CO.，LTD.

ROOM ×××，×××MANSION，

93 ××× ROAD，NINGBO CHINA

注意：

①此栏是强制性的，应填写在中国境内的出口商名称、地址、国别。出口商必须是已办理原产地证备案的申请单位，且公司英文名称应与备案一致。

②在台湾地区、香港地区、澳门地区注册的公司不能作为出口商。

（3）第 2 栏：生产商的名称，地址，国别

例如：

J & D ××× APPLIANCE MANUFACTORY

××× ROAD，NINGBO CHINA

注意：

①如果证书上的货物生产商不止一个时，其他生产商的名称、地址（包括国家）也须全部分别列明。

②如果出口商或生产商希望对该信息保密时，可以填写“应要求提供给主管政府机构或授权机构（AVAILABLE TO THE COMPETENT AUTHORITY OR AUTHORIZED BODY UPON REQUEST）”。

③如果生产商和出口人相同，应填写“同上（SAME）”。

④如果不知道生产商，可填写“不知道（UNKNOWN）”。

（4）第 3 栏：收货人的名称、地址、国别

例如：

ALPEMUSA××× CO.，LTD.

500××× DEL CENTRO COMERCIAL ×××

ESCAZU，××× PROSPERO ×××，SAN JOSE

COSTA RICASAN JOSE，COSTA RICA

注意：

①此栏是强制性的，应填明哥斯达黎加收货人名称、地址、国家。

②若经其他国家或地区转口需填写中间商名称的，可在最终收货人后面加填英文“VIA”或“O/B”，然后填写中间商名称。

（5）第4栏：运输方式及路线（已知）

例如：

离港日期（Departure Date）：10 OCT，2016

运输工具号（Vessel/Flight/Train/Vehicle No.）：KMCT ULSA V. 406S

装运口岸（Port of loading）：NINGBO，CHINA

卸货口岸（Port of discharge）：SAN JOSE，COSTA RIC

注意：如果运输工具未知的情况下，允许仅填写 BY SEA，BY TRUCK 或 BY RAILWAY。

（6）第5栏：备注

例如：

L/C：2846905067640465

注意：

①如有要求，该栏可注明客户订单编号、信用证编号等信息。

②如果发票由非缔约方经营者出具，应在此栏填写非缔约方经营者的名称、地址及国家等信息。

（7）第6栏：项目编号

在收货人、运输条件相同的情况下，如同批出口货物有不同品种，则可按不同品种分列“1”“2”“3”……，依此类推，但不得超过20个。

（8）第7栏：唛头及包装编号

例如：

JENSON，

ORDER NO. 325952065

L/C E766896505

C/N 1-270

注意：

①此栏填写的唛头应与货物外包装上的唛头及发票上的唛头一致。

②唛头不得出现中国以外的国家或地区制造的字样，也不能出现香港地区、澳门地区、台湾地区原产地字样（如 MADE IN HONG KONG，MACAO，TAIWAN）。

③如货物无唛头应填“无唛头”（N/M 或 NO MARK）。

④如唛头为图文等较复杂的内容，此栏应填写“SEE ATTACHMENT”，申请单位用空白纸制作带图文的唛头附页，签证机构在附页上加盖签证印章。

（9）第 8 栏：包装数量及种类、商品的名称

例如：

SIX（6）PALLETS OF SKIP HOISTS

* * * * * * * * * * * * * *

注意：

①包装数量必须用英文和阿拉伯数字同时表示，填写货物的具体包装种类（如 CASE，CARTON，BAG，PACKAGE 等）。

②如果无包装，应填明货物出运时的状态，如“NUDE CARGO”（裸装货）、“IN BULK”（散装货）、“HANGING GARMENTS”（挂装）等。

③商品名称必须具体填明，应详细到可以准确判定该商品的 HS 品目号，不能笼统填“MACHINE”（机器）、“GARMENT”（服装）等。如果信用证、合同中品名笼统或拼写错误，应在括号内加注具体描述或正确品名。

④商品名称等项列完后，应在最后一行下方加上表示结束的符号（* * *），以防止加填伪造内容。

（10）第 9 栏：HS 编码

例如：

842810

注意：此栏填写第 8 栏货物名称对应的 6 位 HS 编码。

（11）第 10 栏：原产地标准

此栏为原产地证书的核心栏目，填写要求如下：

①如属完全获得的产品，填写“WO”。

②含有进口成分，但符合原产地标准：

A. 如完全由已获得原产资格的材料生产的产品，填写“WP”。

B. 如使用了非原产原材料，且满足《产品特定原产地规则》中税则归类改变、工序要求等规定，填写“PSR”。

（12）第 11 栏：毛重或其他计量单位

例如：1200KGS

注意：此栏应填写商品的正常计量单位，如“PCS”“PAIRS”“SETS”等。货物以重量计的则填毛重，只有净重的，则需加注 N. W.（NET WEIGHT）。

（13）第 12 栏：发票号、发票日期及价格

例如：

SDAKF0522

OCT. 8，2016

FOB：USD 188890

注意：

①此栏不得留空，发票号码、日期必须与正式商业发票一致，月份一般用英文缩写 JAN.，FEB.，MAR. 等表示。

②应按出口商业发票填写，并注明 FOB、CIF 或其他方式。

③如果发票是由非缔约方经营者开具的，则应在此栏内注明非缔约方经营者的发票号码和发票价格等信息。

（14）第 13 栏：出口商声明

例如：

NINGBO，CHINA OCT. 9，2016

注意：

①生产国国名应填写“CHINA”，进口国国名应填写“COSTA RICA”。

②此栏填写申报地点、日期，申请单位应授权专人在此栏签字。

③申报日期不得早于发票日期。

（15）第 14 栏：签证机构证明

例如：

NINGBO，CHINA OCT. 9，2016

TEL：0086-574-×××　　FAX：0086-574-×××

ADDRESS：××× ROAD，NINGBO，CHINA

注意：

①此栏填写签证机构签证地点、日期以及直属检验检疫局的电话号码、传真及地址。

②签证机构授权签证人员在此栏签字，在提供给申请单位的证书正本和副本加盖中英文签证印章，印章应加盖清晰，不能与签名重叠。

③对补发证书，应在此栏注明“ISSUED RETROSPECTIVELY”字样。

④对重发证书，应在此栏注明“CERTIFIED TRUE COPY with the original Certificate of Origin number ______ dated ______”字样。

（16）其他说明

①凡申请办理中国—哥斯达黎加自贸区原产地证的单位，须在当地海关进行备案。

②该证书所用文字为英文。

③证书应在货物出口前或出口时签发，如未能及时签发的，可以在货物出口之日起 12 个月内补发，并注明“ISSUED RETROSPECTIVELY”字样。

④如原产地证被盗、遗失或损毁，在出口商或制造商确信此前签发的原产地证书正本未被使用的情况下，可签发经核准的原产地证书副本，并注明“CERTIFIED TRUE COPY with the original Certificate of Origin number ______ dated ______”。

⑤签证机构已经签发的证书，申请单位如需更改，须提出更改申请，退回原签发证书。

（十二）中国—新加坡自贸区原产地证

依照《中国—新加坡自由贸易协定》和国家法律有关规定，申请人可以向签发机构申请中国—新加坡自贸区原产地证，随附上述证书的出口货物依照《中国—新加坡自由贸易协定》规定在新加坡享受优惠关税待遇。

1. 基本信息

基本信息参见中国—韩国自贸区原产地证。

2. 货物信息

点击“原产地标准填写说明”，弹出原产地标准详情界面（如图 2-64 所示）。

原产地标准详情

是否完全原产	原产地标准	原产地标准辅助项	适用国家/地区
完全原产	原产地标准选“P”	-	新加坡
非完全原产	中国—新加坡原产成份价值占产品FOB价的百分比大于等于40%，原产地标准选“RVC”	-	新加坡
非完全原产	符合特定原产地标准的，原产地标准选“PSR”	-	新加坡

图 2-64　原产地标准详情

货物信息其他字段参见中国—韩国自贸区原产地证。

3. 证书样式

中国—新加坡自贸区原产地证正本首页如图 2-65 所示，企业可参考证书背面说明填报原产地证申请信息（如图 2-66 所示）。

ORIGINAL

1.Goods consigned from (Exporter's business name,address, country)

Reference No.

CHINA-SINGAPORE FREE TRADE AREA
PREFERENTIAL TARIFF
CERTIFICATE OF ORIGIN
(Combined Declaration and Certificate)

2.Goods consigned to (Consignee's name, address, country)

Issued in the People's Republic of China
(Country)
See Notes Overleaf

3.Means of transport and route (as far as known)

Departure date

Vessel's name/Aircraft etc.

Port of Discharge

4. For Official Use

☐ Preferential Treatment Given Under CHINA-SINGAPORE Free Trade Area Preferential Tariff

☐ Preferential Treatment Not Given (Please state reason/s)

Signature of Authorised Signatory of the Importing Country

5.Item number	6. Marks and numbers on packages	7. Number and type of packages, description of goods (including quantity where appropriate and HS number of the importing country)	8. Origin criterion (see Notes overleaf)	9. Gross weight or other quantity and value (FOB)	10. Number and date of invoices

11.Declaration by the exporter

The undersigned hereby declares that the above details and statement are correct; that all the goods were produced in

CHINA
(Country)

and that they comply with the origin requirements specified for these goods in the China-Singapore Free Trade Area Preferential Tariff for the goods exported to

SINGAPORE
(Importing Country)

Place and date, signature of authorised signatory

12.Certification

It is hereby certified, on the basis of control carried out, that the declaration by the exporter is correct.

Place and date, signature and stamp of certifying authority

图 2-65　中国—新加坡自贸区原产地证正本首页

OVERLEAF INSTRUCTION

Box 1: State the full legal name, address (including country) of the exporter in China.

Box 2: State the full legal name, address (including country) of the consignee in Singapore.

Box 3: Complete the means of transport and route and specify the departure date, transport vehicle, port of discharge.

Box 4: The customs authorities of the importing country must indicate (√) in the relevant boxes whether or not preferential tariff treatment is accorded.

Box 5: State the item number.

Box 6: State the shipping marks and numbers on the packages.

Box 7: Number and type of packages shall be specified. Provide a full description of each good. The description should be sufficiently detailed to enable the products to be identified by the Customs Officers examining them and relate it to the invoice description and to the HS description of the good. If goods are not packed, state "in bulk". When the description of the goods is finished, add "***" (three stars) or "\" (finishing slash). For each good described in Box 7, identify the HS tariff classification to six digits.

Box 8: If the goods qualify under the Rules of Origin, the exporter must indicate in Box 8 of this form the origin criteria on the basis of which he claims that his goods qualify for preferential tariff treatment, in the manner shown in the following table:

The origin criteria on the basis of which the exporter claims that his goods qualify for preferential tariff treatment	Insert in Box 8
(a) Products wholly obtained in the exporting Party as defined in China-Singapore FTA Rules of Origin	"P"
(b) Region value content ≥40%	"RVC"
(c) Products satisfied the Products Specific Rules	"PSR"

Box 9: Gross weight in Kilos should be shown here. Other units of measurement e.g. volume or number of items which would indicate exact quantities may be used when customary; the FOB value shall be indicated here.

Box 10: Invoice number and date of invoices should be shown here.

Box 11: The field must be completed, signed and dated by the exporter. Insert the place, date of signature.

Box12: The field must be completed, signed, dated and stamped by the authorised person of the certifying authority.

图 2-66 中国—新加坡自贸区原产地证正本背页说明

4. 证书填制规范

中国—新加坡自贸易区原产地证共有 12 栏，各栏的填制规范如下：

（1）原产地证书号

标题栏（右上角），填上海关规定的证书号。编号规则如下：证书类型 X+2 位年份+9~17 位统一社会信用代码或 9 位组织机构代码+4 位流水号。

注意：更改证、重发证的号码与新证的编码规则一致，但改变流水号。

（2）第 1 栏：出口商的名称、地址、国家

例如：

NINGBO ××× GROUP CO.，LTD.

ROOM ×××，××× MANSION，

93 ××× ROAD，NINGBO CHINA

注意：

①此栏是强制性的，应填写在中国境内的出口商名称、地址、国家等。出口商必须是已办理原产地证备案的企业，且公司英文名称应与备案一致。

②在台湾地区、香港地区、澳门地区注册的公司不能作为出口商。

（3）第 2 栏：收货人的名称、地址、国家

例如：

××× CORPORATIN

5，×××× STREET

SINGAPORE 618750

注意：此栏是强制性的，应填写新加坡最终收货人名称、地址、国家。若经其他国家或地区转口需填写中间商名称的，可在最终收货人后面加填英文“VIA”或“O/B”，然后填写中间商名称。

（4）第 3 栏：运输方式及路线（就所知而言）

例如：

离港日期（Departure Date）：28 JAN，2017

运输工具号（Vessel/Flight/Train/Vehicle No.）：KMCT ULSA V. 406S

卸货口岸（Port of discharge）：SINGAPORE

注意：如果运输工具未知的情况下，允许仅填写 BY SEA，BY TRUCK 或 BY RAILWAY。

（5）第 4 栏：供官方使用（官方声明）

由进口成员方的海关当局在该栏简要说明根据协定是否给予优惠待遇。申请单位应将此栏留空。

（6）第 5 栏：项目编号

在收货人、运输条件相同的情况下，如同批出口货物有不同品种，则可按

不同品种分列“1”“2”“3”……，依此类推，单项商品此栏可不填。

（7）第6栏：唛头及包装号

例如：

JENSON，

ORDER NO. 325952065

L/C E766896505

C/N 1-270

注意：

①此栏填写的唛头应与货物外包装上的唛头及发票上的唛头一致。

②唛头不得出现中国以外的国家或地区制造的字样，也不能出现香港地区、澳门地区、台湾地区原产地字样（如MADE IN HONG KONG，MACAO，TAIWAN）。

③如货物无唛头应填“无唛头”（N/M或NO MARK）。

④如唛头为图文等较复杂的内容，此栏打上“SEE ATTACHMENT”，用空白纸制作带图文的唛头附页，签证机构加盖签证印章。

（8）第7栏：包装数量及种类、商品描述及HS编码

例如：

FOUR（4）DRUMS OF ACID GREEN DYESTUFFS

HS CODE：320412

* * * * * * * * * * * * * * * * * * * * * * * * * * * * *

注意：

①包装数量必须用英文和阿拉伯数字同时表示，填写货物的具体包装种类（如CASE，CARTON，BAG，PACKAGE等）。

②如果无包装，应填明货物出运时的状态，如“NUDE CARGO”（裸装货）、“IN BULK”（散装货）、“HANGING GARMENTS”（挂装）等。

③商品名称必须具体填明，应详细到可以准确判定该商品的HS品目号，不能笼统填“MACHINE”（机器）、“GARMENT”（服装）等。如果信用证、合同中品名笼统或拼写错误，应在括号内加注具体描述或正确品名。

④此栏还需填写商品的6位HS编码。

⑤商品名称及HS编码等项列完后，应在最后一行下方加上表示结束的符号（* * *），以防止加填伪造内容。

（9）第8栏：原产地标准

此栏为原产地证书的核心栏目，填写要求如下：

①如属完全国产，填写“P”。

②如使用了非原产于中国、新加坡或无法确定原产地的原材料生产和加工

产品时，中国—新加坡自贸区累计价值成分不少于产品离岸价格的40%，且最后生产加工工序在中国境内完成，填写“RVC”。

③符合中国—新加坡自由贸易区原产地规则产品特定原产地标准的产品，填写“PSR”。

(10) 第9栏：毛重或其他数量及价格（FOB）

例如：

1200KGS

USD 23234

注意：此栏应填写商品的正常计量单位，如“PCS”“PAIRS”“SETS”等。货物以重量计的则填毛重，只有净重的，则需加注 N. W.（NET WEIGHT）。同时加注出口商品 FOB 值。

(11) 第10栏：发票号码及日期

例如：

SDAKF0522

JAN. 22，2016

注意：此栏不得留空，发票号码、日期必须与正式商业发票一致，月份一般用英文缩写 JAN.，FEB.，MAR. 等表示。

(12) 第11栏：出口商声明

例如：

NINGBO，CHINA OCT. 24，2016

注意：

①生产国国名应填写“CHINA”，进口国国名应填写“SINGAPORE”。

②此栏填写申报地点、日期，申请单位应授权专人在此栏签字。

③申报日期不得早于发票日期。

(13) 第12栏：签证机构证明

例如：

NINGBO，CHINA　OCT. 24，2017

注意：

①此栏填写签证机构签证地点、日期。

②签证机构授权签证人员在此栏签字，在提供给申请单位的证书正本和副本上加盖中英文签证印章，印章应加盖清晰，不能与签名重叠。

③原产地证书可以在货物装运之日起一年内补发，签发补发证书时，需在此栏注明“ISSUED RETROACTIVELY”。

④如原产地证书被盗、遗失或损毁，出口人可在其正本签发之日起一年之内申请重发。签发重发证书的，需在此栏中注明“CERTIFIED TRUE COPY OF

THE ORIGINAL CERTIFICATE OF ORIGIN NUMBER ______ DATED ______”，并注明原证正本的签发日期。

（14）其他说明

①凡申请办理中国—新加坡优惠原产地证明书的单位，须在当地海关进行备案。

②该证书各栏目用英文填写。

③原产地证书可以在货物装运之日起一年内补发，签发补发证书时，注明“ISSUED RETROACTIVELY”。

④如原产地证书被盗、遗失或损毁，出口人可在其正本签发之日起一年之内申请重发。签发重发证书时注明“CERTIFIED TRUE COPY OF THE ORIGINAL CERTIFICATE OF ORIGIN NUMBER ______ DATED ______”，并注明原证正本的签发日期。

⑤签证机构已经签发的证书，申请单位如需要更改，须提出更改申请，退回原签发证书。

（十三）中国—新西兰自贸区原产地证

依照《中国—新西兰自由贸易协定》和国家法律有关规定，申请人可以向签发机构申请中国—新西兰自贸区原产地证，随附上述证书的出口货物依照《中国—新西兰自由贸易协定》规定在新西兰享受优惠关税待遇。

1. 基本信息

基本信息参见中国—韩国自贸区原产地证。

2. 货物信息

点击“原产地标准填写说明”，弹出原产地标准详情界面（如图 2-67 所示）。

原产地标准详情

是否完全原产	原产地标准	原产地标准辅助项	适用国家/地区
完全原产	一方境内完全原产，原产地标准选“WO”	-	新西兰
非完全原产	在一方或双方境内，完全由已经取得原产地资格的材料生产的，原产地标准选“WP”	-	新西兰
非完全原产	满足《特定产品原产地标准表》规定的税则号归类改变、工序要求或其他要求的，原产地标准选“PSR”	-	新西兰
非完全原产	满足《特定产品原产地标准表》规定的区域价值成份（RVC），原产地标准选“PSR”	填写区域价值成份的百分比	新西兰

图 2-67　原产地标准详情

货物信息其他字段参见中国—韩国自贸区原产地证。

3. 证书样式

中国—新西兰自贸区原产地证正本首页如图 2-68 所示，企业可参考证书背面说明填报原产地证申请信息（如图 2-69 所示）。

ORIGINAL

1. Exporter's name,address, country:	Certificate No.: **CERTIFICATE OF ORIGIN** **Form for the Free Trade Agreement between the Government of the People's Republic of China and the Government of New Zealand** Issued in the People's Republic of China (see Instruction overleaf)
2. Producer's name and address, if known:	
3.Consignee's name, address, country:	
4.Means of transport and route (as far as known) Departure Date Vessel /Flight/Train/Vehicle No. Port of loading Port of discharge	5. For official use only ☐ Preferential Tariff Treatment Given Under China-New Zealand FTA ☐ Preferential Treatment Not Given (Please state reasons) .... Signature of Authorized Signatory of the Importing Country 6. Remarks

7.Item number (Max 20)	8. Marks and numbers on packages	9. Number and kind of packages; description of goods	10. HS code (Six digit code)	11. Origin criterion	12. Gross weight, quantity (quantity unit) or other measures (litres, m^3, etc)	13. Number, date of invoice and invoiced value

14.Declaration by the exporter The undersigned hereby declares that the above details and statement are correct, that all the goods were produced in CHINA .... (Country) and that they comply with the origin requirements specified in the FTA for the goods exported to NEW ZEALAND .... (Importing Country) .... Place and date, signature of authorized signatory	15.Certification On the basis of control carried out, it is hereby certified that the information herein is correct and that the goods described comply with the origin requirements specified in the Free Trade Agreement between the Government of the People's Republic of China and the Government of New Zealand. .... Place and date, signature and stamp of authorized body

图 2-68　中国—新西兰自贸区原产地证正本首页

Overleaf Instruction

Box 1: State the full legal name, address (including country) of the exporter.

Box 2: State the full legal name, address (including country) of the producer. If more than one producer's good is included in the certificate, list the additional producers, including name, address (including country). If the exporter or the producer wishes the information to be confidential, it is acceptable to state "Available to the authorized body upon request". If the producer and the exporter are the same, please complete field with "SAME". If the producer is unknown, it is acceptable to state "UNKNOWN".

Box 3: State the full legal name, address (including country) of the consignee.

Box 4: Complete the means of transport and route and specify the departure date, transport vehicle No., port of loading and discharge.

Box 5: The customs administration of the importing country must indicate (√) in the relevant boxes whether or not preferential tariff treatment is accorded.

Box 6: Any additional information such as Customer's Order Number, Letter of Credit Number, etc. may be included.

Box 7: State the item number, and item number should not exceed 20.

Box 8: State the shipping marks and numbers on the packages.

Box 9: Number and kind of package shall be specified. Provide a full description of each good. The description should be sufficiently detailed to enable the products to be identified by the Customs Officers examining them and relate it to the invoice description and to the HS description of the good. If goods are not packed, state "in bulk". When the description of the goods is finished, add "****" (three stars) or " \ " (finishing slash).

Box 10: For each good described in Box 9, identify the HS tariff classification to six digits.

Box 11: If the goods qualify under the Rules of Origin, the exporter must indicate in Box 11 of this form the origin criteria on the basis of which he claims that his goods qualify for preferential tariff treatment, in the manner shown in the following table:

The origin criteria on the basis of which the exporter claims that his goods qualify for preferential tariff treatment	Insert in Box 11
The good is wholly obtained or produced in the territory of a Party as set out and defined in Article 20, including where required to be so under Annex 5	WO
The good is produced entirely in the territory of one or both Parties,exclusively from materials whose origin conforms to the provisions of Section 1 of Chapter 4.	WP
The good is produced in the territory of one or both Parties, using non-originating materials that conform to a change in tariff classification, a regional value content, a process requirement or other requirements specified in Annex 5, and the good meets the other applicable provisions of Section 1 of Chapter 4.	PSR[1]

Box 12: Gross weight in kilograms should be shown here. Other units of measurement e.g. volume or number of items which would indicate exact quantities may be used when customary.

Box 13: Invoice number, date of invoices and invoiced value should be shown here.

Box 14: The field must be completed, signed and dated by the exporter for exports from China. It is not required for New Zealand exports to China. Insert the place, date of signature.

Box 15: The field must be completed, signed, dated and stamped by the authorized person of the authorized body.

---

[1]When the good is subject to a regional value content (RVC) requirement stipulated in Annex 5, indicate the percentage.

图 2-69　中国—新西兰自贸区原产地证正本背页说明

4. 证书填制规范

中国—新西兰自贸区原产地证共有 15 栏，各栏的填制规范如下：

（1）原产地证书号

标题栏（右上角），填上海关规定的证书号。编号规则如下：证书类型 N+2 位年份+9~17 位统一社会信用代码或 9 位组织机构代码+4 位流水号。

注意：更改证、重发证的号码与新证的编码规则一致，但改变流水号。

（2）第 1 栏：出口商的名称、地址、国家

例如：

NINGBO ××× GROUP CO.，LTD.

ROOM ×××，××× MANSION，

93 ××× ROAD，NINGBO CHINA

注意：

①此栏是强制性的，应填写在中国境内的出口商名称、地址、国家等。出口商必须是已办理原产地证备案的企业，且公司英文名称应与备案一致。

②在台湾地区、香港地区、澳门地区注册的公司不能作为出口商。

（3）第 2 栏：生产商的名称、地址、国家

例如：

××× MECHANICAL APPLIANCE MANUFACTORY

××× ROAD，NINGBO CHINA

注意：

①如果证书上的货物生产商不止一个时，其他生产商的名称、地址（包括国家）也须全部分别列明。

②如果出口人或生产商希望对该信息保密时，可以填写“应要求提供给授权机构（AVAILABLE TO THE AUTHORIZED BODY UPON REQUEST）”。

③如果生产商和出口人相同，应填写“同上（SAME）”。

④如果不知道生产商，可填写“不知道（UNKNOWN）”。

（4）第 3 栏：收货人的名称、地址、国家

例如：

××× FASHION GROUP NEW ZEALAND LTD

××× STREET，

ALEXANDRIA，NEW ZEALAND

注意：此栏是强制性的，应填写新西兰最终收货人名称、地址、国家。若经其他国家或地区转口需填写中间商名称的，可在最终收货人后面加填英文“VIA”或“O/B”，然后填写中间商名称。

（5）第4栏：运输方式及路线（已知）

例如：

离港日期（Departure Date）：28 JAN，2017

运输工具号（Vessel/Flight/Train/Vehicle No.）：KMCT ULSA V. 406S

装运口岸（Port of loading）：NINGBO，CHINA

卸货口岸（Port of discharge）：AUCKLAND，NEW ZEALAND

注意：如果运输工具未知的情况下，允许仅填写 BY SEA，BY TRUCK 或 BY RAILWAY。

（6）第5栏：供官方使用

进口国海关在该栏注明根据协定是否给予优惠。

（7）第6栏：备注

例如：

L/C：2846905067640465

注意：如有要求，该栏可注明客户订单编号、信用证编号等。

（8）第7栏：项目编号

在收货人、运输条件相同的情况下，如同批出口货物有不同品种，则可按不同品种分列“1”“2”“3”……，依此类推，但不得超过20个。

（9）第8栏：唛头及包装号

例如：

JENSON，

ORDER NO. 325952065

L/C E766896505

C/N 1-270

注意：

①此栏填写的唛头应与货物外包装上的唛头及发票上的唛头一致。

②唛头不得出现中国以外的国家或地区制造的字样，也不能出现香港地区、澳门地区、台湾地区原产地字样（如 MADE IN HONG KONG，MACAO，TAIWAN）。

③如货物无唛头应填写“无唛头”（N/M 或 NO MARK）。如唛头过多，可填在第7、8、9、10栏的空白处。如唛头为图文等较复杂的内容，此栏打上（SEE ATTACHMENT），申请单位用空白纸制作带图文的唛头附页，签证机构加盖签证印章。

（10）第9栏：包装数量及种类、商品描述

例如：SIX（6）PALLETS OF SKIP HOISTS

* * * * * * * * * * * * * * *

注意：

①包装数量必须用英文和阿拉伯数字同时表示，填写货物的具体包装种类（如 CASE，CARTON，BAG，PACKAGE 等）。

②如果无包装，应填明货物出运时的状态，如"NUDE CARGO"（裸装货）、"IN BULK"（散装货）、"HANGING GARMENTS"（挂装）等。

③商品名称必须具体填明，应详细到可以准确判定该商品的 HS 品目号，不能笼统填"MACHINE"（机器）、"GARMENT"（服装）等。如果信用证、合同中品名笼统或拼写错误，应在括号内加注具体描述或正确品名。

④ 商品名称等项列完后，应在最后一行下方加上表示结束的符号（＊＊＊），以防止加填伪造内容。

（11）第 10 栏：HS 编码

例如：

842810

此栏对应第 9 栏中的货物名称注明相应的 6 位 HS 编码。

（12）第 11 栏：原产地标准

此栏为原产地证书的核心栏目，填写要求如下：

①如属完全获得的产品，填写"WO"。

②如完全由已获得原产资格的材料生产的产品，填写"WP"。

③如使用了非原产原材料，且满足特定产品原产地标准表中税则归类改变、工序要求等规定，填写"PSR"。

④如使用了非原产原材料，且满足特定产品原产地标准表中所规定的区域价值成分，填写"PSR"+区域价值百分比，如"PSR 50%"。

（13）第 12 栏：毛重或其他

例如：1200KGS

注意：此栏应填商品的正常计量单位，如"PCS""PAIRS""SETS"等。货物以重量计的则填毛重，只有净重的，则需加注 N. W.（NET WEIGHT）。

（14）第 13 栏：发票号、发票日期及金额

例如：

SDAKF0522

JAN. 22，2017

FOB USD5000

注意：

①发票号码、日期必须与正式商业发票一致，此栏不得留空。月份一般用英文缩写 JAN.，FEB.，MAR. 等表示。

②发票价格一般填写 FOB 价，也可填写 CIF 等价格。

（15）第 14 栏：出口商声明

例如：

NINGBO，CHINA　JAN. 24，2017

注意：

①生产国国名应填写“CHINA”，进口国国名应填写“NEW ZEALAND”。

②此栏填写申报地点、日期，申请单位应授权专人在此栏签字。

③申报日期不得早于发票日期。

（16）第 15 栏：签证当局证明

例如：

NINGBO，CHINA　JAN. 24，2017

注意：

①此栏填写签证机构签证地点、日期。

②签证机构授权签证人员在此栏签字，在提供给申请单位的证书正本和副本加盖中英文签证印章，印章应加盖清晰，不能与签名重叠。

③如办理重发证书，需在此栏加注“CERTIFIED TRUE COPY OF THE ORIGINAL CERTIFICATE OF ORIGIN NUMBER ______ DATED ______”。

（17）其他说明

①凡申请办理中国—新西兰自贸区原产地证的单位，须在当地海关进行备案。

②该证书所用文字为英文。

③原产地证书被盗、遗失或损毁时，出口商可根据其持有的出口文件，向授权机构书面申请签发原产地证书副本。据此签发的原产地证书副本应当在备注栏注明“CERTIFIED TRUE COPY OF THE ORIGINAL CERTIFICATE OF ORIGIN NUMBER ______ DATED ______”。其有效期按正本签发日期计算。

④中国新西兰证书无后发，企业应在货物出运前申请。

⑤签证机构已经签发的证书，申请单位如需更改，须提出更改申请，退回原签发证书。

（十四）中国—冰岛自贸区原产地证

依照《中国—冰岛自由贸易协定》和国家法律有关规定，申请人可以向签发机构申请中国—冰岛自贸区原产地证，随附上述证书的出口货物依照《中国—冰岛自由贸易协定》规定在冰岛享受优惠关税待遇。

1. 基本信息

基本信息参见中国—韩国自贸区原产地证。

2. 货物信息

点击“原产地标准填写说明”，弹出原产地标准详情界面（如图 2-70 所示）。

原产地标准详情

是否完全原产	原产地标准	原产地标准辅助项	适用国家/地区
完全原产	在缔约一方或双方完全获得，原产地标准选"WO"	-	冰岛
非完全原产	在缔约一方或双方,由已经取得原产资格材料生产，原产地标准选"WP"	-	冰岛
非完全原产	符合产品特定原产地标准的货物，原产地标准选"PSR"	-	冰岛

图 2-70　原产地标准详情

货物信息其他字段参见中国—韩国自贸区原产地证。

3. 证书样式

中国—冰岛自贸区原产地证正本首页如图 2-71 所示，企业可参考证书背面说明填报原产地证申请信息（如图 2-72 所示）。

CERTIFICATE OF ORIGIN

1. Exporter (Name, full address, country)	No. **Certificate of Origin used in FTA between** **CHINA** **and** **ICELAND** See notes overleaf before completing this form
2. Consignee (Name, full address, country)	
3. Transport details (as far as known) Departure Date Vessel/Flight/Train/Vehicle No. Port of loading Port of discharge	4. Remarks

5. Item number (Max 20)	6. Marks and numbers	7. Number and kind of packages;Description of goods	8. HS code (Six digit code)	9. Origin criterion	10. Gross mass (kg) or other measure (liters, m³, etc.)	11. Invoices (Number and date)

12. ENDORSEMENT BY THE AUTHORIZED BODY	13. DECLARATION BY THE EXPORTER
It is hereby certified, on the basis of control carried out, that the declaration of the exporter is correct. .... Place and date, signature and stamp of authorized body	The undersigned hereby declares that the details and statement above are correct, that all the goods were produced in CHINA .... (country) and that they comply with the origin requirements specified in the FTA for the goods exported to ICELAND .... (Importing country) .... Place and date, signature of authorized signatory

图 2–71　中国—冰岛自贸区原产地证正本首页

<table>
<tr><td>14. REQUEST FOR VERIFICATION, to:</td><td>15. RESULT OF VERIFICATION</td></tr>
<tr><td>Verification of the authenticity and accuracy of this certificate is requested.

....
(Place and date)
Stamp

....
(Signature)</td><td>Verification carried out shows that this certificate [(1)]

☐ was issued by the authorized body indicated and that the information contained therein is accurate.
☐ does not meet the requirements as to authenticity and accuracy (see remarks appended)

....
(Place and date)
Stamp

....
(Signature)

(1) Insert X in the appropriate box.</td></tr>
</table>

NOTES

1. Certificate must not contain erasures or words written over one another.
2. No spaces shall be left between the items entered on the certificate and each item shall be preceded by an item number. If the space of the box is not completely filled, " * " (stars) or " \ " (finishing slash) should be added after the description of the goods, or a horizontal line should be drawn below the last line of the description, and the empty space crossed through.
3. Goods must be described in accordance with commercial practice and with sufficient detail to enable them to be identified.
4. The number of items listed should not exceed 20.
5. This certificate should be issued in one original and two copies.
6. For each good described in Box 7, state which criterion is applicable, according to the following instructions. The rules of origin are contained in Chapter 3 (Rules of Origin) and Annex IV (Product Specific Rules of Origin).

Origin Criterion	Insert in Box 9
The good is "wholly obtained" in the territory of a Party, as referred to in Article 23 (Wholly Obtained Goods) or the Product Specific Rules of Annex IV.	WO
The good is produced entirely in the territory of one or both Parties, exclusively from materials whose origin conform to the provisions of Chapter 3 (Rules of Origin).	WP
The good is produced in the territory of one or both Parties, using non-originating materials that conform to the Product Specific Rules and other applicable provisions of Chapter 3 (Rules of Origin).	PSR

图 2-72　中国—冰岛自贸区原产地证正本背页说明

4. 证书填制规范

中国—冰岛自贸区原产地证共有15栏，各栏的填制规范如下：

（1）原产地证书号

标题栏（右上角），填上海关规定的证书号。编号规则如下：证书类型I+2位年份+9~17位统一社会信用代码或9位组织机构代码+4位流水号。

注意：更改证、重发证的号码与新证的编码规则一致，但改变流水号。

（2）第1栏：出口商名称、地址、国家

例如：

NINGBO ××× GROUP CO. , LTD.

ROOM ×××, ××× MANSION,

××× ROAD, NINGBO CHINA

注意：

①此栏是强制性的，应填写在中国境内的出口商名称、地址、国家等。出口商必须是已办理原产地证备案的企业，且公司英文名称应与备案一致。

②在台湾地区、香港地区、澳门地区注册的公司不能作为出口商。

（3）第2栏：收货人的名称、地址和国家

例如：

×××　LAGERINN CO. , LTD.

KORPUTORG

BLIKASTADAVEGUR×××

×××REYKJAVIK ICELAND

注意：此栏是强制性的，应填写冰岛最终收货人名称、地址和国家。若经其他国家或地区转口需填写中间商名称的，可在最终收货人后面加填英文“VIA”或“O/B”，然后填写中间商名称。

（4）第3栏：运输细节（就所知而言）

例如：

离港日期（Departure Date）：28 JAN, 2017

运输工具号（Vessel/Flight/Train/Vehicle No. ）：KMCT ULSA V. 406S

装运口岸（Port of loading）：NINGBO, CHINA

卸货口岸（Port of discharge）：REYKJAVIK, ICELAND

注意：如果运输工具未知的情况下，允许仅填写BY SEA, BY TRUCK或BY RAILWAY。

（5）第4栏：备注

例如：

L/C：2846905067640465

如有要求，该栏可注明客户订单编号、信用证编号等。

（6）第 5 栏：项目编号

在收货人、运输条件相同的情况下，如同批出口货物有不同品种，则可按不同品种分列“1”“2”“3”……但不得超过 20 个。

（7）第 6 栏：包装唛头及编号

例如：

GRANT N. L

ORDER NO. 325952065

L/C E766896505

C/N 1-270

注意：

①此栏填写的唛头应与货物外包装上的唛头及发票上的唛头一致。

②唛头不得出现中国以外的国家或地区制造的字样，也不能出现香港地区、澳门地区、台湾地区原产地字样（如 MADE IN HONG KONG，MACAO，TAIWAN）。

③如货物无唛头应填“无唛头”（N/M 或 NO MARK）。

④如唛头为图文等较复杂的内容，此栏打上（SEE ATTACHMENT），申请单位用空白纸制作带图文的唛头附页，签证机构加盖签证印章。

（8）第 7 栏：包装数量及种类、商品描述

例如：

SIX（6）PALLETS OF SKIP HOISTS

＊＊＊＊＊＊＊＊＊＊＊＊＊＊

注意：

①包装数量必须用英文和阿拉伯数字同时表示，填写货物的具体包装种类（如 CASE，CARTON，BAG，PACKAGE 等）。

②如果无包装，应填明货物出运时的状态，如“NUDE CARGO”（裸装货）、“IN BULK”（散装货）、“HANGING GARMENTS”（挂装）等。

③商品名称必须具体填明，应详细到可以准确判定该商品的 HS 品目号，不能笼统填“MACHINE”（机器）、“GARMENT”（服装）等。如果信用证、合同中品名笼统或拼写错误，应在括号内加注具体描述或正确品名。

④商品名称等项列完后，应在最后一行下方加上表示结束的符号（＊＊＊），以防止加填伪造内容。

（9）第 8 栏：HS 编码（6 位）

例如：

842810

注意：此栏填写第 7 栏中货物名称对应的 6 位 HS 编码。

（10）第 9 栏：原产地标准

此栏为原产地证书的核心栏目，填写要求如下：

①完全原产的，填写“WO”。

②在一方境内，完全由符合原产地规则规定的一方或双方的原产材料生产的，填写“WP”。

③在一方或双方境内，使用符合产品特定原产地规则及原产地规则其他要求的非原产材料生产的，填写“PSR”。

（11）第 10 栏：毛重或其他计量单位

例如：

1200KGS

注意：此栏应填写商品的正常计量单位，如“PCS”“PAIRS”“SETS”等。货物以重量计的则填毛重，只有净重的，则需加注 N. W.（NET WEIGHT）。

（12）第 11 栏：发票号、发票日期

例如：

SDAKF0522

JUL. 22，2017

注意：发票号码、日期必须与正式商业发票一致，此栏不得留空。月份一般用英文缩写 JAN.，FEB.，MAR. 等表示。

（13）第 12 栏：签证机构证明

例如：

NINGBO，CHINA JUL. 24，2017

注意：

①此栏填写签证机构签证地址和日期。

②签证机构授权签证人员在此栏签字，在提供给申请单位的证书正本和副本上加盖中英文签证印章，印章应加盖清晰，不能与签名重叠。

（14）第 13 栏：出口商声明

例如：

NINGBO，CHINA JUL. 24，2017

注意：

①生产国国名应填写“CHINA”，进口国国名应填写“ICELAND”。

②此栏填写申报地点、日期，申请单位应授权专人在此栏签字。

③申报日期不得早于发票日期，一般也不要迟于提单日期，如迟于提单日期，则要申请补发证书。重发证申报日期应为当前日期。

（15）第 14 栏：核查要求

由进口成员方的海关当局提出证书核查要求时使用，申请单位应将此栏留空。

（16）第15栏：核查结果

由签证机构答复进口成员方海关当局的核查要求时使用，申请单位应将此栏留空。

（17）其他说明

①凡申请办理中国—冰岛自贸区原产地证的单位，须在当地海关进行备案。

②该证书所用文字为英文。

③在特殊情况下未能在出口前或出口时签发原产地证书的，该证书仍可在产品装运之日起1年内补发，但要在证书第12栏注明“ISSUED RETROSPECTIVELY”字样。

④如果签发的证书被盗、遗失或损毁，在出口商或制造商确信此前签发的原产地证书正本未被使用的情况下，可签发经核准的原产地证书副本，并在证书上注明“CERTIFIED TRUE COPY of the original Certificate of Origin number ______ dated ______”。

⑤证书自签发之日起1年内有效。签证机构已经签发的证书，申报单位如需要更改，须提出更改申请，并退还原签发证书。

（十五）中国—瑞士自贸区原产地证

依照《中国—瑞士自由贸易协定》和国家法律有关规定，申请人可以向签发机构申请中国—瑞士自贸区原产地证，随附上述证书的出口货物依照《中国—瑞士自由贸易协定》规定在瑞士享受优惠关税待遇。

1. 基本信息

基本信息参见中国—韩国自贸区原产地证。

2. 货物信息

点击“原产地标准填写说明”，弹出原产地标准详情界面（如图2-73所示）。

原产地标准详情

是否完全原产	原产地标准	原产地标准辅助项	适用国家/地区
完全原产	在缔约一方或双方完全获得，原产地标准选“WO”	-	瑞士
非完全原产	在缔约一方或双方,由已经取得原产资格材料生产，原产地标准选“WP”	-	瑞士
非完全原产	符合产品特定原产地标准的货物，原产地标准选“PSR”	-	瑞士

图2-73　原产地标准详情

货物信息其他字段参见中国—韩国自贸区原产地证。

3. 证书样式

中国—瑞士自贸区原产地证正本首页如图2-74所示，企业可参考证书背面说明填报原产地证申请信息（如图2-75所示）。

CERTIFICATE OF ORIGIN

1. Exporter (Name, full address, country)	**No.** **Certificate of Origin used in FTA between** **CHINA** **and** **SWITZERLAND** See notes overleaf before completing this form
2. Consignee (Name, full address, country)	
3. Transport details (as far as known) Departure Date Vessel/Flight/Train/Vehicle No. Port of loading Port of discharge	4. Remarks

5. Item number (Max 20)	6. Marks and numbers	7. Number and kind of packages;Description of goods	8. HS code (Six digit code)	9. Origin criterion	10. Gross mass (kg) or other measure (liters, m^3, etc.)	11. Invoices (Number and date)

12. ENDORSEMENT BY THE AUTHORISED BODY It is hereby certified, on the basis of control carried out, that the declaration of the exporter is correct. .... Place and date, signature and stamp of authorised body	13. DECLARATION BY THE EXPORTER The undersigned hereby declares that the details and statement above are correct, that all the goods were produced in CHINA .... (country) and that they comply with the origin requirements specified in the FTA for the goods exported to SWITZERLAND .... (Importing country) .... Place and date, signature of authorised signatory

图 2–74　中国—瑞士自贸区原产地证正本首页

14. REQUEST FOR VERIFICATION, to:	15. RESULT OF VERIFICATION
Verification of the authenticity and accuracy of this certificate is requested. .... (Place and date) Stamp .... (Signature)	Verification carried out shows that this certificate [1] ☐ was issued by the authorised body indicated and that the information contained therein is accurate. ☐ does not meet the requirements as to authenticity and accuracy (see remarks appended) .... (Place and date) Stamp .... (Signature) (1) Insert X in the appropriate box.

NOTES

1. Certificate must not contain erasures or words written over one another.
2. No spaces shall be left between the items entered on the certificate and each item shall be preceded by an item number. If the space of the box is not completely filled, " * " (stars) or " \ " (finishing slash) should be added after the description of the goods, or a horizontal line should be drawn below the last line of the description, and the empty space crossed through.
3. Goods must be described in accordance with commercial practice and with sufficient detail to enable them to be identified.
4. The number of items listed should not exceed 20.
5. This certificate should be issued in one original and two copies.
6. For each good described in box 7, state which criterion is applicable, according to the following instructions. The rules of origin are contained in Chapter 3 and Annex II.

Origin Criterion	Insert in Box 9
The product is "wholly obtained" in the territory of a Party, as referred to in Article 3.3 or the product specific rules of Annex II.	WO
The product was produced in a Party exclusively from materials originating from one or both Parties conforming to the provisions of Chapter 3.	WP
The product is produced in the territory of one or both Parties, using non-originating materials that conform to the Product Specific Rules and other applicable provisions of Chapter 3.	PSR

图 2-75　中国—瑞士自贸区原产地证正本背页说明

4. 证书填制规范

中国—瑞士自贸区原产地证共有15栏，各栏的填制规范如下：

（1）原产地证书号

标题栏（右上角），填上海关规定的证书号。编号规则如下：证书类型S+2位年份+9~17位统一社会信用代码或9位组织机构代码+4位流水号。

注意：更改证、重发证的号码与新证的编码规则一致，但改变流水号。

（2）第1栏：出口商名称、地址、国家

例如：

NINGBO ××× GROUP CO.，LTD.

ROOM ×××，××× MANSION，

93 ××× ROAD，NINGBO CHINA

注意：

①此栏是强制性的，应填写在中国境内的出口商名称、地址、国家等。出口商必须是已办理原产地证备案的企业，且公司英文名称应与备案一致。

②在台湾地区、香港地区、澳门地区注册的公司不能作为出口商。

（3）第2栏：收货人的名称、地址和国家

例如：

COOP ××× CO.，LTD.

××× WANGEN，SWITZERLAND

注意：此栏是强制性的，应填明瑞士最终收货人名称、地址和国家。若经其他国家或地区转口需填写中间商名称的，可在最终收货人后面加填英文“VIA”或“O/B”，然后填写中间商名称。

（4）第3栏：运输细节（就所知而言）

例如：

离港日期（Departure Date）：28 JAN，2017

运输工具号（Vessel/Flight/Train/Vehicle No.）：KMCT ULSA V. 406S

装运口岸（Port of loading）：NINGBO，CHINA

卸货口岸（Port of discharge）：ZURICH，SWITZERLAND

注意：

①卸货口岸可填写实际的卸货口岸或瑞士最终目的地。

②如果运输工具未知的情况下，允许仅填写BY SEA，BY TRUCK或BY RAILWAY。

（5）第4栏：备注

例如：

L/C：2846905067640465

如有要求，该栏可注明客户订单编号、信用证编号等。

（6）第5栏：项目编号

在收货人、运输条件相同的情况下，如同批出口货物有不同品种，则可按不同品种分列“1”“2”“3”……但不得超过20个。

（7）第6栏：包装唛头及编号

例如：

GRANT N. L

ORDER NO. 325952065

L/C E766896505

C/N 1-270

注意：

①此栏填写的唛头应与货物外包装上的唛头及发票上的唛头一致。

②唛头不得出现中国以外的国家或地区制造的字样，也不能出现香港地区、澳门地区、台湾地区原产地字样（如 MADE IN HONG KONG，MACAO，TAIWAN）。

③如货物无唛头应填“无唛头”（N/M 或 NO MARK）。

④如唛头为图文等较复杂的内容，此栏打上（SEE ATTACHMENT），申请单位用空白纸制作带图文的唛头附页，签证机构加盖签证印章。

（8）第7栏：包装数量及种类、商品描述

例如：

SIX（6）PALLETS OF SKIP HOISTS

* * * * * * * * * * * * * *

注意：

①包装数量必须用英文和阿拉伯数字同时表示，填写货物的具体包装种类（如 CASE，CARTON，BAG，PACKAGE 等）。

②如果无包装，应填明货物出运时的状态，如“NUDE CARGO”（裸装货）、“IN BULK”（散装货）、“HANGING GARMENTS”（挂装）等。

③商品名称必须具体填明，应详细到可以准确判定该商品的 HS 品目号，不能笼统填“MACHINE”（机器）、“GARMENT”（服装）等。如果信用证、合同中品名笼统或拼写错误，应在括号内加注具体描述或正确品名。

④商品名称等项列完后，应在最后一行下方加上表示结束的符号（＊＊＊），以防止加填伪造内容。

（9）第8栏：HS 编码（6位）

例如：

842810

注意：此栏填写第 7 栏中货物名称对应的 6 位 HS 编码。

（10）第 9 栏：原产地标准

此栏为原产地证书的核心栏目，填写要求如下：

①完全原产的，填写“WO”。

②在一方境内，完全由符合原产地规则规定的一方或双方的原产材料生产的填写“WP”。

③在一方或双方境内，使用符合产品特定原产地规则及原产地规则其他要求的非原产材料生产的，填写“PSR”。

（11）第 10 栏：毛重或其他计量单位

例如：

1200KGS

注意：此栏应填写商品的正常计量单位，如“PCS”“PAIRS”“SETS”等。货物以重量计的则填毛重，只有净重的，则需加注 N. W.（NET WEIGHT）。

（12）第 11 栏：发票号、发票日期

例如：

SDAKF0522

JUL. 22，2017

注意：发票号码、日期必须与正式商业发票一致，此栏不得留空。月份一般用英文缩写 JAN.，FEB.，MAR. 等表示。

（13）第 12 栏：签证机构证明

例如：

NINGBO，CHINA JUL. 24，2017

注意：

①此栏填写签证机构签证地址和日期。

②签证机构授权签证人员在此栏签字，在提供给申请单位的证书正本和副本上加盖中英文签证印章，印章应加盖清晰，不能与签名重叠。

（14）第 13 栏：出口商声明

例如：

NINGBO，CHINA JUL. 24，2017

注意：

①生产国国名应填写“CHINA”，进口国国名应填写“SWITZERLAND”。

②此栏填写申报地点、日期，申请单位应授权专人在此栏签字。

③申报日期不得早于发票日期，一般也不要迟于提单日期，如迟于提单日期，则要申请补发证书。重发证申报日期应为当前日期。

（15）第 14 栏：核查要求

由进口成员方的海关当局提出证书核查要求时使用，申请单位应将此栏留空。

（16）第 15 栏：核查结果

由签证机构答复进口成员方海关当局的核查要求时使用，申请单位应将此栏留空。

（17）其他说明

①凡申请办理中国—瑞士自贸区原产地证的单位，须在当地海关进行备案。

②该证书所用文字为英文。

③在特殊情况下未能在出口前或出口时签发原产地证书的，该证书仍可在产品装运之日起 1 年内补发，但要在证书第 12 栏注明“ISSUED RETROSPECTIVELY”字样。

④如果签发的证书被盗、遗失或损毁，在出口商或制造商确信此前签发的原产地证书正本未被使用的情况下，可签发经核准的原产地证书副本，并在证书上注明“CERTIFIED TRUE COPY of the original Certificate of Origin number ______ dated ______”。

⑤证书自签发之日起 1 年内有效。签证机构已经签发的证书，申报单位如需要更改，须提出更改申请，并退还原签发证书。

（十六）各国烟草真实性证书

1. 基本信息

基本信息参见一般原产地证。

2. 货物信息

货物信息特殊字段参见中国—韩国自贸区原产地证。

其中，货物毛重、货物净重、重量单位等带有红色 * 号的字段为必填项，用户需如实填写。

3. 证书样式

各国烟草真实性证书正本首页如图 2-76 所示。

1. Exporter

2. Number

ORIGINAL

3. ISSUING AUTHORITY

4. Consignee

6. Means of Transport

5.

CERTIFICATE OF AUTHENTICITY TOBACCO

(Subheadings 2401 10 35, 2401 10 85, 2401 10 95, 2401 20 35, 2401 20 85 and 2401 20 95 of the Combined Nomenclature)

7. Marks and Nos, number and kind of packages

8. Gross weight (kg)

9. Net weight (kg)

10. Net weight (kg) (in words)

11. CERTIFICATE BY THE ISSUING AUTHORITY

I hereby certify that the tobacco described in this certificate is flue-cured Virginia-type tobacco—light air-cured Burley-type tobacco (including Burley hybrids)—light air-cured Maryland-type tobacco—fire-cured tobacco.

Place...CHINA　　　　Date..

Stamp (or printed seal) and signature

180000001

图 2-76　各国烟草真实性证书正本首页

（十七）转口证明书

转口证明书是指经中国转口的外国货物，由于不能取得中国的原产地证，而由中国签证机构出具的证明货物系他国原产、经中国转口的一种证明文件。

1. 基本信息

基本信息参见一般原产地证。

原产国代码录入框如图 2-77 所示。

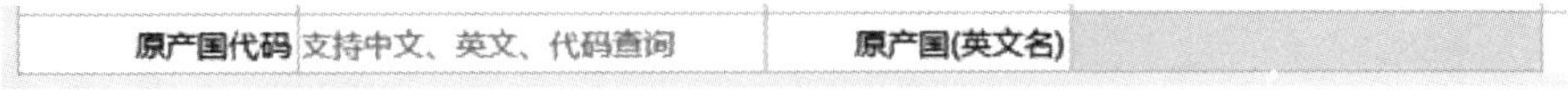

图 2-77　原产国代码录入框

在原产国代码录入框中，可直接输入代码、中文或英文名称，也可将光标置于录入框框中点击后，再按回车键，系统将会弹出下拉框（如图 2-78 所示），用户可自行查询。

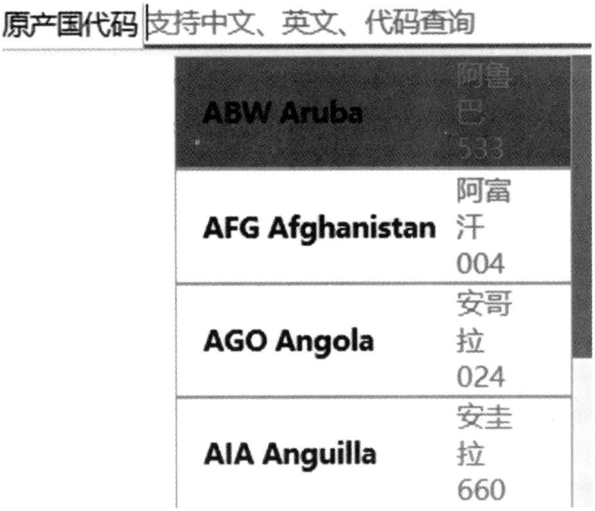

图 2-78　原产国代码信息

2. 货物信息

货物信息特殊字段参见中国—韩国自贸区原产地证。

3. 证书样式

转口证明书正本首页如图 2-79 所示。

ORIGINAL

1. Exporter (full name and address)	CERTIFICATE NO.
2. Consignee (if required)	CERTIFICATE OF RE—EXPORT
3. Departure date (on or about)	
4. Destination port	5. Vessel / Flight / Vehicle No.
6. Place of loading CHINA	7. Port of discharge
8. Final destination if on carriage	9. Country of origin

10.Marks and numbers of packages	11. Description of goods; number and kind of packages	12. H.S. Code	13. Quantity or weight	14. Number and date of invoices

15. It is hereby certified that the goods described above were from .... and re - exported from China.
(country / territory)

....
Place and date, signature and stamp of certifying authority

图 2–79　转口证明书正本首页

（十八）加工装配证书

加工装配证书是指对全部或部分使用了进口原料或零部件而在中国进行了加工、装配的出口货物，当其不符合中国出口货物原产地标准、未能取得原产地证书时，由中国贸促会根据申请单位的申请所签发的证明中国为出口货物加工、装配地的一种证明文件。

1. 基本信息

基本信息参见一般原产地证。

特殊字段参见转口证明书。

2. 货物信息

货物信息特殊字段参见中国—韩国自贸区原产地证。

3. 证书样式

加工装配证书正本首页如图 2-80 所示。

ORIGINAL

1. Exporter (full name and address)

CERTIFICATE NO.

CERTIFICATE OF PROCESSING

2. Consignee (full name, address, country)

3. Means of transport and route

5. For certifying authority use only

4. Destination port

6. Marks and numbers of packages	7. Description of goods; number and kind of packages	8. H.S. Code	9. Quantity or weight	10. Number and date of invoices

11. Country / Territory of manufacture

12. Processes carried out in the People's Republic of China.

Place and date, signature and stamp of authorized signatory

13. This is to certify that the goods described above were processed in the People's Republic of China.

Place and date, signature and stamp of certifying authority

图 2-80 加工装配证书正本首页

（十九）输往墨西哥瓷砖价格承诺证书

1. 基本信息

基本信息参见一般原产地证。

2. 货物信息

货物信息特殊字段参见一般原产地证。

3. 证书样式

输往墨西哥瓷砖价格承诺证书正本首页如图 2-81 所示。

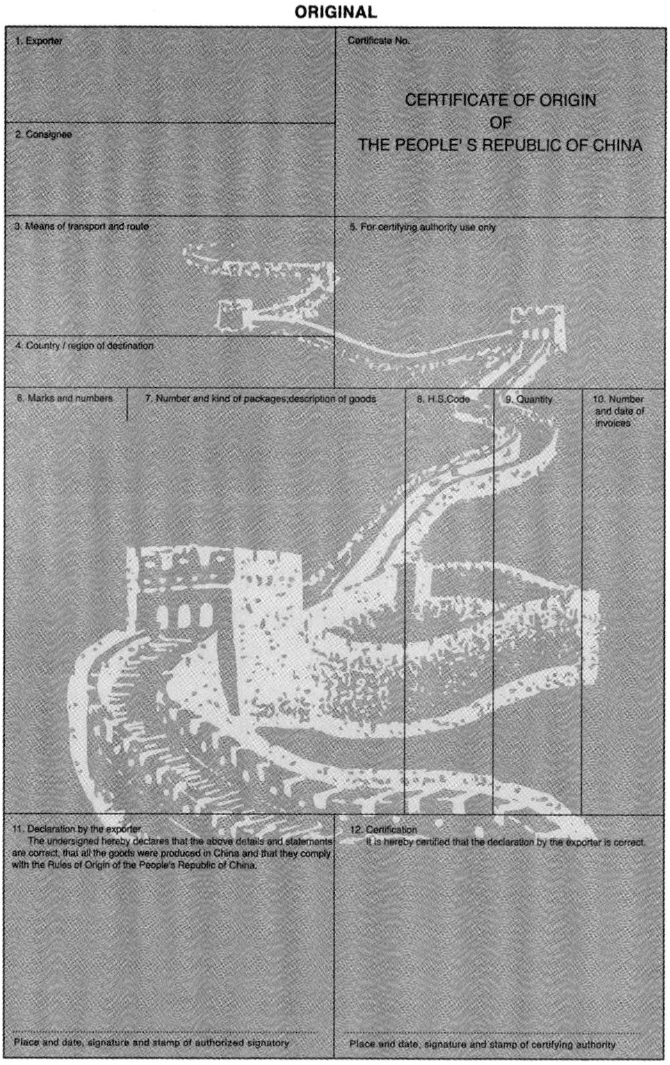
ORIGINAL

1. Exporter

Certificate No.

CERTIFICATE OF ORIGIN
OF
THE PEOPLE' S REPUBLIC OF CHINA

2. Consignee

3. Means of transport and route

5. For certifying authority use only

4. Country / region of destination

6. Marks and numbers	7. Number and kind of packages;description of goods	8. H.S.Code	9. Quantity	10. Number and date of invoices

11. Declaration by the exporter
The undersigned hereby declares that the above details and statements are correct, that all the goods were produced in China and that they comply with the Rules of Origin of the People's Republic of China.

Place and date, signature and stamp of authorized signatory

12. Certification
It is hereby certified that the declaration by the exporter is correct.

Place and date, signature and stamp of certifying authority

图 2-81　输往墨西哥瓷砖价格承诺证书正本首页

(二十) 输往巴基斯坦瓷砖价格承诺证书

1. 基本信息

基本信息参见中国—韩国自贸区原产地证。

2. 货物信息

货物信息特殊字段参见中国—韩国自贸区原产地证。

3. 证书样式

输往巴基斯坦瓷砖价格承诺证书正本首页如图 2-82 所示。

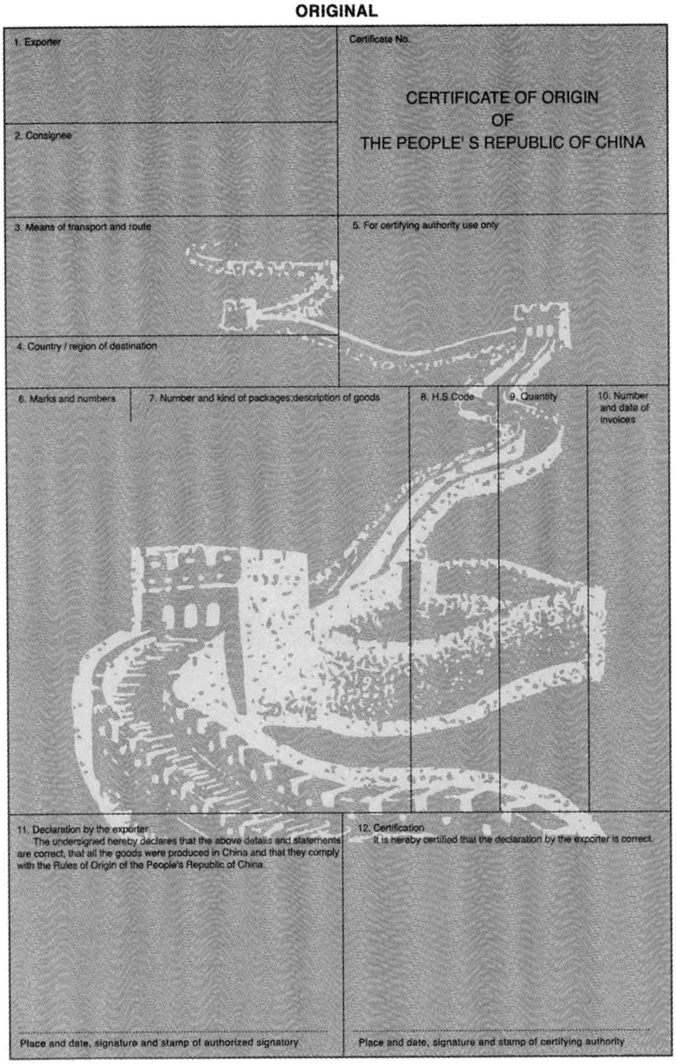
ORIGINAL

1. Exporter

Certificate No.

CERTIFICATE OF ORIGIN
OF
THE PEOPLE' S REPUBLIC OF CHINA

2. Consignee

3. Means of transport and route

5. For certifying authority use only

4. Country / region of destination

6. Marks and numbers | 7. Number and kind of packages;description of goods | 8. H.S.Code | 9. Quantity | 10. Number and date of invoices

11. Declaration by the exporter
The undersigned hereby declares that the above details and statements are correct, that all the goods were produced in China and that they comply with the Rules of Origin of the People's Republic of China.

Place and date, signature and stamp of authorized signatory

12. Certification
It is hereby certified that the declaration by the exporter is correct.

Place and date, signature and stamp of certifying authority

图 2-82　输往巴基斯坦瓷砖价格承诺证书正本首页

（二十一）输欧盟非优惠进口特别安排项下产品原产地证

输欧盟非优惠进口特别安排项下产品原产地证是欧盟委员会为进口农产品而专门设计的一种原产地证书。

1. 基本信息

基本信息参见一般原产地证。

2. 货物信息

货物信息特殊字段参见中国—韩国自贸区原产地证。

其中，货物毛重、货物净重、重量单位等带有红色＊号的字段为必填项，用户需如实填写。

3. 证书样式

输欧盟非优惠进口特别安排项下产品原产地证正本首页如图 2-83 所示。

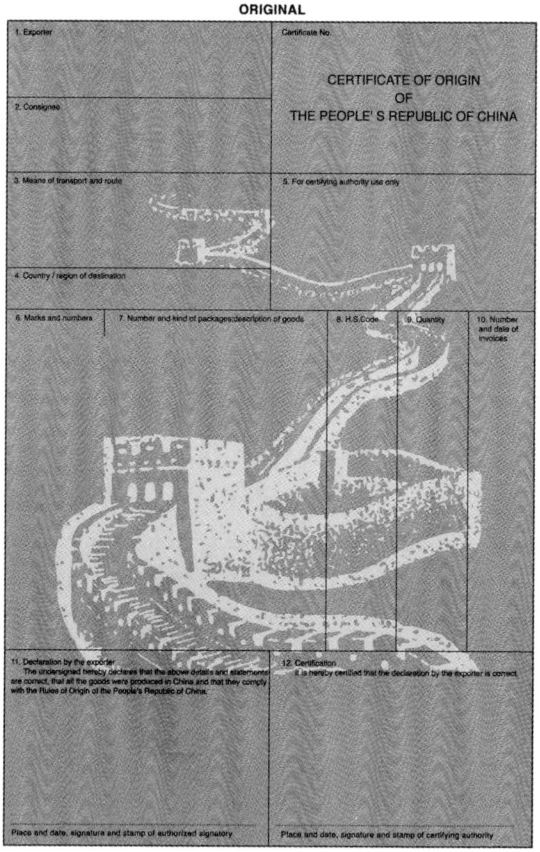
ORIGINAL

1. Exporter
Certificate No.
CERTIFICATE OF ORIGIN
OF
THE PEOPLE' S REPUBLIC OF CHINA
2. Consignee
3. Means of transport and route
5. For certifying authority use only
4. Country / region of destination
6. Marks and numbers
7. Number and kind of packages;description of goods
8. H.S.Code
9. Quantity
10. Number and date of invoices
11. Declaration by the exporter
The undersigned hereby declares that the above details and statements are correct, that all the goods were produced in China and that they comply with the Rules of Origin of the People's Republic of China.
Place and date, signature and stamp of authorized signatory
12. Certification
It is hereby certified that the declaration by the exporter is correct.
Place and date, signature and stamp of certifying authority

图 2-83　输欧盟非优惠进口特别安排项下产品原产地证正本首页

（二十二）中国—格鲁吉亚自贸区原产地证

1. 基本信息

基本信息参见中国—韩国自贸区原产地证。

2. 货物信息

点击“原产地标准填写说明”，弹出原产地标准详情界面（如图 2-84 所示）。

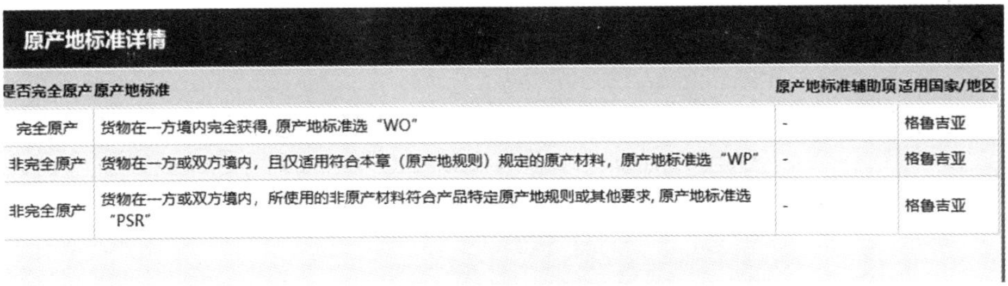

原产地标准详情

是否完全原产	原产地标准	原产地标准辅助项	适用国家/地区
完全原产	货物在一方境内完全获得，原产地标准选“WO”	-	格鲁吉亚
非完全原产	货物在一方或双方境内，且仅适用符合本章（原产地规则）规定的原产材料，原产地标准选“WP”	-	格鲁吉亚
非完全原产	货物在一方或双方境内，所使用的非原产材料符合产品特定原产地规则或其他要求，原产地标准选“PSR”	-	格鲁吉亚

图 2-84　原产地标准

货物信息特殊字段参见中国—韩国自贸区原产地证。

3. 证书样式

中国—格鲁吉亚自贸区原产地证正本首页如图 2-85 所示，企业可参考证书背面说明填报原产地证申请信息（如图 2-86 所示）。

CERTIFICATE OF ORIGIN

1. Exporter's name, address and country:	Certificate No.: **CERTIFICATE OF ORIGIN** **Form for China-Georgia Free Trade Agreement** Issued in: ______________
2. Producer's name, address and country:	
3. Importer's name, address and country:	For official use only:
4. Means of transport and route (if known) Departure date: Vessel/Flight/Train/Vehicle No.: Port of loading: Port of discharge:	5. Remarks:

6. Item number	7. Marks and numbers on packages	8. Number and kind of packages; description of goods	9. HS code (6-digit code)	10. Origin criterion	11.Gross or net weight or other quantity (e.g. Quantity Unit, litres, m³.)	12. Number and date of invoice

13. Declaration by the exporter or producer The undersigned hereby declares that the above stated information is correct, and that all the goods are produced in China (Country) and that they comply with the origin requirements specified in the Free Trade Agreement for the goods exported to Georgia (Importing country) Place, date and signature of authorized person	14. Certification On the basis of the control carried out, it is hereby certified that the information herein is correct and that the described goods comply with the origin requirements of the China-Georgia Free Trade Agreement. Place and date, signature and stamp of the Authorized Body

图 2-85　中国—格鲁吉亚自贸区原产地证正本首页

Overleaf Instruction

Box 1: State the full legal name and address of the exporter in Georgia or China.

Box 2: State the full legal name and address of the producer (including country), if known. If more than one producer's good is included in the certificate, list the additional producers, including names and addresses (including country). If the exporter or the producer wish the information to be confidential, it is acceptable to state "Available to the competent authority or authorised body upon request". If the producer and the exporter are the same, please complete the box with "SAME".

Box 3: State the full legal name and address of the importer in Georgia or China.

Box 4: Complete the means of transport and route and specify the departure date, transport vehicle number, and port of loading and discharge, as far as known.

Box 5: The Customer's Order Number, Letter of Credit Number, among others, may be included. If the invoice is issued by a non-Party operator, information such as the name, address and country of the operator issuing the invoice shall be indicated herein.

Box 6: State the item number.

Box 7: State the shipping marks and numbers on packages when such marks and numbers exist. If the shipping marks are images or symbols, state "IMAGE OR SYMBOL(I/S)". Otherwise state "NO MARKS AND NUMBERS(N/M)".

Box 8: The number and kind of packages shall be specified. Provide a full description of each good. The description should be sufficiently detailed to enable the products to be identified by the Customs Officers examining them and relate it to the invoice description and to the HS description of the good. If the goods are not packed, state "in bulk". When the description of the goods is finished, add "***" (three stars) or " \ " (finishing slash).

Box 9: For each good described in Box 8, identify the HS tariff classification (a six-digit code).

Box 10: For each good described in Box 8, state which criterion is applicable, according to the following instructions. The rules of origin are contained in Chapter 3 (Rules of Origin and Implementation Procedures) and Annex II-A (Product Specific Rules of Origin) of the China-Georgia Free Trade Agreement.

Origin Criterion	Insert in Box 10
The good is wholly obtained or produced in the territory of a Party in accordance with Article 3 (Goods Wholly Obtained or Produced) of Chapter 3 (Rules of Origin).	WO
The good is produced in a Party exclusively from materials whose origin conforms to the provisions of Chapter 3 (Rules of Origin).	WP
The good is produced from non-originating materials in a Party, provided that the goods conform to a regional value content of no less than 40%.	Actual percentage of CGFTA value content, example "40%"
The good is produced in the territory of one or both Parties, using non-originating materials that comply with the applicable product specific rule; and meets the other applicable provisions of Chapter 3 (Rules of Origin).	PSR

Box 11: State gross or net weight in kilograms or other units of measurement for each good described in Box 8. Other units of measurement (e.g. volume or number of items) which would indicate exact quantities may be used where customary.

Box 12: The invoice number and date should be shown here.

Box 13: The box must be completed by the exporter or producer. Insert the place, date and the signature of a person authorised by the exporter or producer.

Box 14: The box must be completed, signed, dated and stamped by the authorised person of the authorised body.

图 2-86 中国—格鲁吉亚自贸区原产地证正本背页说明

六、证书查询

提供各类原产地单证的明细、状态或回执查询功能，系统以列表的形式展现符合条件的记录及其状态，用户可对记录进行查看证书详情、打印、复制、批量申报等更多操作。

用户可在查询界面中，点击“证书号”查看证书详情（如图 2-87 所示）。

图 2-87 证书查询页面

点击查询结果最右一列蓝色字显示的单据状态，企业可在下方回执列表中查看该证书的审核状态信息（如图 2-88 所示）。

图 2-88 证书查询——查看证书回执

界面按钮说明如下。

1. 删除

用户可对暂存状态和退证状态的原产地证书进行删除操作，并可以选择多条数据批量删除。

2. 打印

在证书查询页面中勾选任意一条记录，点击“打印”按钮可进行打印，操作同“新建证书”章节的“预览/打印”按钮说明。

3. 更改证

申请单位要求更改或补充已签发原产地证的内容时，需提交更改证申请，经签证机构审查符合要求后，重新办理申请手续，换发新证。

对于已经签发（审批通过）的原产地证书，用户可发起更改证申请。更改证生成新的证书号，并关联原证书号。

用户在证书查询列表中选择需要更改的证书，点击列表上方的“更改证”按钮，系统提示如图 2-89 所示，点击“确定”按钮后，跳转至更改证录入界面（如图 2-90 所示）。

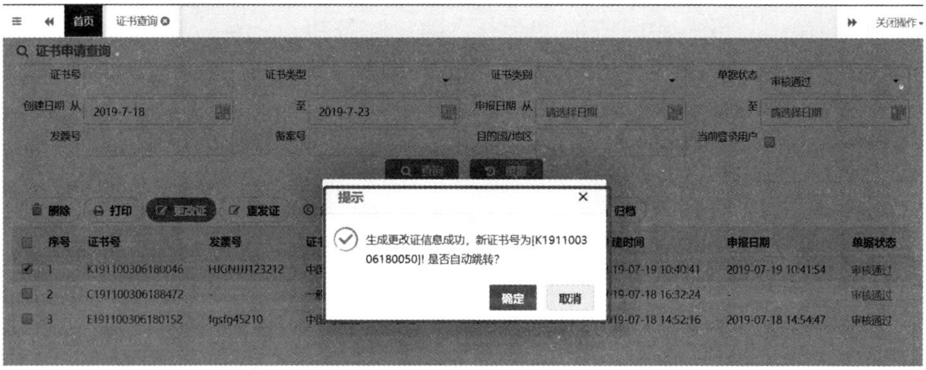

图 2-89　选择更改证

图 2-90　填写更改证

用户需如实填写更改申请信息、修改证书中的相应内容，填写好后点击右上角的“申报”按钮，等待更改证数据审批。

小提示

只有审批通过的原产地证书，或更改证状态处于暂存或退证的可以进行更改证操作。原产地证书为暂存或申报状态的无法进行更改证操作。

4. 重发证

如果已签发的原产地证遗失或毁损，申请单位需要申请重发证书时，需提交重发证申请，经签证机构审查同意后重新办理申请手续，重发证书。

对于已经签发（审批通过）的原产地证书，用户可发起重发证申请。重发证生成新的证书号，并关联原证书号。

用户在证书查询列表中选择需要重发的证书，点击列表上方的“重发证”按钮，系统提示如图 2–91 所示，点击“确定”按钮后，跳转至重发证录入界面（如图 2–92 所示）。

图 2–91　选择重发证

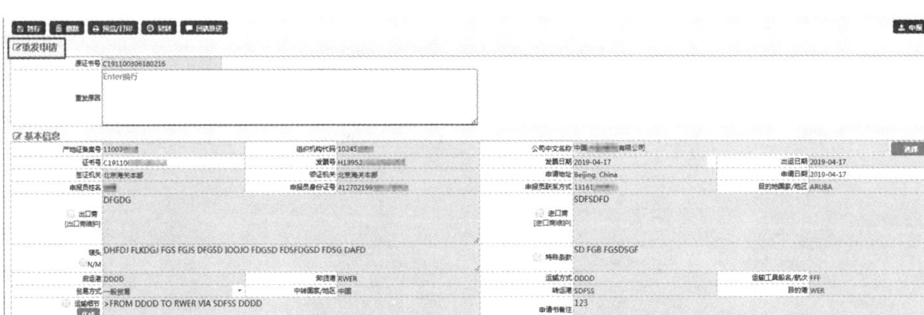

图 2–92　填写重发原因

用户需如实填写重发申请信息，填写好后点击右上角的“申报”按钮，等待重发证数据审批。

小提示

只有审批通过的原产地证书，或重发证状态处于暂存或退证的可以进行重发证操作。原产地证书为暂存或申报状态的无法进行重发证操作。

5. 复制

在证书查询页面中勾选任意一条记录，点击界面中的“复制”按钮，即可复制与该证书基本内容一致的新证书，并生成新证书编号（如图 2-93 所示）。

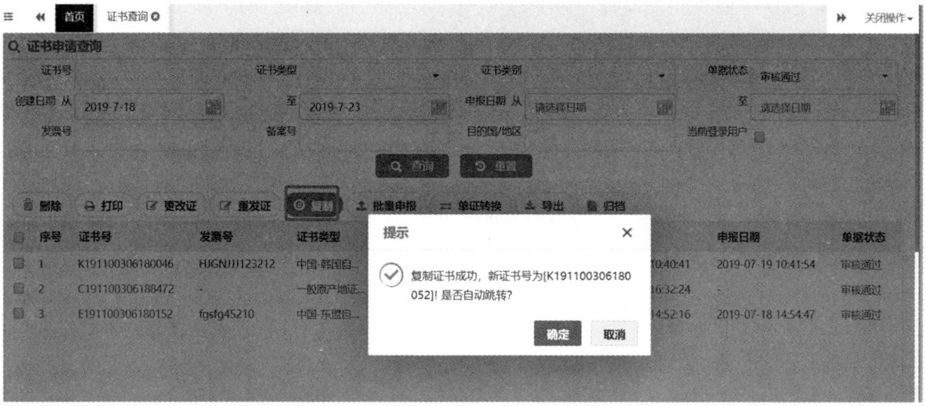

图 2-93 复制证书

6. 批量申报

在证书查询页面中勾选两条以上的数据，点击界面中的“批量申报”按钮，即可将这几条数据一起申报（如图 2-94 所示）。

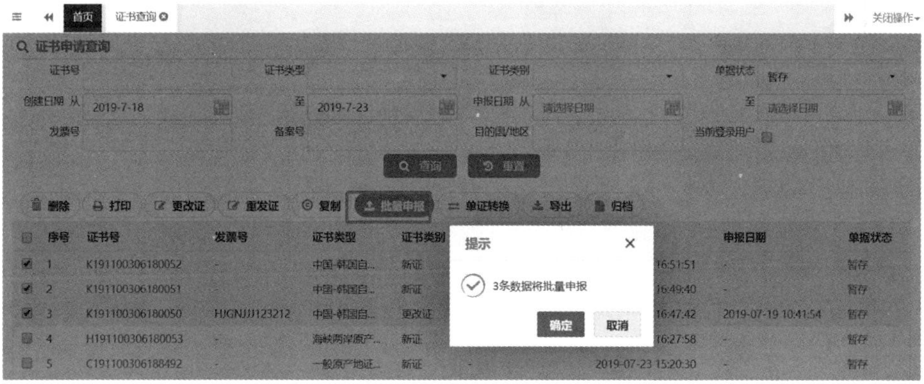

图 2-94 批量申报界面

7. 单证转换

在查询结果列表中勾选任意一条记录，点击界面中的“单证转换”按钮，在弹出的界面中选择需要转换的证书类型（如图 2–95 所示），点击“确定”按钮后，即可将当前证书转换成已选的证书类型，并生成新证书编号（如 2–96 所示），企业可修改新证书部分信息后提交申报。

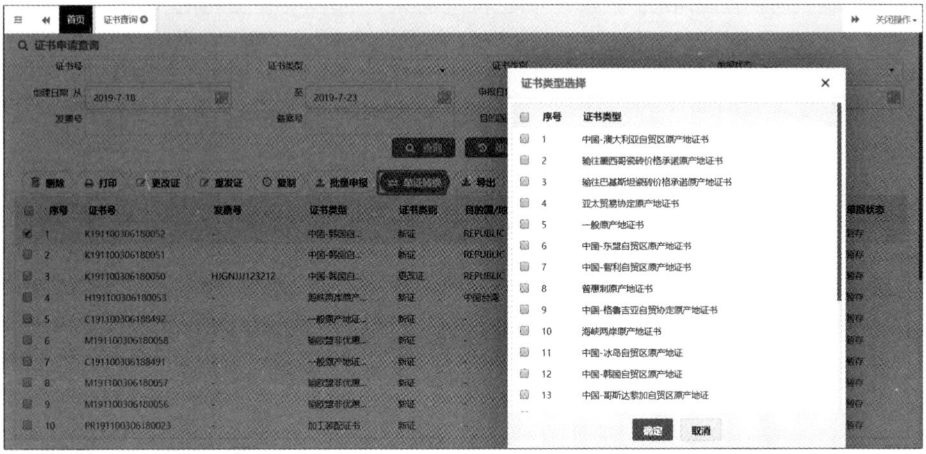

图 2–95　选择单证转换类型

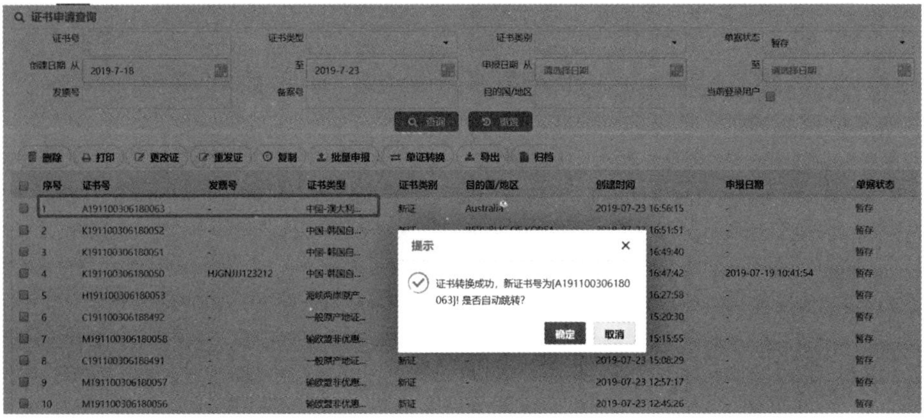

图 2–96　单证转换界面

七、协定税率查询

企业可登录中国自由贸易区服务网 http://fta.mofcom.gov.cn/查询协定税率。

八、业务统计

企业可按不同维度统计证书量并下载统计图表（如图 2–97 所示）。

以证书类型统计为例，点击“按证书类型统计”按钮，进入界面（如图 2–98所示），输入查询条件，点击“查询”按钮，系统展示查询结果和统计图表，企业可点击按证书类型统计柱状图和按证书类型统计饼状图中的下载图表，下载统计图表（如图 2-99 和 2-100 所示）。

图 2-97　业务统计

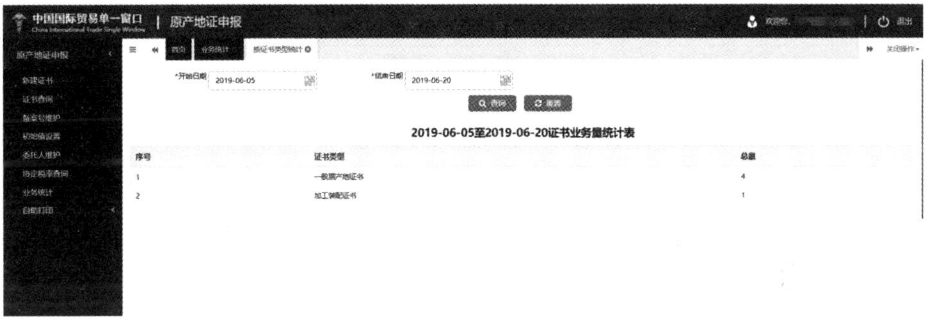

图 2-98　按证书类型统计

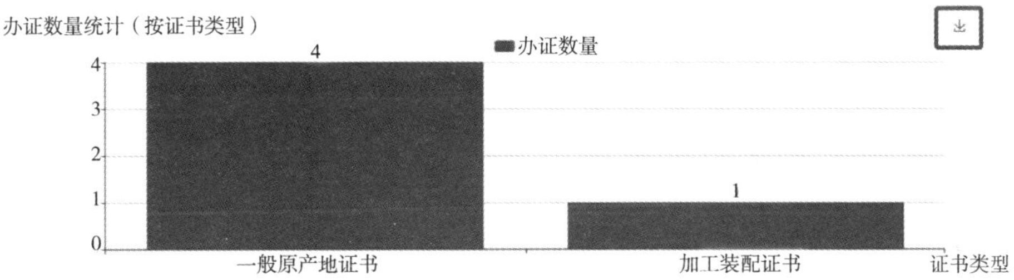

图 2-99　按证书类型统计柱状图

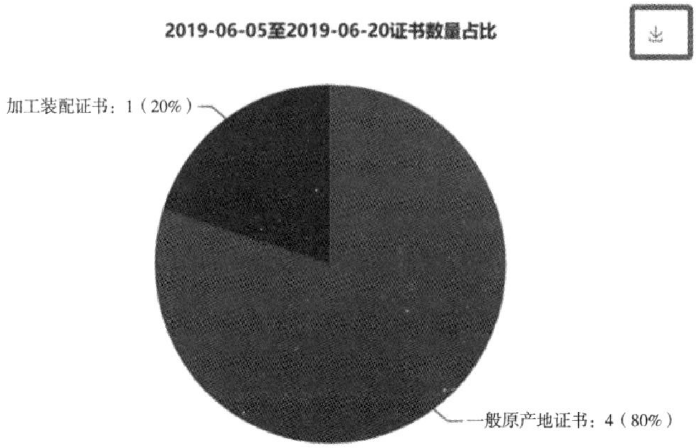

图 2-100 按证书类型统计饼状图

九、自助打印

用户可参见本书原产地证书自助打印系统章节的介绍。

十、综合服务平台

用户可点击“综合服务平台”菜单，查看综合服务平台通知和入口（如图 2-101 所示）。

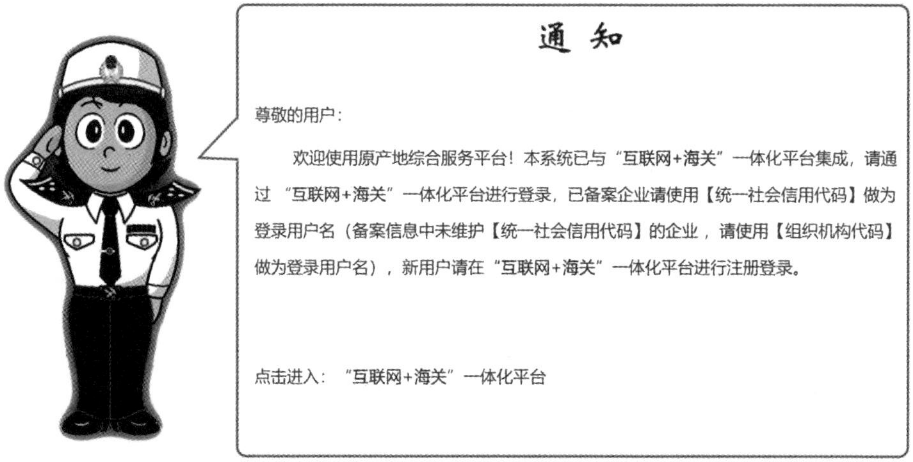

图 2-101 综合服务平台入口

十一、客户端导入

为提高企业原产地证业务申报效率，海关原产地证申报系统提供客户端导入功能，企业可下载并使用导入客户端向“单一窗口”标准版批量导入原产地证业务数据，实现企业信息化系统与海关原产地证申报系统自动对接。

客户端导入提供暂存和申报两种方式。

1. 暂存

企业导入数据后，数据自动保存在系统中，为“暂存”状态。企业可在系统的证书查询界面，查询出导入的产地证数据，进行证书内容的修改、补录和申报操作。证书申报后，系统接收到海关的审核回执信息时，会将审核回执信息发送给导入的企业。

2. 申报

企业导入数据后，数据自动保存在系统中，并直接向海关申报，在界面中无须进行人工申报操作。系统接收到海关的审核回执信息时，会将审核回执信息发送给导入的企业。使用申报方式做客户端导入时，需使用中国电子口岸 IC 卡进行加签。

企业可在系统首页（如图 2-102 所示）查看通知，下载导入接口规范说明文档（如图 2-103 所示），按照标准接口规范生成导入报文。

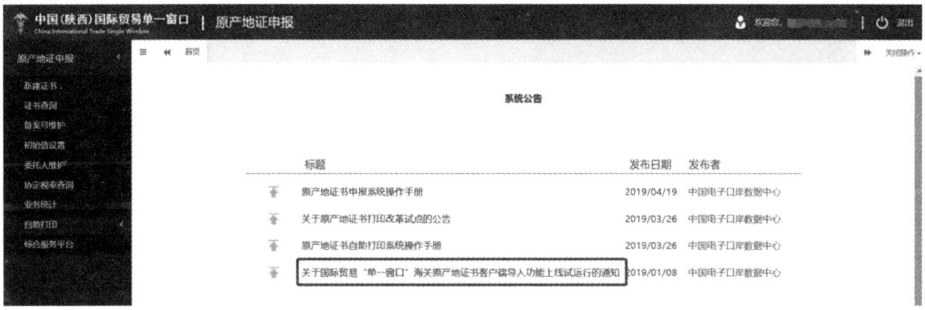

图 2-102　原产地证申报系统首页

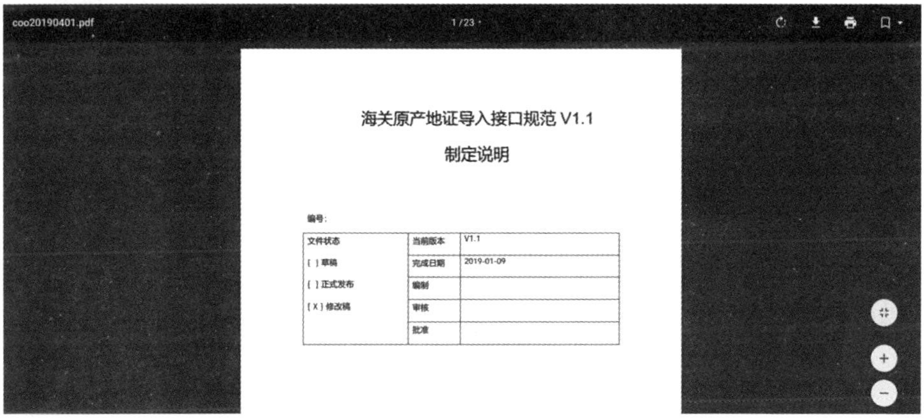

图 2-103　海关原产地证导入接口文档下载

“单一窗口”导入客户端使用操作手册的下载地址为 http://www.singlewindow.cn/xzlm/4663.jhtml。

十二、原产地证申领状态查询

企业无须登录系统也可查看海关原产地证审核状态。“单一窗口”提供两种查询方式：网页端公共查询服务和微信小程序公共查询服务。

(一) 网页端公共查询服务

企业可在“单一窗口”门户网站的右下角点击“查询统计”功能链接（如图 2-104 所示），进入查询统计界面。

图 2-104 “单一窗口”门户网站

在选择查询统计类型（如图 2-105 所示）中选择“许可证/原产地状态”查询功能进入选择证书类型界面（如图 2-106 所示），选择“原产地证”，输入原产地证证书号和验证码，点击“查询”按钮，可查询该证书的审核状态（如图 2-107 所示），如该证书有更改证申请或重发证申请操作，用户可查询到全部申请的审核状态信息。

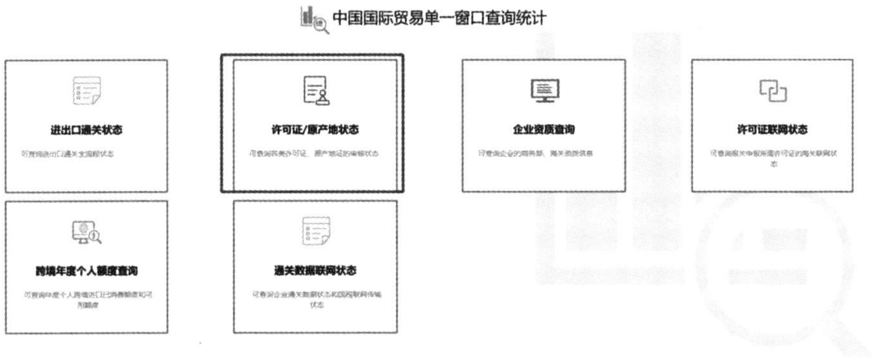

图 2-105　选择查询统计类型

图 2-106　选择证书类型

图 2-107　查询审核状态

（二）微信小程序公共查询服务

企业可在微信小程序中搜索“掌上单一窗口”，点击“海关原产地证状态查询”功能，输入原产地证证书号，点击“查询”按钮，可查询该证书的审核状态。如该证书有更改证申请或重发证申请操作，用户可查询到全部申请的审核状态信息（如图 2-108 和图 2-109 所示）。

图 2-108　掌上单一窗口主界面

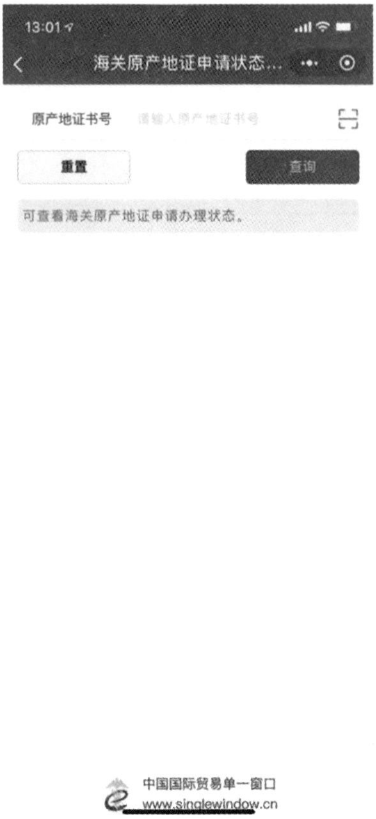

图 2-109　掌上单一窗口海关原产地证状态查询

用户也可通过公众号“中国国际贸易单一窗口”的“业务查询—通关状态”，进入通关状态查询界面，选择“许可证/原产地状态”查询功能。

十三、原产地证状态信息订阅

企业可订阅海关原产地证审核状态，系统一旦接收到海关原产地证审核回执，会将审核回执信息通过短信或微信消息推送至订阅用户，便于企业及时掌握海关审核情况，安排后续作业。“单一窗口”提供两种订阅渠道：网页端查询统计系统和微信小程序信息订阅。

（一）网页端查询统计系统

用户登录“单一窗口—查询统计”系统（如图 2-110 所示），进入“通关状态订阅”菜单（如图 2-111 所示）。

图 2-110　“单一窗口”的“查询统计”按钮

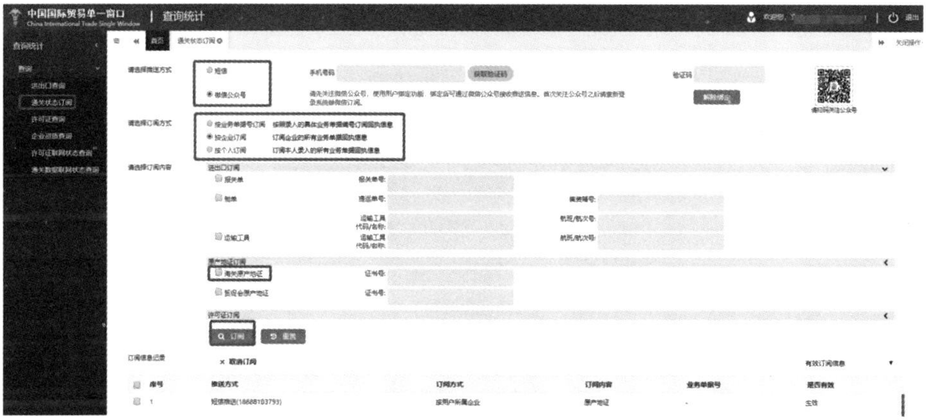

图 2-111　通关状态订阅——海关原产地证订阅

1. 用户选择信息推送方式：短信或微信公众号

短信：通过手机短信接收系统推送的信息。用户需填写手机号和输入验证码。

微信公众号：通过微信公众号接收系统推送的信息。首次使用时，用户需要首先关注中国国际贸易单一窗口微信公众号，使用“业务查询—用户绑定”功能，绑定“单一窗口”账号和用户的微信号后，再登录系统做微信订阅（如图 2-112 所示）。

图 2-112　微信登录用户绑定

2. 用户选择信息订阅方式

按业务单据编号订阅：仅订阅指定编号的原产地证回执信息。

按企业订阅：订阅本企业的所有原产地证回执信息。

按个人订阅：只订阅本人录入的所有原产地证回执信息。

3. 用户选择订阅内容

用户勾选“海关原产地证”选项，点击“订阅”按钮，生成订阅记录。系统接收到海关回执后，即向用户推送海关审核回执信息（如图 2-113 所示），用户如不想再接收订阅信息，可点击“取消订阅”按钮取消订阅，系统将不再推送原产地证状态信息。

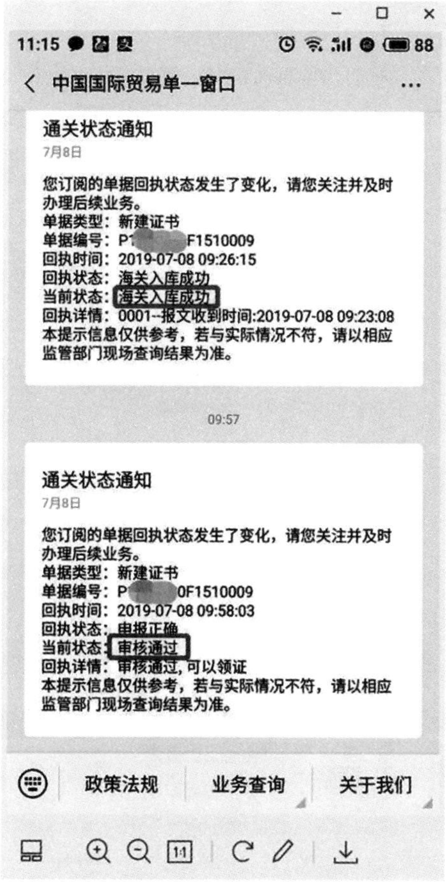

图 2-113　微信推送状态

（二）微信小程序信息订阅

用户进入中国国际贸易单一窗口微信公众号，点击“业务查询—信息订阅”（如图 2-114 所示）。微信小程序信息订阅功能操作同网页版信息订阅。

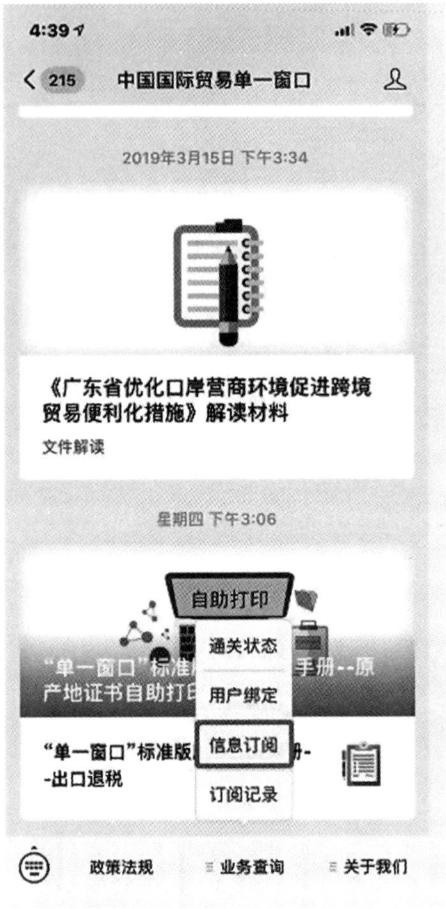

图 2-114　微信小程序信息订阅

第三节　常见问题

问题 1　“单一窗口”必须用电子口岸 IC 卡/IKey 登录才能申请产地证吗？

答　不是必需的，使用用户名密码方式登录也可以申请证书。创建“单一窗口”用户名和密码的简便方法为：

（1）使用法人卡登录原产地证申报系统或自助打印系统，点击右上角企业名称，点击“我的操作员”菜单，在界面中上部点击“新增无卡操作员”，根据提示完成操作，即可用新增的无卡用户登录。

（2）如果操作员卡登录过单一窗口，则卡号就是无卡的用户名，默认密码为 8 个 8，首次用卡号作为用户名登录时，要点击海关原产地证申请系统，在弹出的页面中输入用户名和密码，第一次需要用该操作员卡激活并修改密码。

问题 2　为何 CO 原产地证 HS 编码打印时仅显示 4 位？

答　HS 编码默认显示 4 位且要求格式 ××. ××，如要显示 6 位或 8 位，请在原产地标准辅助项中录入想要显示的 HS 编码。

问题 3　原产地证申报状态为海关入库失败，回执内容里面没有其他信息，请排查原因？

答　检查进口商、货物描述、出口商是否有特殊字符、空格；唛头是否超长，需控制在 1000 字符左右。

问题 4　请问证书货物表体不按序号排列是什么原因？

答　打印时序号是按去除非货物项后排列，因为非货物项不打印序号。

问题 5　回执中出现“此证书已审核正确”“此证书已作废不能重复使用”时应该怎么修改？

答　说明证书号已经在海关申报过了，把证书号的后 4 位流水号修改大一点，注意证书号不能与其他申报端发送过的重复。

问题 6　“单一窗口”做的产地证，审核通过后用针式打印机打印出来很模糊，请问有什么解决办法？

答　（1）在打印维护新下的证书打印功能窗口中右键导出为 emf 图片格式文件进行打印。

（2）将本地打印机当前打印质量设为最大 dpi。

问题 7　中智原产地证签发后需要在第五栏修改信息，于是点击了“更改证”，申报之后，海关关员在更改证书里能看到修改的信息，但是打印预览里第五栏没显示出来，请问为什么？

答　中智证书不打印唛头，第五栏打印的是证书备注信息，修改的时候把证书备注信息修改了就打印出来了。

问题 8　登录“单一窗口”，打开原产地证申报系统，左侧的菜单栏里为什么是空的？

答　不能使用“单一窗口”个人账号及原综合服务平台账号登录。创建

“单一窗口”用户名和密码的方法参见问题 1 或电话咨询 010-95198。

问题 9 一般原产地证已录入包装件数和包装单位，但是打印预览不显示这两项；返回回执货物描述用英文，填写包装种类和数量，状态为退证，这是什么原因？

答 企业手动录入货物描述后不符合要求给退证了。录入完货物信息之后，点击货物描述中的“生成”按钮，系统会根据录入的包装件数和包装单位自动生成货物描述。

问题 10 打印中智原产地证书，同一台打印机，用“打印维护（新）”打印出来证书很清晰，用“打印维护”打印的证书很模糊？

答 两种打印实现方式不同，用“打印维护”打印的证书模糊可将打印机设置为高质量打印。

问题 11 中智原产地证使用“打印维护（新）”，第 1 页无法显示第 11 条品名？

答 有一行太长，默认宽度不够，自动换行了导致少了一行，将默认宽度拉宽，行数就正常了。

问题 12 原产地证审核通过以后，发现有一项内容填写错误，请问这种审核通过的需要先作废才能重新录入新证吗？

答 有两种方式可以处理：第一，可以通过做更改证操作，修改证书中的内容，更改证会产生新的证书号，也需要海关重新审核，原证书作废。同时原证书号不能再使用，否则会被海关审批端系统自动退单，并提示该证书号已使用或已作废。第二，可联系海关，对已审核通过的证书做退单处理，系统接收到退单回执后，企业可对原证书内容进行修改。

问题 13 到哪里去做备案？

答 到原产地综合服务平台，在“单一窗口”原产地界面单击最后一个菜单。

问题 14 在原产地证申报系统界面上如何操作才能在打印时 Issued Retroactively 显示打勾？

答 根据不同类型的证书，在出运日期早于申报日期的情况下，海关端审批系统会自动判断是否是后发证书，证书审批通过后，系统会自动在 Issued Retroactively 打勾。

问题 15　若出现原产地证书—退证：企业暂缓申报/待录入企业不能进行申报！这种情况怎么处理？

答　请联系签证机关，备案信息过期了需要重新备案。

问题 16　只出一件散货但有两项货物，包装件数和包装单位怎么填？

答　可以报两项，拆分成两条货物再申报；包装劈不开的时候，第一项写总包装件数，下面包装都写 0。

问题 17　请问在“单一窗口”可以导出 PDF 证书直接给国外客户吗？

答　可以，选中证书后，单击“打印”按钮，在弹出的页面中选择“标准模式”可以预览下载证书。

问题 18　为什么证书打印时左上角会出现 W 标识？

答　中转国/地区为中国香港时，需要在左上角打印 W 字样。

问题 19　在原产地自助打印系统的“证书打印”中可以找到证书，也正常打印了，但是在原产地申报系统“证书查询”时就找不到这几票证书了，为什么？

答　查询条件中单据状态改为自助打印成功或自助打印已归档就可以查询到了。

问题 20　企业在申请东盟证书时填写了生产企业名称，正常在打印预览的第 7 栏 * * * 下方应显示录入的生产企业名称、联系人、电话，但为什么不显示？

答　*星号为字段分隔符，星号下打印信息为特殊条款项，可将其要显示的内容录入到页面中的特殊条款区域。

问题 21　申请重发证状态显示退证，退证原因为选择的签证机关不在本企业备案的签证机关范围内，还不能修改信息怎么处理？

答　重发证只可以申请一次，请咨询海关，填写有效的签证机关，再复制生成新的证书号重新申报。

问题 22　中国巴基斯坦原产地证录入申报，录入了 FOB 值，暂存后做预览时，FOB 值的金额显示的是发票金额吗？

答　当货币单位不为 USD 时，FOB 值打印时取发票金额字段，因此企业在填写发票金额时应根据实际情况进行相应换算后再填写。

问题 23 更改证是否会生成更改申请书？

答 直接勾选更改好的证书然后点击“打印”按钮，在打印类型里就会有“更改重发申请书”按钮，下载下来就可以了。

问题 24 在“单一窗口”申报原产地证书，现状态为海关入库成功，回执为缓审：审签异常！

答 证书填写的申请日期早于当天实际日期，海关端会设置为缓审，请自行先检查申请日期有没有填错，再联系海关审证人员核实具体是什么原因造成缓审的。

问题 25 原产地证录入的时候录入了信用证号，申报后为何不显示？

答 界面上录入后只显示在申请书上，如果打印在证书上，一般录在证书备注栏或者货物描述下面。

问题 26 东盟证书退证回执显示为重量需注明 G. W. 或 N. W. ，这是什么原因？

答 在数/重量英文单位的录入框里按需选择包含 G. W. 或 N. W. 相关重量单位即可。

问题 27 新版东盟证书原产地标准如何填写？

答 东盟证书原产地标准请参照图 2-115 进行填报。

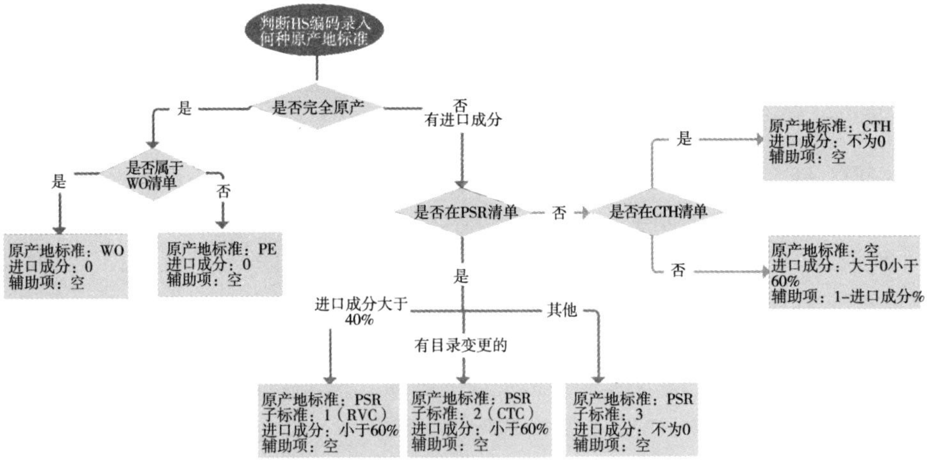

图 2-115 东盟原产地标准选择

问题 28 如何查看海关回执？

答 查询结果最右边第一列为单据状态，如暂存、数据接收成功、退证、审核通过等，点击某行中的具体状态，可以看到该单据的海关回执。另外，“单一窗口”提供了回执微信推送功能，可点击新建证书界面的“回执推送”按钮，根据下载后的文档操作即可。

问题 29 出口商、进口商录入小写怎么转换成大写？

答 出口商、进口商可以录入大小写的，如果录入的是小写，用户只需在出口商、进口商左侧复选框里打勾，即可自动转换为大写。

问题 30 货物信息里，首条、上一条/下一条、末条有什么作用？

答 在货物信息过多时，上下滚动不方便，只要选中一条数据，点击首条、上一条、下一条时信息自动返填。

问题 31 在查询页面昨天还可以查到的证书，今天为什么就查不到了？

答 使用管理员账号登录，在初始值页面可设置查询权限，勾选“操作员只能查询自己的证书”单选框后，操作员只能查询到自己创建的证书，仅管理员或法人卡登录才可查询所有证书，反之则操作员、管理员均可查询到当前企业下所有的证书。

若操作员账号遇到之前查询到的证书，现在查不到的情况，可使用管理员或使用法人卡登录查询。

问题 32 FE 证书打印时为什么不显示 FOB 值？

答 东盟产地证原产地标准只有为百分比或 PSR（适用区域价值成分）时，打印显示 FOB 值，除此之外其他情况下都不显示。

问题 33 点击“打印”时弹出“不能远程打印”提示语，是什么原因？

答 （1）重启 lodop 打印控件。

（2）先点击“打印”按钮，待弹框打开后，点击弹框右上角“打印控件下载”更新 lodop 打印控件。

问题 34 控件安装了，但点击“打印”还是弹出“控件未安装”的提示语，是因为什么？

答 火狐浏览器会自动拦截本地打印控件的相关请求；解决方式：第一，使用火狐浏览器开启相关访问权限；第二，更换其他浏览器。

问题 35 点击“打印”后弹出“网络错误……”不能打印，怎么做？

答 使用 360 或其他杀毒软件进行本地网络修复；更新浏览器版本或使用其他高版本浏览器。

问题 36 是否允许代理申报？

答 系统支持自理申报和代理申报。用户做代理申报时，在“委托人维护”功能中填写委托人企业的信息，进行保存；新建证书时，在公司中文名称右边点击“选择”按钮，选择委托人企业信息，后续正常录入证书信息即可。

问题 37 打印或申报时，系统提示“查询货物信息表失败，不存在编号为××××的单据”怎么做？

答 用户未录入货物信息表体内容，需要先录入和保存表体，才能做打印或申报操作。

问题 38 企业的进口商、出口商等栏位内容较多，目前的模板无法打印出全部内容，该怎么处理？

答 经与海关业务专家沟通，建议三种解决方案：第一，这一栏的要求是 as far as known，并没有要求一定要完全详细，因此企业如果能简化最好；第二，如果企业不能简化，则可以在该栏打上企业名称和进口城市与国别，并在货物描述栏再次注明 CONSIGNEE 详细信息；第三，在收货人栏中末尾打上＊＊＊，然后在货物描述栏以＊＊＊开头，再输入未打完的信息。

问题 39 打印维护显示正常，预览时有错位、换行不当等错误，怎么做？

答 打印维护默认文本框和文本域不一致会导致这种问题出现，用户把文本框拉宽调整可解决此问题。

问题 40 个人用户可以进行海关原产地证申报吗？

答 个人用户不可进行海关原产地证申报。

第三章　贸促会原产地证申请系统

第一节　业务简介

贸促会及其地方分会依据《中华人民共和国进出口货物原产地条例》签发原产地证书。如明确要求原产地证书由商会出具，企业应向贸促会及其地方分会申请，贸促会及其地方分会可签发非优惠原产地证书（一般原产地证书）和优惠原产地证书。

"单一窗口"标准版贸促会原产地证申请系统，涵盖用户备案、原产地证、商品备案、基础资料、数据同步、状态推送、业务统计等模块，国际贸易企业通过"单一窗口"一点接入，提交满足贸促会要求的原产地证书信息，管理部门按照确定的规则进行审核，并将审核结果通过"单一窗口"统一反馈，便于企业查询。

目前"单一窗口"贸促会原产地证申请系统可以申请的证书有15种：一般原产地证书和14种区域优惠原产地证书，分别为亚太贸易协定原产地证书、中国—新西兰自贸协定原产地证书、中国—新加坡自贸协定原产地证书、中国—秘鲁自贸协定原产地证书、海峡两岸经济合作框架协议原产地证书、中国—哥斯达黎加自贸协定原产地证书、内地与香港、澳门紧密贸易关系安排原产地证书、中国—冰岛自贸协定原产地证书、中国—瑞士自贸协定原产地证书、中国—澳大利亚自贸协定原产地证书、中国—韩国自贸协定原产地证书、中国—东盟自贸协定原产地证书、中国—格鲁吉亚自贸协定原产地证书、中国—智 利自贸协定原产地证书。

一、用户备案

企业初次登录"单一窗口"标准版贸促会原产地证申请系统时，需要先进行用户备案，填写在贸促会备案的信息（包括贸促会编码、企业编码和手签员姓名）并保存，系统校验通过后备案成功，退出后重新登录系统可进行商品备案、证书申报等其他操作。

二、数据同步

数据同步包括企业信息同步和商品备案信息同步。企业信息同步实现企业将贸促会企业备案变更信息同步至"单一窗口"，以便在申请证书时获取最新的企业信息和手签员信息；商品备案信息同步实现企业将在贸促会审核通过的商品备案信息同步至“单一窗口”，以便企业可直接对已同步成功的商品申请优惠原产地证书。

三、商品备案

申请优惠原产地证书前必须先进行商品备案，提交商品备案申请，贸促会审核通过商品备案后，用户可以申请相应商品的优惠原产地证书。

四、原产地证书申请

用户可以录入证书基本信息和商品信息，并提交至贸促会进行审核，审核通过后获得证书号。

五、基础资料

包含常用信息设置和参数设置。企业可设置常用出口商、进口商、生产商、特殊条款信息，以便在申请证书时选择已设置信息自动返填至录入界面，提高录入效率。基础资料填写完成后保存即可，无须申报审核。管理员用户还可设置操作员权限。

六、查询

企业可查询一般原产地证、优惠原产地证和作废原产地证信息。

七、状态推送

企业可通过该功能订阅贸促会原产地证的审批数据状态，通过微信或短信接收“单一窗口”发送的数据状态。

八、业务统计

企业可按时间、证书类型等不同维度统计证书量并下载统计图表。

九、改证重发

若企业希望更改证书内容或已签发的证书遗失/毁损希望重发证书时，需要提交改证重发申请，经审核部门审核通过后，为企业换发新证或重发证书。提交改证重发申请后，之前审核通过的证书立即作废，用户可在作废原产地证查询列表中查询。

十、本地打印资格

企业若需在“单一窗口”标准版贸促会原产地证申请系统自行打印证书，需要先在贸促会申请本地打印资格，贸促会审核通过后允许本地打印。

十一、领取证书

用户网上申报的证书信息经贸促会审核通过后，可在本地自行打印证书，也可由贸促会邮寄或用户至当地贸促会现场领取。

第二节　基本操作

因相关业务数据有严格的填制规范，如在系统录入数据的过程中，字段右侧弹出红色提示，代表当前录入的数据有误，请根据要求重新录入。

界面中，录入框为黄色的字段为必填项，请务必填写。

界面中的图标，鼠标放上去提示录入说明。

界面中部分字段右侧带有三角形标识，表示该类字段需要在参数中进行调取，不允许用户随意录入。直接点击三角形图标，调出下拉菜单并在其中进行选择，也可将光标置于字段中，系统自动显示下拉菜单。如果用户已经知道相关参数的代码，也可直接输入相应数字、字母或汉字，迅速调出参数，使用上下箭头选择后，点击回车键确认录入。

一、用户备案

未备案的用户首次登录系统需要点击左侧菜单“用户备案”，进入界面(如图 3-1 所示)，填写贸促会备案信息并保存，企业校验通过后备案成功，重新登录后可进行证书申报等其他操作。

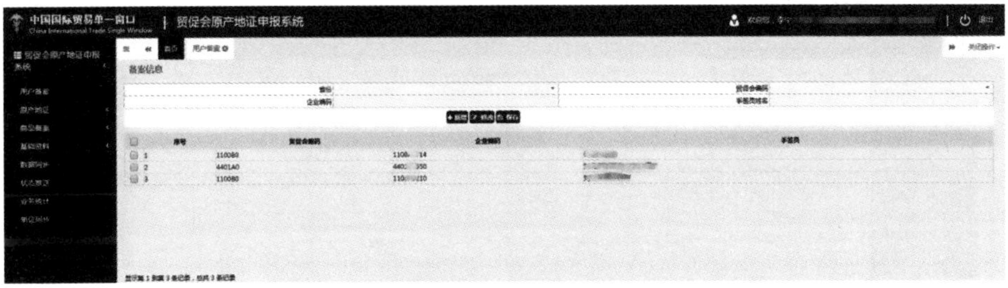

图 3-1　用户备案

各字段的填写说明如下。

1. 贸促会编码

填写 6 位贸促会机构编码，如 1100B0。

2. 企业编码

填写 9 位企业编码，该编码为企业在贸促会注册后获得。

3. 手签员姓名

填写一个在贸促会已备案过的手签员姓名。请确保该手签员在贸促会的备案状态正常，若填写已注销的手签员可能会导致保存失败。

小提示

如用户录入备案信息错误，点击“保存”按钮会提示“贸促会无企业备案信息”或其他错误信息，用户需核实填写信息是否正确。

二、数据同步

（一）同步企业信息

“单一窗口”向贸促会原产地证管理系统发起同步企业信息请求，贸促会原产地证管理系统根据同步请求将该企业的注册信息反馈给“单一窗口”，“单一窗口”根据企业信息完成账户绑定。如贸促会原产地证管理系统不存在该企业的信息，系统会提示企业先去贸促会进行企业信息新增或变更。

点击“同步企业信息”按钮，系统将会跳出提示框“新增同步企业成功”，用户可在数据同步界面中查看同步状态、时间和备注等（如图 3-2 所示）。

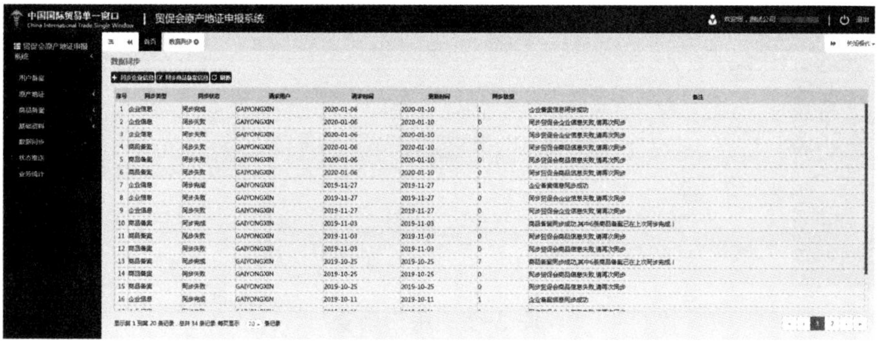

图 3-2　数据同步

（二）同步商品备案信息

“单一窗口”向贸促会原产地证管理系统发起同步商品备案信息的请求，贸促会原产地证管理系统根据同步请求将该企业的商品备案信息反馈给“单一窗口”。

点击“同步商品备案信息”按钮，系统将会跳出提示框“新增同步商品备案成功”，用户可在数据同步界面中查看同步状态、时间和备注等。

小提示

同步企业信息和商品备案信息成功后，列表中可能不会立即更新数据，需要点击界面“刷新”按钮将同步数据的结果更新至列表中。

三、商品备案

(一) 商品备案申请录入

申请优惠原产地证书前需要先申报商品备案并提交贸促会机构审核。

贸促会原产地证管理系统提供商品备案信息录入功能，包括备案资料、商品信息、原材料和零部件共三个部分，界面显示如图 3-3 所示。

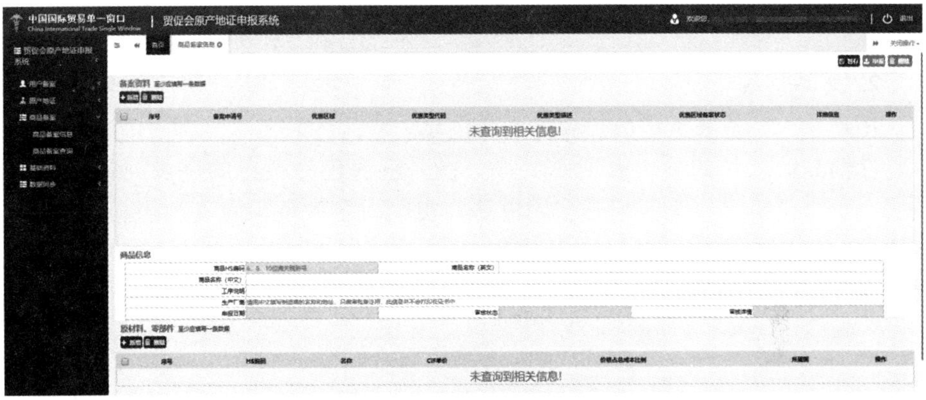

图 3-3　商品备案信息

1. 备案资料

点击商品备案信息界面中的备案资料模块“新增”按钮，系统展开优惠区域填写界面（如图 3-4 所示），其中录入框底色为黄色的优惠区域和优惠类型代码为必填项，用户需如实填写框后的下拉菜单，填写完毕后，优惠类型描述将会返填至该字段。

填写完毕后，点击“保存”按钮，该条数据将被暂存到下方列表中。点击商品备案信息——备案资料（二）中的“编辑”按钮，可对该条数据进行再一次编辑（如 3-4 所示）。点击“保存并新增”按钮，在暂存该条数据的同时，将会展开新增备案资料模块，用户可继续录入备案资料（如图 3-5 所示）。

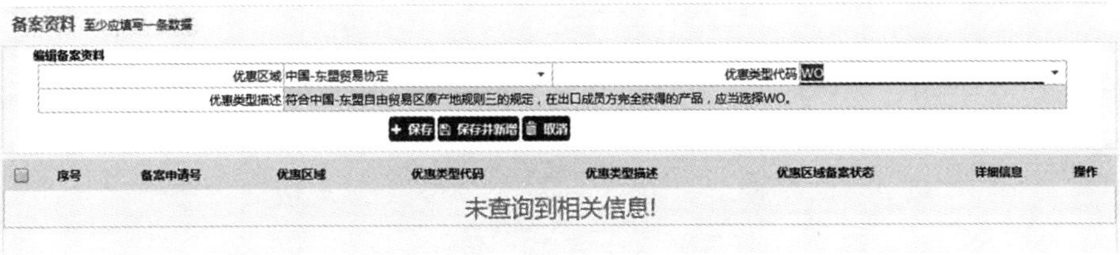

图 3-4　商品备案信息——备案资料（一）

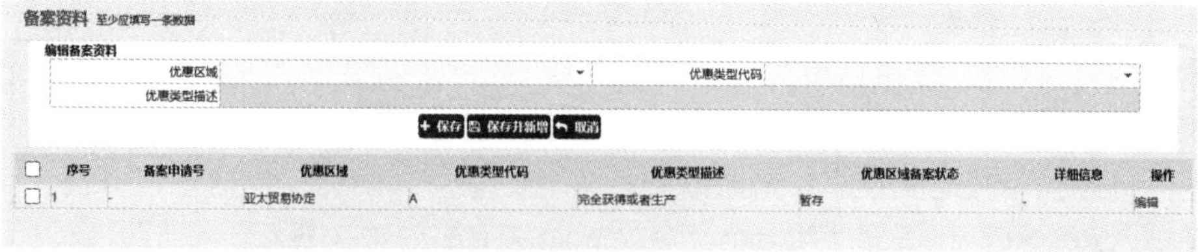

图 3-5 商品备案信息——备案资料（二）

2. 商品信息

用户录入完备案资料后再录入商品信息。

在商品信息（如图 3-6 所示）中，录入框底色为黄色的字段（如商品 HS 编码、工序说明等）为必填项，用户需如实填写。灰色字段（如申报日期、审核状态等）为返填项，用户无法进行填写或修改。

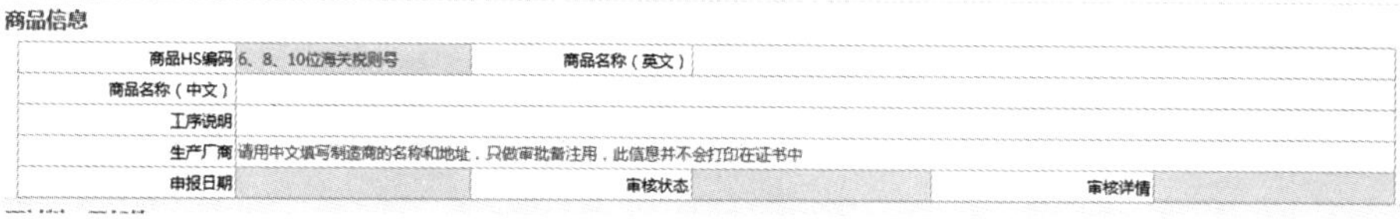

图 3-6 商品信息

3. 原材料、零部件

点击原材料、零部件（一）界面的“新增”按钮（如图 3-7 所示），系统展开如图 3-8 所示，其中录入框底色为黄色的字段（如 HS 编码、名称等）为必填项，用户需如实填写。

图 3-7 原材料、零部件（一）

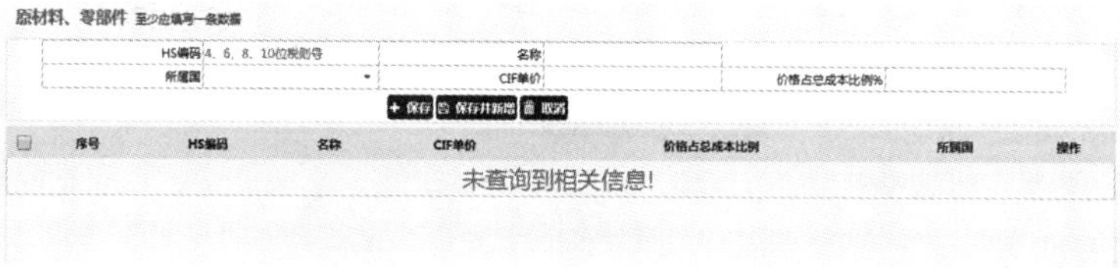

图 3-8 原材料、零部件（二）

填写完毕后，点击“保存”按钮，该条数据将被暂存到下方列表中。点击“保存并新增”按钮，系统将已录入的数据保存，同时用户可继续在图 3-8 所示界面中录入原材料、零部件信息。

（二）商品备案申请查询

用户可查询各种状态的商品备案数据，以及对应的审核状态，显示界面如图 3-9 所示。

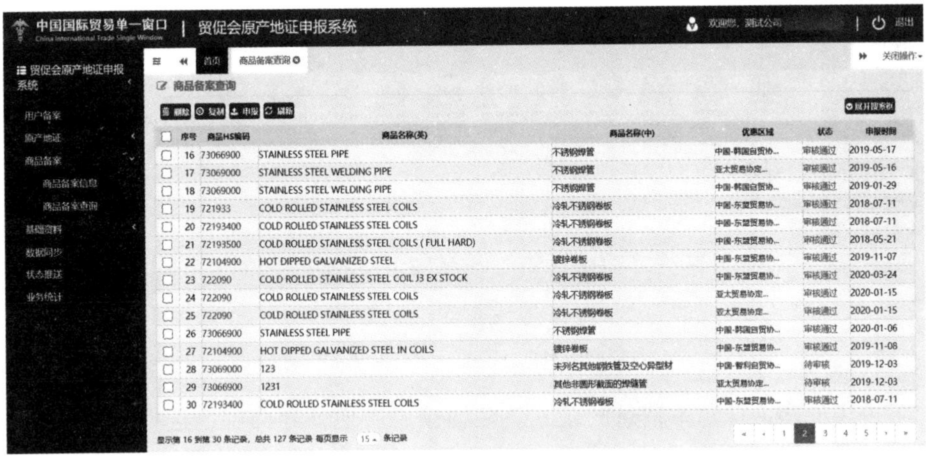

图 3-9 商品备案查询

点击页面右上角“展开搜索框”按钮，查询界面展开如图 3-10 所示。

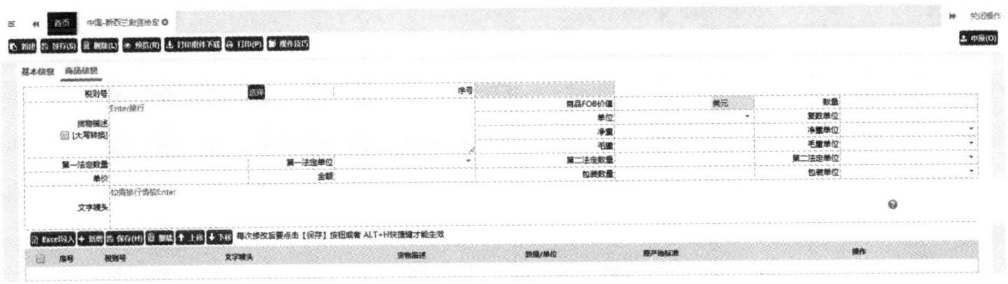

图 3-10 搜索框显示

小提示

如不输入查询条件，系统默认显示所有符合条件的商品信息。

在显示的查询结果中，点击“商品 HS 编码”字段，页面将会跳转到对应的商品详情界面，如为暂存状态，用户可对商品备案申请进行申报、编辑、删除等操作。

四、创建原产地证

原产地证书录入分为基本信息和货物信息两部分。

说明：除一般原产地证外，其他优惠原产地证书在录入货物信息时需要从已审核通过的商品备案数据中选择商品数据。

点击"创建原产地证"模块，界面显示如图 3-11 所示，用户可选择相应的证书类型填写证书信息进行申报。

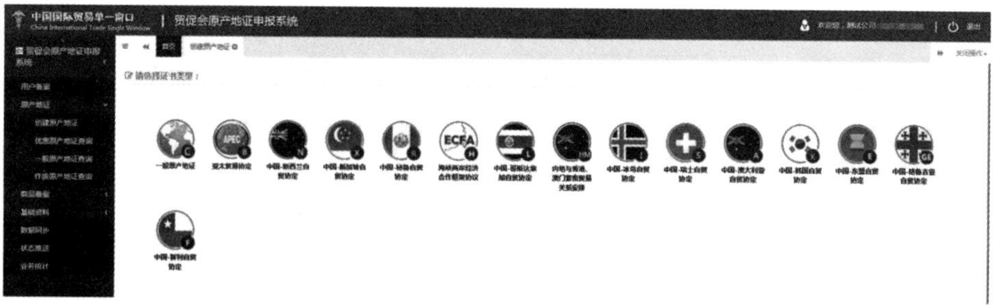

图 3-11　创建原产地证

（一）一般原产地证

1. 基本信息

提供原产地证基本信息的录入。在创建原产地证界面中，选择一般原产地证，部分字段（例如，进口商、出口商、特殊条款、申请地点、签署地点等）需要用户手工录入，请根据业务主管部门要求，如实填写相关内容。点击"一般原产地证"图标，界面跳转如图 3-12 所示。

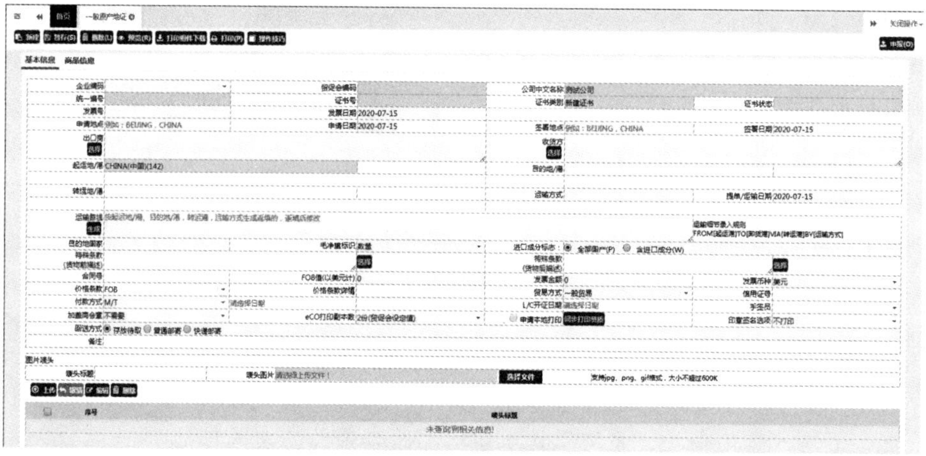

图 3-12　基本信息

部分字段右侧带有三角形标识（例如，付款方式、贸易方式等），表示该类字段需要在参数中进行调取，不允许用户随意录入。直接点击三角形图标，调出下拉菜单并在其中进行选择。如果用户想使用键盘进行快捷操作，可将光标置于字段中，系统自动显示下拉菜单。如果用户已经知道相关参数的代码，也可直接输入相应数字、字母或汉字，迅速调出参数，使用上下箭头选择后，点击回车键确认录入。

部分字段说明如下。

（1）日期类字段（例如，签署日期等）：需点击录入框后，在系统自动弹出的日历中选择日期。

（2）启运地/港、目的地/港字段：可直接输入中文名称，也可先在输入框中点击后，在弹出的对话框中（如图 3-13 所示），自行选择。

图 3-13　目的地/港

（3）企业编码：贸促会统一分配的企业编码。

（4）统一编号：点击“保存”后返填至该字段，无法手动输入或修改。

（5）手签员：贸促会备案的手签员姓名。

（6）进口成分标志：P，全部国产 W，含进口成分。

（7）签署地点、申请地点：需输入城市名称（英文）+国家名称（英文），如：BEIJING，CHINA（如图 3-14 所示）。

图 3-14　签署地点

（8）运输路线：按启运地/港，目的地/港，运输方式生成返填的，返填后修改（需先将启运地/港、目的地/港和运输方式填写完毕后，点击“运输路线”的“生成”按钮）（如图 3-15 所示）。

图 3-15　运输路线

（9）出口商选择：点击基本信息界面中的 出口商“选择”按钮，页面将跳出出口商选择所示弹框（如图 3-16 所示），用户可点击“新增”“编辑”“删除”按钮，对出口商信息进行编辑。

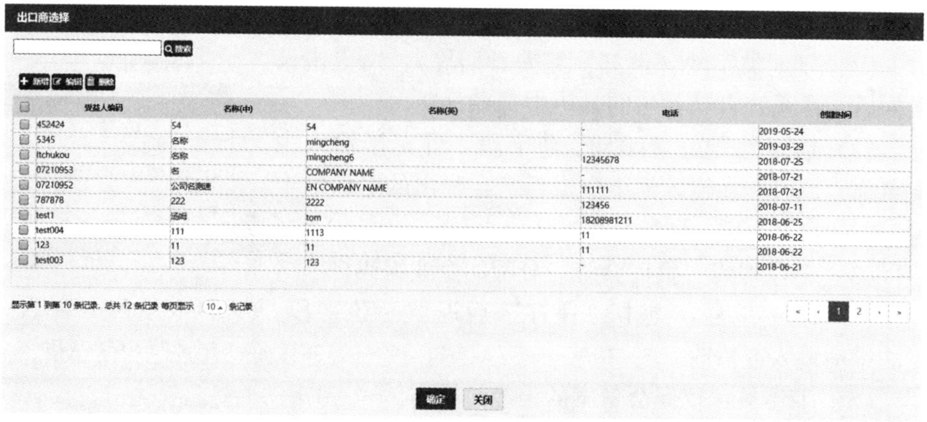

图 3-16　出口商选择

（10）特殊条款（货物前描述）、特殊条款（货物后描述）：点击基本信息界面中的特殊条款填写框后的“选择”按钮，页面将跳出编辑框（如图 3-17 所示），用户可通过点击白色“新增”按钮，新增特殊条款，或直接勾选已保存的条款（如图 3-18 所示）。

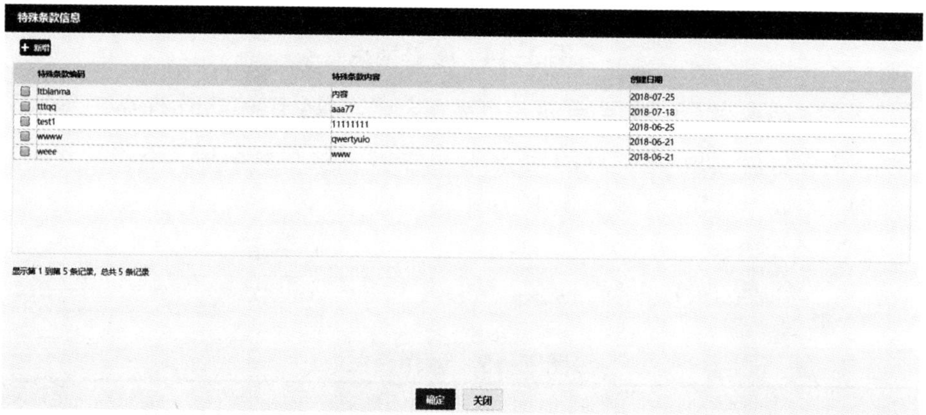

图 3-17　特殊条款信息（一）

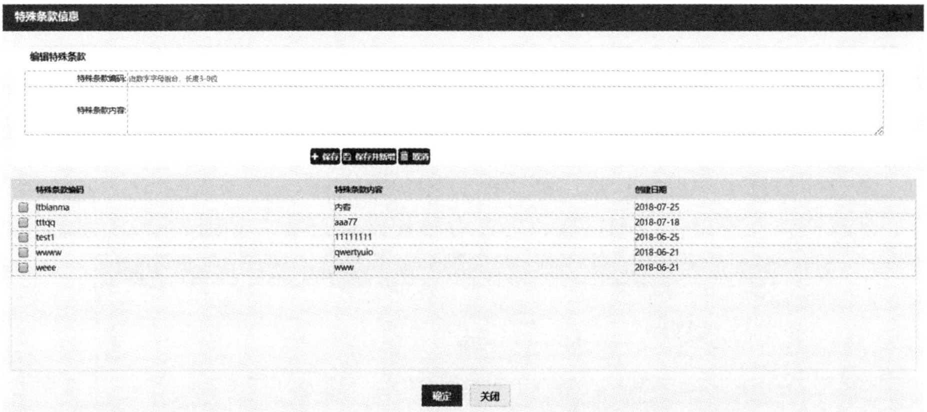

图 3-18　特殊条款信息（二）

（11）申请本地打印：已在贸促会完成自主打印资格备案的企业可在申请证书时，自由选择该证书是否本地打印，若勾选申请本地打印，证书审批通过后企业可自行打印证书。若企业已完成自主打印资格备案，但是无法勾选此项，可点击“同步打印资质”按钮，将企业自主打印资质同步至单一窗口，同步成功后可勾选申请本地打印。

（12）图片唛头：用户可上传图片唛头，便于识别货物，系统支持 jpg、png、gif 格式，大小不超过 600K。填写完上方基本信息并点击“保存”后，点击图片唛头界面中的“选择文件”按钮（如图 3-19 所示），可选择符合条件的文件，选择完毕后点击白色“上传”按钮，进行文件上传。勾选已上传的唛头图片，点击“编辑”或“删除”按钮，可对已上传的唛头进行操作。

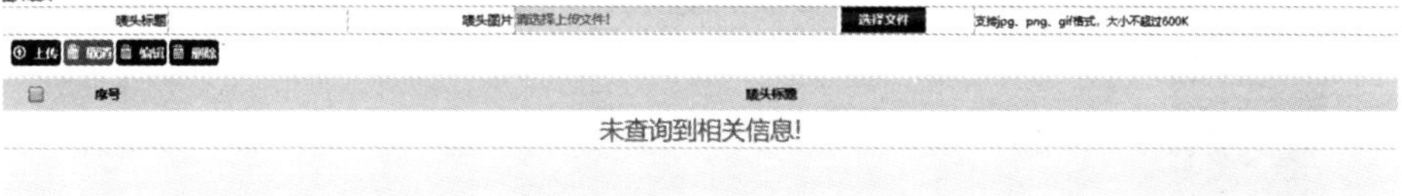

图 3-19　图片唛头

点击基本信息界面中的“暂存”按钮后，用户之前填写的数据将被系统保存，以便下次操作时调出该票数据。

（13）操作按钮说明如下。

①新建按钮：点击后用户可以创建一份新的原产地证书。

②暂存按钮：点击对当前录入信息进行暂存，根据业务类型在暂存时如有必填项未录入，会有相关提示。

③申报按钮：点击将当前信息向申报对象方申报。

④删除按钮：用户可对暂存状态和审核不通过状态的原产地证书数据进行

删除操作。点击基本信息主界面上方的“删除”蓝色按钮，系统将提示用户是否删除当前数据，删除的数据将不可恢复，需重新录入，请谨慎操作。

⑤预览按钮：点击将当前信息进行证书预览。

⑥打印按钮：点击将当前信息进行证书打印。

⑦打印组件下载按钮：点击将下载打印预览组件。

⑧操作技巧按钮：点击该按钮可查看各种操作技巧（如图 3-20 所示）。

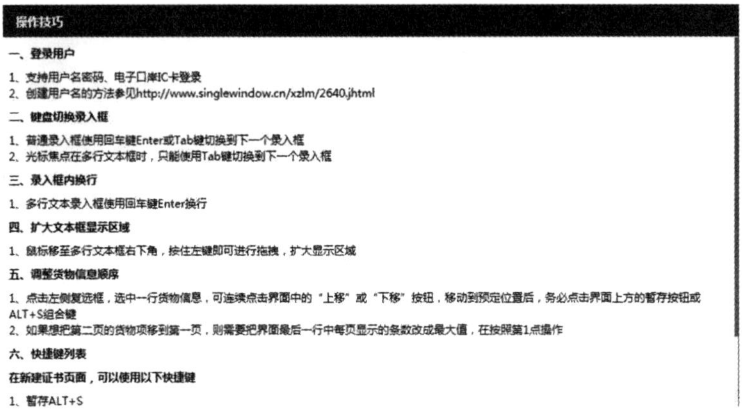

图 3-20　操作技巧

2. 商品信息

用户将基本信息录入完毕后，点击基本信息界面上方的“保存”按钮保存成功后，可以点击蓝色“商品信息”模块开始录入商品信息（如图 3-21 所示）。

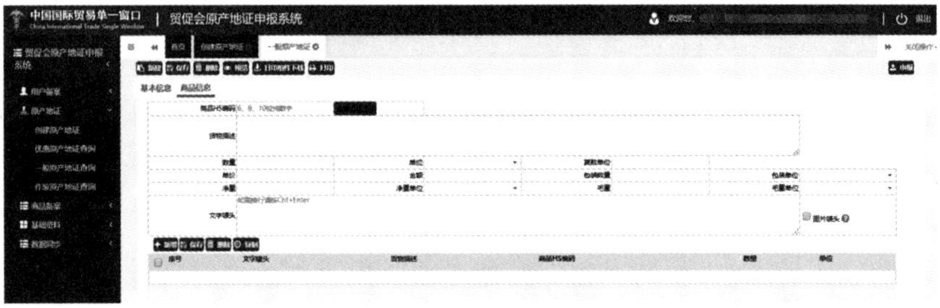

图 3-21　商品信息

输入 6、8、10 位纯数字的商品 HS 编码后，点击后方蓝色“编辑加工工序”按钮，系统弹出界面如图 3-22 所示，用户可录入加工工序。

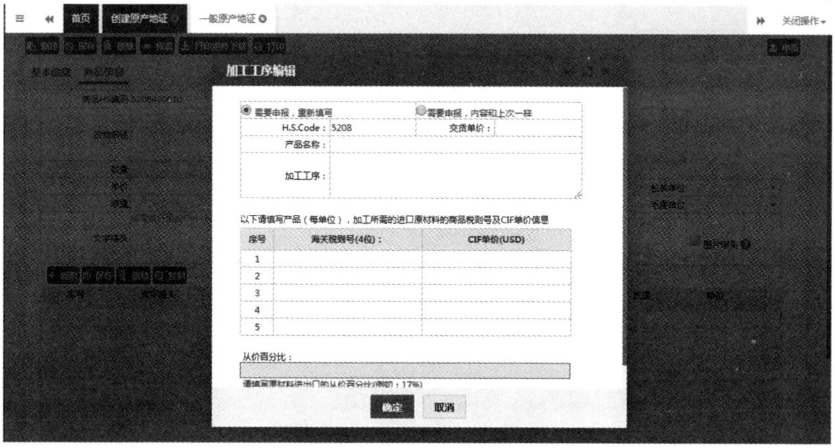

图 3-22　加工工序编辑

选择首行选项“需要申报，重新填写”或“需要申报，内容和上次一样”，选择选项 1，填写完毕后，点击蓝色“确认”按钮，保存信息；选择选项 2，下面数据不会保存，系统默认与前次申报内容一致。

商品信息全部填写完毕后，点击商品信息保存界面左下方的“保存”按钮，将已填写完成的一条商品信息保存至下方列表中（如图 3-23 所示）。

图 3-23　商品信息保存

勾选已保存的商品信息，点击“复制”或“删除”按钮，可对已录入的商品信息进行形复制或删除操作。

3. 操作按钮说明

Excel 导入：商品信息导入，支持商品信息 Excel 表格导入功能。在商品信息录入界面的商品信息列表上方，点击“Excel 导入”按钮，在弹出的导入界面中，先下载导入的 Excel 模板，在模板中录入详细商品信息，再选择该 Excel 文件上传，上传成功后，导入的商品信息显示在商品信息列表中（如图 3-24

所示）。

图 3-24　导入商品信息

新增：刷新商品信息录入区域，用户可录入新一条商品信息。

保存：保存商品信息录入区域的数据，并在商品信息列表中显示。

删除：在列表中选中一条或多条商品信息，删除商品信息。删除后将不能恢复。

上移：选中一条商品信息，将该商品信息在列表中做位置上移，序号自动重排，每次只能上移一个位置（序号减小 1）。

下移：选中一条商品信息，将该商品信息在列表中做位置下移，序号自动重排，每次只能下移一个位置（序号加大 1）。

4. 商品信息列表中最后一列按钮说明

插入：点击该按钮，可在当前数据的下一行插入一条商品信息。

复制：复制该数据并添加至列表中最后一行。

删除：删除该列表数据。

插入复制：复制该数据并添加至该数据的下一行。

5. 证书样式

一般原产地证正本首页样式如图 3-25 所示。

ORIGINAL

1. Exporter	Serial No. Certificate No. ICC CERTIFICATE OF ORIGIN Accredited Chamber CN1300121 CERTIFICATE OF ORIGIN OF THE PEOPLE'S REPUBLIC OF CHINA
2. Consignee	
3. Means of transport and route	5. For certifying authority use only
4. Country / region of destination	

6. Marks and numbers	7. Number and kind of packages; description of goods	8. H.S.Code	9. Quantity	10. Number and date of invoices
	SAMPLE			

11. Declaration by the exporter The undersigned hereby declares that the above details and statements are correct, that all the goods were produced in China and that they comply with the Rules of Origin of the People's Republic of China. Place and date, signature and stamp of authorized signatory	12. Certification It is hereby certified that the declaration by the exporter is correct. Place and date, signature and stamp of certifying authority

page 1 of 1

图 3-25　一般原产地证

（二）亚太贸易协定原产地证

1. 基本信息

基本信息界面与一般原产地证基本相同（如图 3-26 所示），新增、录入、暂存等更多详细操作，可参考一般原产地证的相关描述。

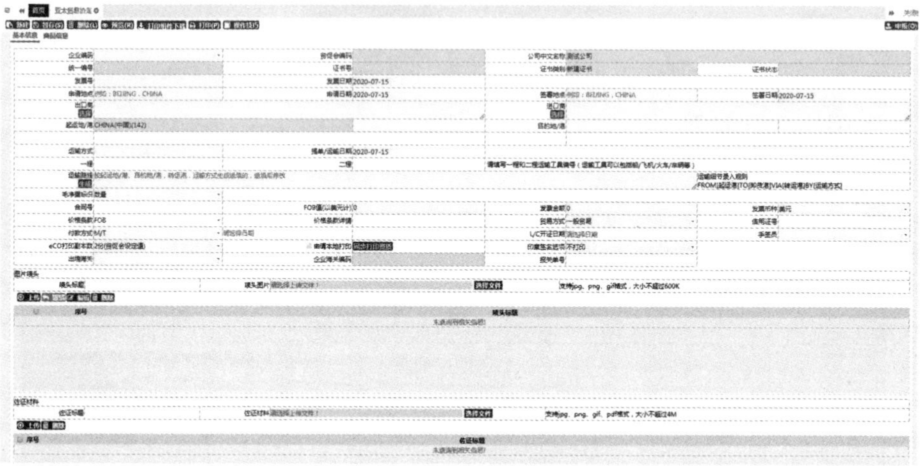

图 3-26　基本信息

一程、二程的录入信息说明：填写一程和二程运输工具编号（运输工具可以包括船、飞机、火车、车辆等）。

佐证材料：支持 jpg、png、gif、pdf 格式，每份材料大小不超过 4M。填写完上方基本信息并点击保存后，点击佐证材料后的蓝色“选择文件”按钮，可选择符合条件的文件，选择完毕后点击白色“上传”按钮，进行文件上传。勾选已上传的佐证材料，点击白色“删除”按钮，可对已上传的材料进行操作（如图 3-27 所示）。

图 3-27　佐证材料

2. 商品信息

商品信息录入规则与一般原产地证基本相同，界面如图 3-28 所示，详细操作可参考一般原产地证的相关描述。

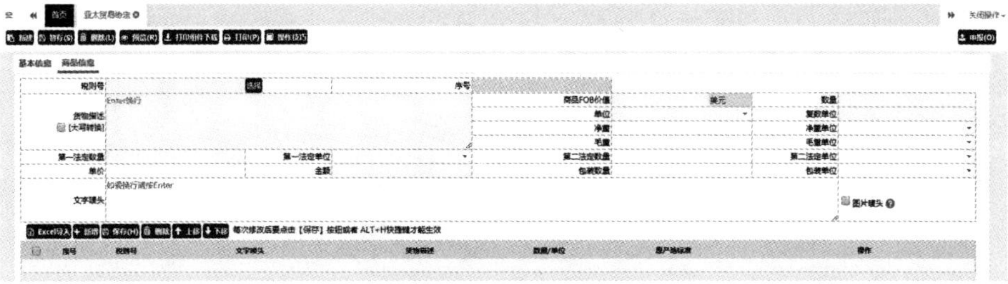

图 3-28　商品信息

各字段的录入信息说明如下。

文字唛头、图片唛头：如为文字唛头，可直接在该字段中输入对应内容，如为图片唛头，需在后方对“图片唛头”进行勾选，输入框中将自动返填“SEE ATTACHMENT”。

税则号：点击该字段后的蓝色“选择”按钮，系统弹出界面（如图 3-29 所示），显示该企业已备案过的该优惠区域商品信息（商品备案可参考商品备案章节中的相关描述进行操作），可勾选所需的商品信息，点击“确定”按钮，将商品税则号返填至商品信息中的税则号栏目。

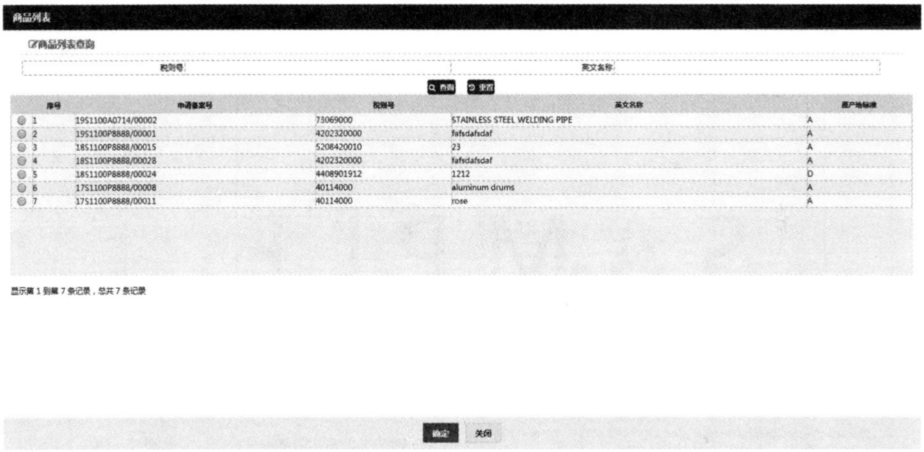

图 3-29　商品信息——税则号

3. 证书样式

亚太贸易协定原产地证正本首页样式如图 3-30 所示。

ORIGINAL

1.Goods consigned from:
(Exporter's business name, address, country)

Serial No.
Certificate No.

ICC
CERTIFICATE OF ORIGIN
Accredited Chamber CN1300101
INTERNATIONAL CHAMBER OF COMMERCE
WORLD CHAMBERS FEDERATION

CERTIFICATE OF ORIGIN
Asia-Pacific Trade Agreement
(Combined Declaration and Certificate)
Issued in the People's Republic of China
(Country)

2. Goods consigned to:
(Consignee's name, address, country)

3. For Official use

4. Means of transport and route:

5.Tariff item number:	6. Marks and number of Packages:	7. Number and kind of packages/description of goods:	8. Origin criterion (see notes overleaf)	9. Gross weight or other quantity:	10.Number and date of invoices:

SAMPLE

11.Declaration by the exporter:
The undersigned hereby declares that the above details and statements are correct: that all the goods were produced in

CHINA
(Country)

and that they comply with the origin requirements specified for these goods in the Asia-Pacific Trade Agreement for goods exported to

(Importing Country)

Place and date, signature of authorized Signatory

12.Certificate
It is hereby certified on the basis of control carried out, that the declaration by the exporter is correct.

Place and date, signature and Stamp of Certifying Authority

图 3-30　亚太贸易协定原产地证

（三）中国—新西兰自贸协定原产地证

1. 基本信息

证书基本信息录入规则与亚太贸易协定原产地证书基本相同（如图 3-31 所示），新增、录入、暂存等更多详细操作，可参考亚太贸易协定原产地证书中的相关描述。

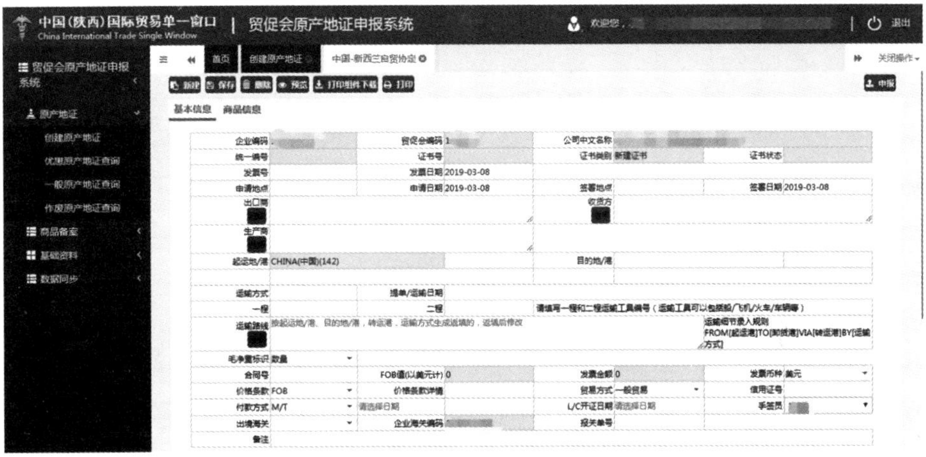

图 3-31　基本信息

2. 商品信息

商品信息录入规则与亚太贸易协定原产地证基本相同（如图 3-32 所示），详细操作可参考亚太贸易协定原产地证中的相关描述。

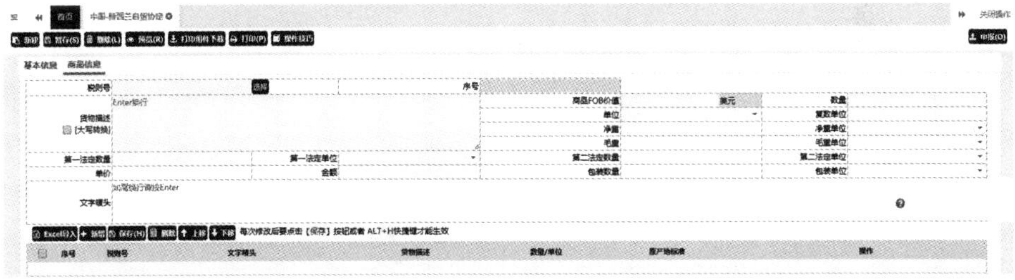

图 3-32　商品信息

3. 证书样式

中国—新西兰自贸协定原产地证正本首页样式如图 3-33 所示。

ORIGINAL

1. Exporter's name, address, country:

Certificate No.:

CERTIFICATE OF ORIGIN

Form for the Free Trade Agreement between the Government of the People's Republic of China and the Government of New Zealand

2. Producer's name and address, if known:

3. Consignee's name, address, country:

Issued in the People's Republic of China

(see Instruction overleaf)

4. Means of transport and route (as far as known)

Departure Date

Vessel /Flight/Train/Vehicle No.

Port of loading

Port of discharge

5. For official use only

☐ Preferential Tariff Treatment Given Under China-New Zealand FTA

☐ Preferential Treatment Not Given (Please state reasons)

Signature of Authorized Signatory of the Importing Country

6. Remarks

7. Item number (Max 20)	8. Marks and numbers on packages	9. Number and kind of packages; description of goods	10. HS code (Six digit code)	11. Origin criterion	12. Gross weight, quantity (quantity unit) or other measures (litres, m^3, etc)	13. Number, date of invoice and invoiced value

SAMPLE

14. Declaration by the exporter

The undersigned hereby declares that the above details and statement are correct, that all the goods were produced in

CHINA

(Country)

and that they comply with the origin requirements specified in the FTA for the goods exported to

NEW ZEALAND

(Importing Country)

Place and date, signature of authorized signatory

15. Certification

On the basis of control carried out, it is hereby certified that the information herein is correct and that the goods described comply with the origin requirements specified in the Free Trade Agreement between the Government of the People's Republic of China and the Government of New Zealand.

Place and date, signature and stamp of authorized body

CCPIT 10130021713

图 3-33 中国—新西兰自贸协定原产地证

（四）中国—新加坡自贸协定原产地证

1. 基本信息

证书基本信息录入规则与亚太贸易协定原产地证书基本相同（如图 3-34 所示），新增、录入、暂存等更多详细操作，可参考亚太贸易协定原产地证书中的相关描述。

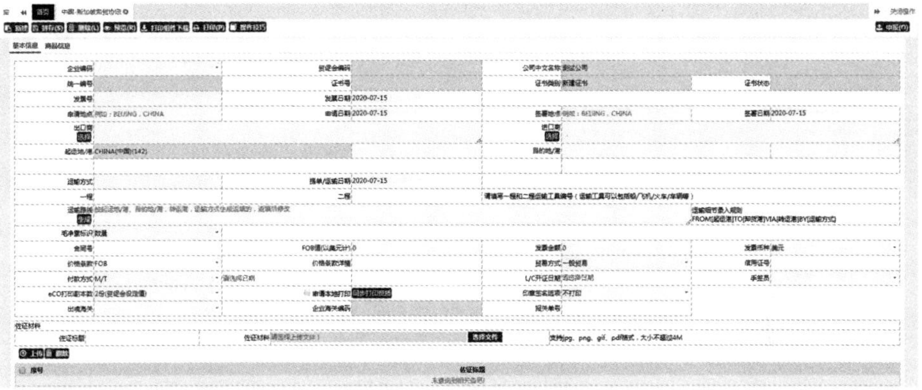

图 3-34 基本信息

2. 商品信息

商品信息录入规则与亚太贸易协定原产地证书基本相同（如图 3-35 所示），详细操作可参考亚太贸易协定原产地证书中的相关描述。

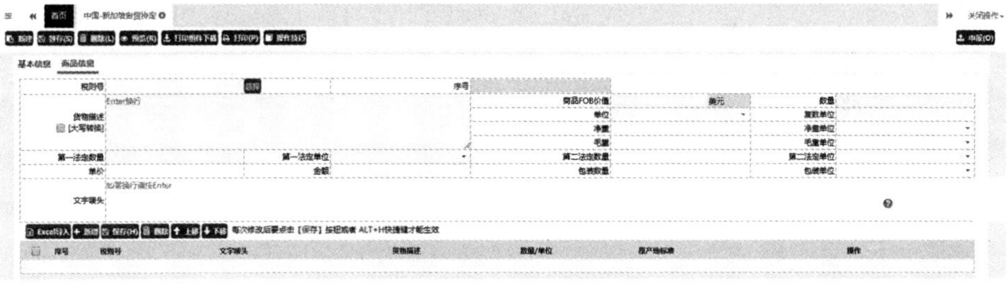

图 3-35 商品信息

3. 证书样式

中国—新加坡自贸协定原产地证正本首页样式如图 3-36 所示。

ORIGINAL

1.Goods consigned from (Exporter's business name,address, country)	Reference No.
2.Goods consigned to (Consignee's name, address, country)	**CHINA-SINGAPORE FREE TRADE AREA PREFERENTIAL TARIFF CERTIFICATE OF ORIGIN** (Combined Declaration and Certificate) Issued in the People's Republic of China (Country) See Notes Overleaf
3.Means of transport and route (as far as known) Departure date Vessel's name/Aircraft etc. Port of Discharge	4. For Official Use ☐ Preferential Treatment Given Under CHINA- SINGAPORE Free Trade Area Preferential Tariff ☐ Preferential Treatment Not Given (Please state reason/s) Signature of Authorised Signatory of the Importing Country

5.Item number	6. Marks and numbers on packages	7. Number and type of packages, description of goods (including quantity where appropriate and HS number of the importing country)	8. Origin criterion (see Notes overleaf)	9. Gross weight or other quantity and value (FOB)	10. Number and date of invoices
		SAMPLE			

11.Declaration by the exporter The undersigned hereby declares that the above details and statement are correct; that all the goods were produced in CHINA (Country) and that they comply with the origin requirements specified for these goods in the China-Singapore Free Trade Area Preferential Tariff for the goods exported to SINGAPORE (Importing Country) Place and date, signature of authorised signatory	12.Certification It is hereby certified, on the basis of control carried out, that the declaration by the exporter is correct. Place and date, signature and stamp of certifying authority

CCPIT 11130008833

图 3-36　中国—新加坡自贸协定原产地证

（五）中国—秘鲁自贸协定原产地证

1. 基本信息

证书基本信息录入规则与亚太贸易协定原产地证书基本相同（如图 3-37 所示），新增、录入、暂存等更多详细操作，可参考亚太贸易协定原产地证书中的相关描述。

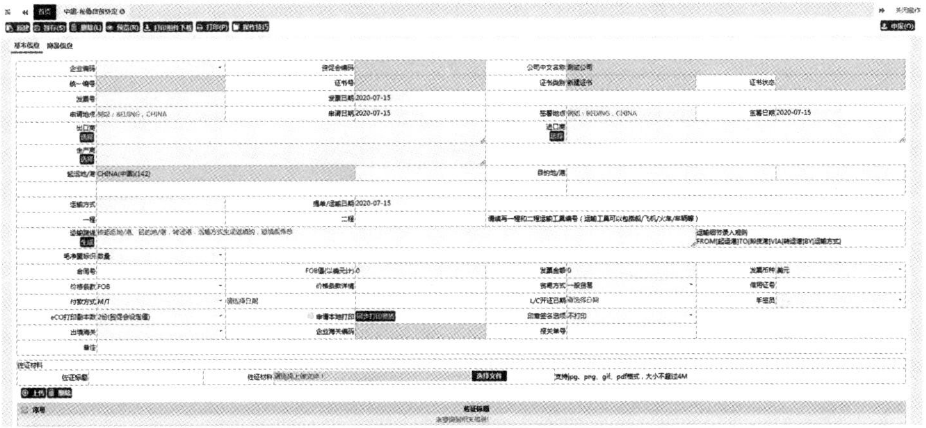

图 3-37 基本信息

2. 商品信息

商品信息录入规则与亚太贸易协定原产地证书基本相同（如图 3-38 所示），详细操作可参考亚太贸易协定原产地证书中的相关描述。

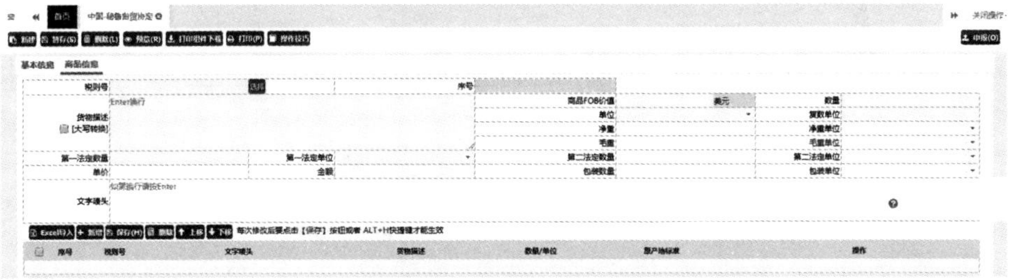

图 3-38 商品信息

3. 证书样式

中国—秘鲁自贸协定原产地证正本首页样式如图 3-39 所示。

ORIGINAL

1. Exporter's name and address:	Certificate No.: **CERTIFICATE OF ORIGIN** **Form for China-Peru FTA** Issued in the People's Republic of China (see Overleaf Instruction)
2. Producer's name and address, if known:	
3. Consignee's name and address:	For Official Use Only:
4.Means of transport and route (as far as known): Departure Date: Vessel /Flight/Train/Vehicle No.: Port of loading: Port of discharge:	5. Remarks:

6. Item number (Max 20)	7. Number and kind of packages; description of goods	8. HS code(Six digit code)	9. Origin criterion	10. Gross weight, quantity (Quantity Unit) or other measures (liters, m³, etc.)	11. Number and date of invoice	12. Invoiced value
	SAMPLE					

13.Declaration by the exporter: The undersigned hereby declares that the above details and statement are correct, that all the goods were produced in CHINA (Country) and that they comply with the origin requirements specified in the FTA for the goods exported to PERU (Importing Country) Place and date, signature of authorized signatory	14. Certification: On the basis of control carried out, it is hereby certified that the information herein is correct and that the goods described comply with the origin requirements specified in the China - Peru FTA. Place and date, signature and stamp of authorized body

CCPIT 12170000491

图 3–39　中国—秘鲁自贸协定原产地证

（六）海峡两岸经济合作框架协议原产地证

1. 基本信息

证书基本信息录入规则与亚太贸易协定原产地证书基本相同（如图 3-40 所示），新增、录入、暂存等更多详细操作，可参考亚太贸易协定原产地证书中的相关描述。

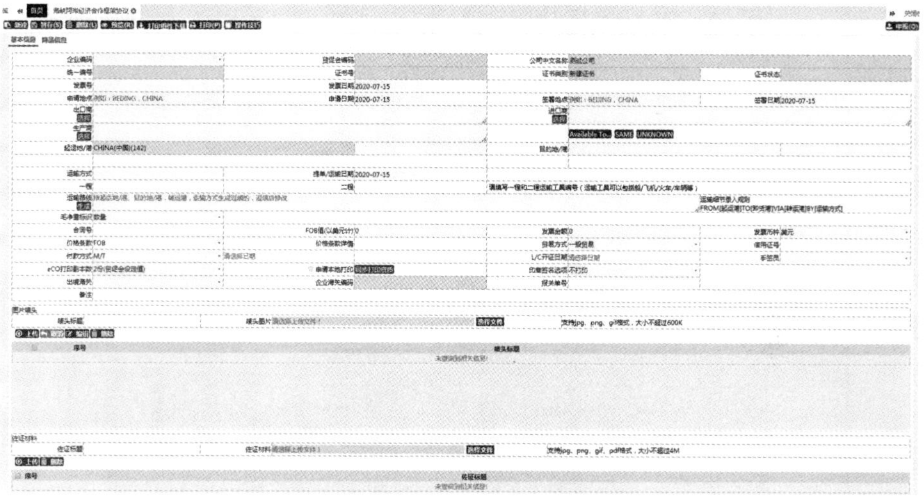

图 3-40　基本信息

生产商录入信息说明：该字段后方有三个蓝色按钮，分别对应“签证机构或相关机关要求时提供”“同上”“UNKNOWN”。用户需按照实际要求选填。

2. 商品信息

商品信息录入规则与亚太贸易协定原产地证书基本相同（如图 3-41 所示），详细操作可参考亚太贸易协定原产地证书中的相关描述。

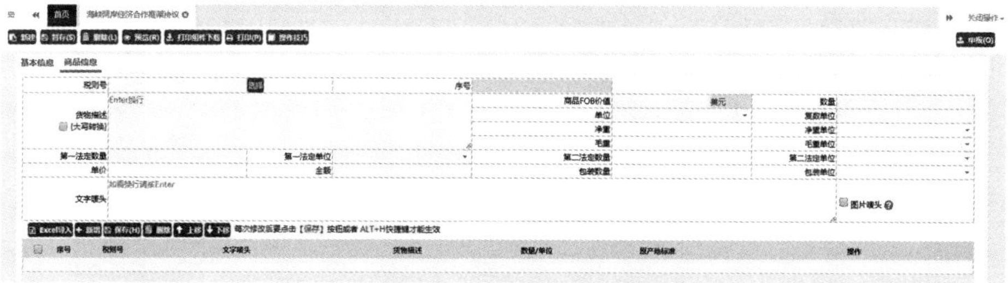

图 3-41　商品信息

3. 证书样式

海峡两岸经济合作框架协议原产地证正本首页样式如图 3-42 所示。

海峡两岸经济合作框架协议原产地证书

正 本　　如有任何涂改、损毁或填写不清均将导致本原产地证书失效

1.出口商（名称、地址）：

编号：

签发日期：

有效期至：

2.生产商（名称、地址）：

5.受惠情况

☐依据海峡两岸经济合作框架协议给予优惠关税待遇；

☐拒绝给予优惠关税待遇（请注明原因）

进口方海关已获授权签字人签字

3.进口商（名称、地址）：

4.运输工具及路线：

离港日期：

船舶／飞机编号等：

装货口岸：

到货口岸：

6.备注：

7.项目编号	8.HS编码	9.货品名称、包装件数及种类	10.毛重或其他计量单位	11.包装唛头或编号	12.原产地标准	13.发票价格、编号及日期

SAMPLE

14.出口商声明

—本人对于所填报原产地证书内容的真实性与正确性负责；

—本原产地证书所载货物，系原产自本协议一方或双方，且货物属符合海峡两岸经济合作框架协议之原产货物。

出口商或已获授权人签字

地点和日期

15.证明

依据《海峡两岸经济合作框架协议》临时原产地规则规定，兹证明出口商所做申报正确无讹。

地点和日期、签字和签证机构印章

电话：　　传真：

地址：

图 3-42　海峡两岸经济合作框架协议原产地证

（七）中国—哥斯达黎加自贸协定原产地证

1. 基本信息

证书基本信息录入规则与亚太贸易协定原产地证书基本相同（如图 3-43 所示），新增、录入、暂存等更多详细操作，可参考亚太贸易协定原产地证书中的相关描述。

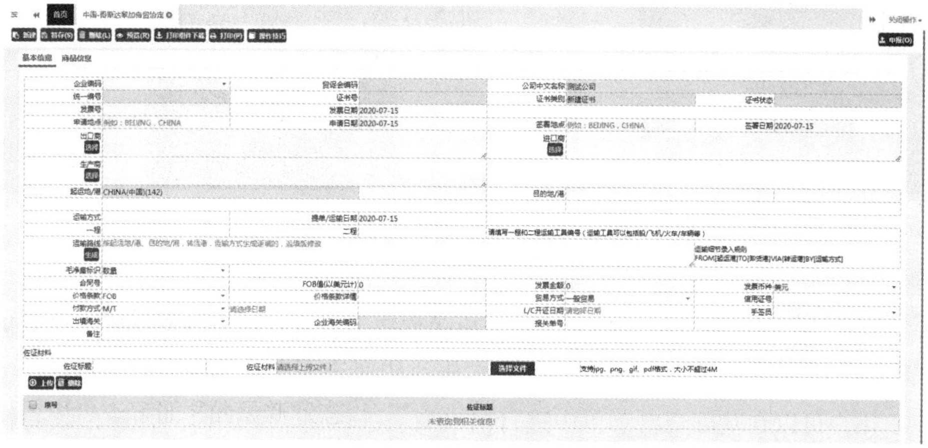

图 3-43　基本信息

2. 商品信息

商品信息录入规则与亚太贸易协定原产地证书基本相同（如图 3-44 所示），详细操作可参考亚太贸易协定原产地证书中的相关描述。

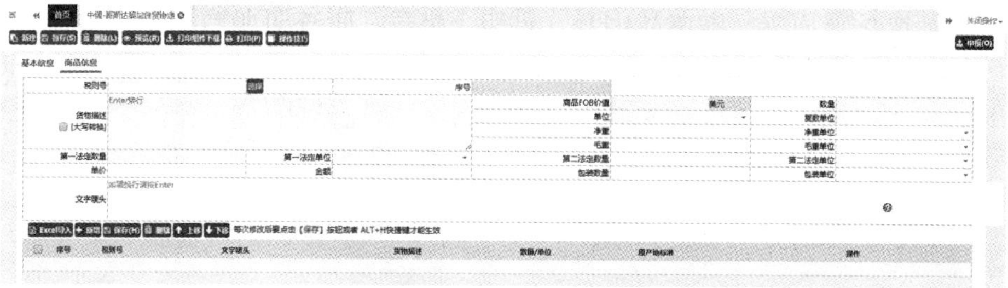

图 3-44　商品信息

3. 证书样式

中国—哥斯达黎加自贸协定原产地证正本首页样式如图 3-45 所示。

ORIGINAL

1. Exporter's name, address, country:

Certificate No.:

CERTIFICATE OF ORIGIN

for China-Costa Rica Free Trade Agreement

2. Producer's name and address, if known:

Issued in the People's Republic of China

(see Overleaf Instruction)

3. Importer's name,address,country:

For Official Use Only:

4.Means of transport and route (as far as known)

Departure Date:

Vessel /Flight/Train/Vehicle No.:

Port of loading:

Port of discharge:

5. Remarks:

6.Item number (Max.20)	7. Marks and Numbers on packages	8. Number and kind of packages; Description of goods	9. HS code (6 digit code)	10. Origin criterion	11. Gross weight or other quantity (e.g. Quantity Unit, liters, m^3.)	12. Number, date of invoice and Invoiced value

SAMPLE

13.Declaration by the exporter

The undersigned hereby declares that the above stated information is correct, and that all the goods are produced in

CHINA

(Country)

and that they comply with the origin requirements specified in the Free Trade Agreement for the goods exported to

COSTA RICA

(Importing Country)

Place, date and signature of authorized person

14.Certification

On the basis of the carried out control, it is hereby certified that the information herein is correct and that the described goods comply with the origin requirements of the China -Costa Rica Free Trade Agreement.

Place and date *, signature and stamp of the Authorized Body

Tel:

Fax:

Address:

CCPIT 15140023743

*A Certificate of Origin issued under China-Costa Rica Free Trade Agreement shall be valid for one year from the date of issuance in the exporting country.

图 3-45 中国—哥斯达黎加自贸协定原产地证

（八）内地与香港、澳门紧密贸易关系安排证书

1. 基本信息

证书基本信息录入规则与亚太贸易协定原产地证书基本相同（如图 3-46 所示），新增、录入、暂存等更多详细操作，可参考亚太贸易协定原产地证书中的相关描述。

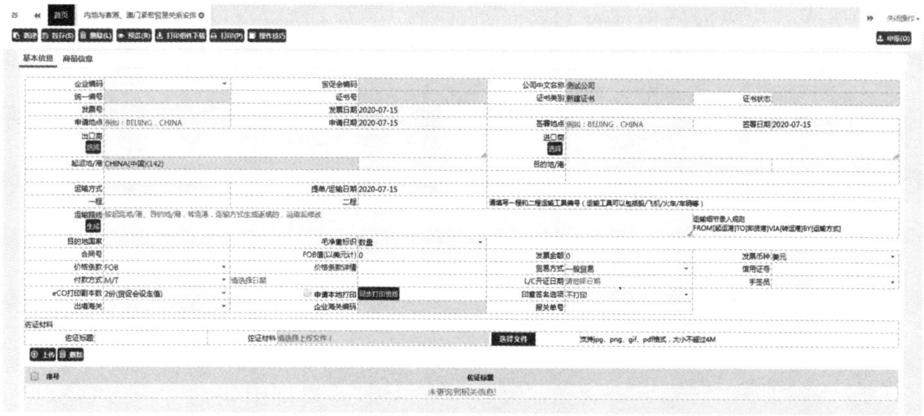

图 3-46　基本信息

2. 商品信息

商品信息录入规则与亚太贸易协定原产地证书基本相同（如图 3-47 所示），详细操作可参考亚太贸易协定原产地证书中的相关描述。

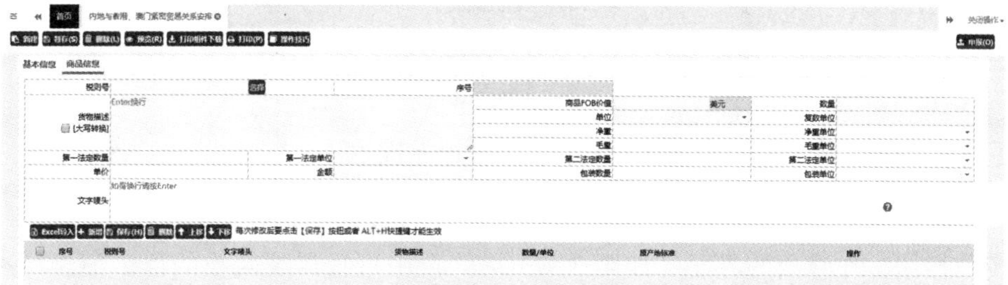

图 3-47　商品信息

3. 证书样式

内地与香港、澳门紧密贸易关系安排证书正本首页样式如图 3-48 所示。

ORIGINAL

1. Exporter

Certificate No. CCPIT 142052508

CERTIFICATE OF ORIGIN
OF
THE PEOPLE' S REPUBLIC OF CHINA

2. Consignee

3. Means of transport and route

5. For certifying authority use only

4. Country / region of destination

6. Marks and numbers	7. Number and kind of packages; description of goods	8. H.S.Code	9. Quantity	10. Number and date of invoices

SAMPLE

11. Declaration by the exporter
The undersigned hereby declares that the above details and statements are correct, that all the goods were produced in China and that they comply with the Rules of Origin of the People's Republic of China.

Place and date, signature and stamp of authorized signatory

12. Certification
It is hereby certified that the declaration by the exporter is correct.

Place and date, signature and stamp of certifying authority

图 3-48　内地与香港、澳门紧密贸易关系安排证书

（九）中国—冰岛自贸协定原产地证

1. 基本信息

证书基本信息录入规则与亚太贸易协定原产地证书基本相同（如图 3-49 所示），新增、录入、暂存等更多详细操作，可参考亚太贸易协定原产地证书中的相关描述。

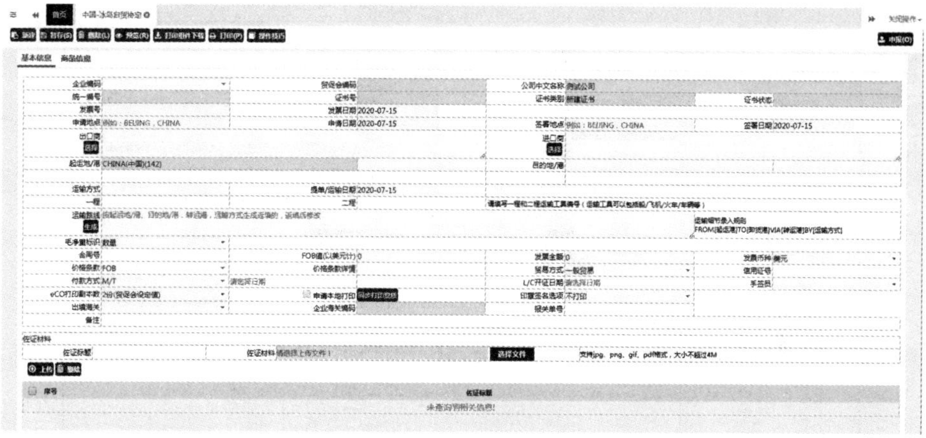

图 3-49 基本信息

2. 商品信息

商品信息录入规则与亚太贸易协定原产地证书基本相同（如图 3-50 所示），详细操作可参考亚太贸易协定原产地证书中的相关描述。

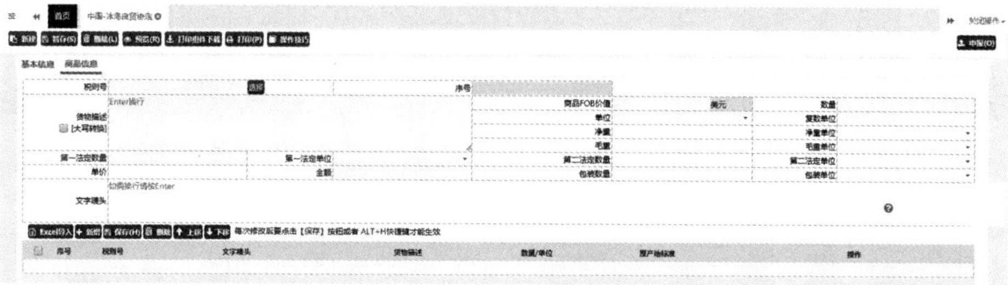

图 3-50 商品信息

3. 证书样式

中国—冰岛自贸协定原产地证正本首页样式如图 3-51 所示。

ORIGINAL

1. **Exporter** (Name, full address, country)	No. **Certificate of Origin used in FTA between** **CHINA** **and** **ICELAND** See notes overleaf before completing this form
2. **Consignee** (Name, full address, country)	
3. **Transport details** (as far as known) Departure Date Vessel / Flight/ Train/ Vehicle No. Port of loading Port of discharge	4. **Remarks**

5. Item number (Max 20)	**6. Marks and numbers**	**7. Number and kind of packages; Description of goods**	**8. HS code (Six digit code)**	**9. Origin criterion**	**10. Gross mass (kg) or other measure (liters, m³, etc.)**	**11. Invoices (Number and date)**

12. ENDORSEMENT BY THE AUTHORIZED BODY	**13. DECLARATION BY THE EXPORTER**
It is hereby certified, on the basis of control carried out, that the declaration of the exporter is correct. Place and date, signature and stamp of authorized body	The undersigned hereby declares that the details and statement above are correct, that all the goods were produced in ......CHINA......(country) and that they comply with the origin requirements specified in the FTA for the goods exported to ......ICELAND......(Importing country). Place and date, signature of authorized signatory

CCPIT 16140026538

图 3-51　中国—冰岛自贸协定原产地证

（十）中国—瑞士自贸协定原产地证

1. 基本信息

证书基本信息录入规则与亚太贸易协定原产地证书基本相同（如图 3-52 所示），新增、录入、暂存等更多详细操作，可参考亚太贸易协定原产地证书中的相关描述。

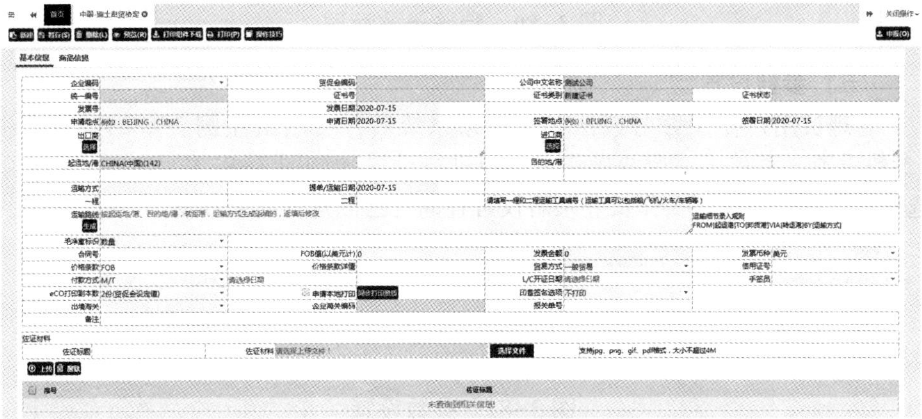

图 3-52　基本信息

2. 商品信息

商品信息录入规则与亚太贸易协定原产地证书基本相同（如图 3-53 所示），详细操作可参考亚太贸易协定原产地证书中的相关描述。

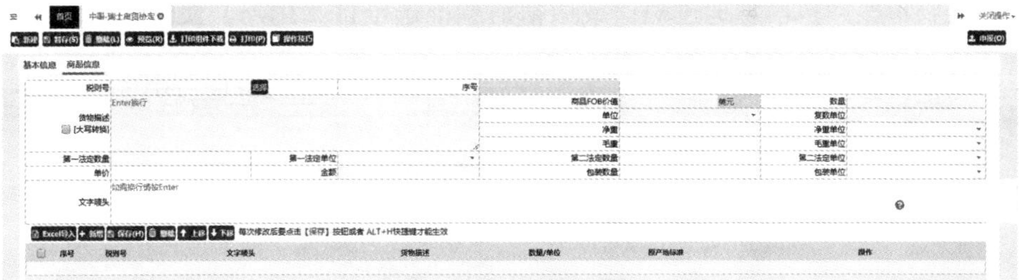

图 3-53　商品信息

3. 证书样式

中国—瑞士自贸协定原产地证正本首页样式如图 3-54 所示。

ORIGINAL

1. Exporter (Name, full address, country)	No. **Certificate of Origin used in FTA between** **CHINA** **and** **SWITZERLAND** See notes overleaf before completing this form
2. Consignee (Name, full address, country)	
3. Transport details (as far as known) Departure Date Vessel / Flight/ Train/ Vehicle No. Port of loading Port of discharge	**4. Remarks**

5. Item number (Max 20)	**6. Marks and numbers**	**7. Number and kind of packages; Description of goods**	**8. HS code (Six digit code)**	**9. Origin criterion**	**10. Gross mass (kg) or other measure (liters, m³, etc.)**	**11. Invoices (Number and date)**
		SAMPLE				

12. ENDORSEMENT BY THE AUTHORISED BODY It is hereby certified, on the basis of control carried out, that the declaration of the exporter is correct. …………………………………… Place and date, signature and stamp of authorised body	**13. DECLARATION BY THE EXPORTER** The undersigned hereby declares that the details and statement above are correct, that all the goods were produced in ……………CHINA……………(country) and that they comply with the origin requirements specified in the FTA for the goods exported to ……………SWITZERLAND……………(Importing country). …………………………………… Place and date, signature of authorised signatory

CCPIT 17160144790

图 3-54　中国—瑞士自贸协定原产地证

（十一）中国—澳大利亚自贸协定原产地证

1. 基本信息

基本信息录入规则与亚太贸易协定原产地证书基本相同（如图 3-55 所示），新增、录入、暂存等更多详细操作，可参考亚太贸易协定原产地证书中的相关描述。

生产商录入说明：该字段后方有三个蓝色按钮，分别对应“签证机构或相关机关要求时提供”“同上”“UNKNOWN”。用户可按照实际需求点击按钮自动返填生产商信息。

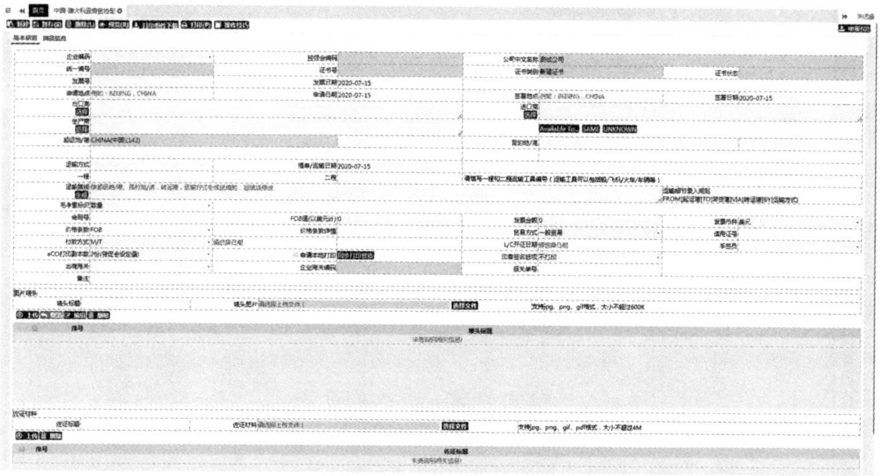

图 3-55　基本信息

2. 商品信息

商品信息录入规则与亚太贸易协定原产地证书基本相同（如图 3-56 所示），详细操作可参考亚太贸易协定原产地证书中的相关描述。

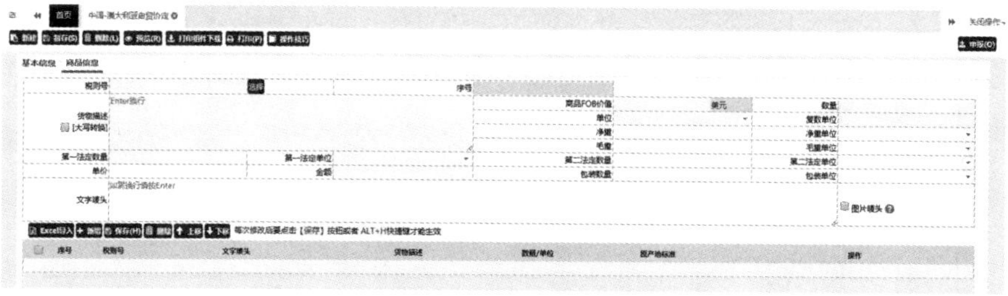

图 3-56　商品信息

3. 证书样式

中国—澳大利亚自贸协定原产地证正本首页样式如图 3-57 所示。

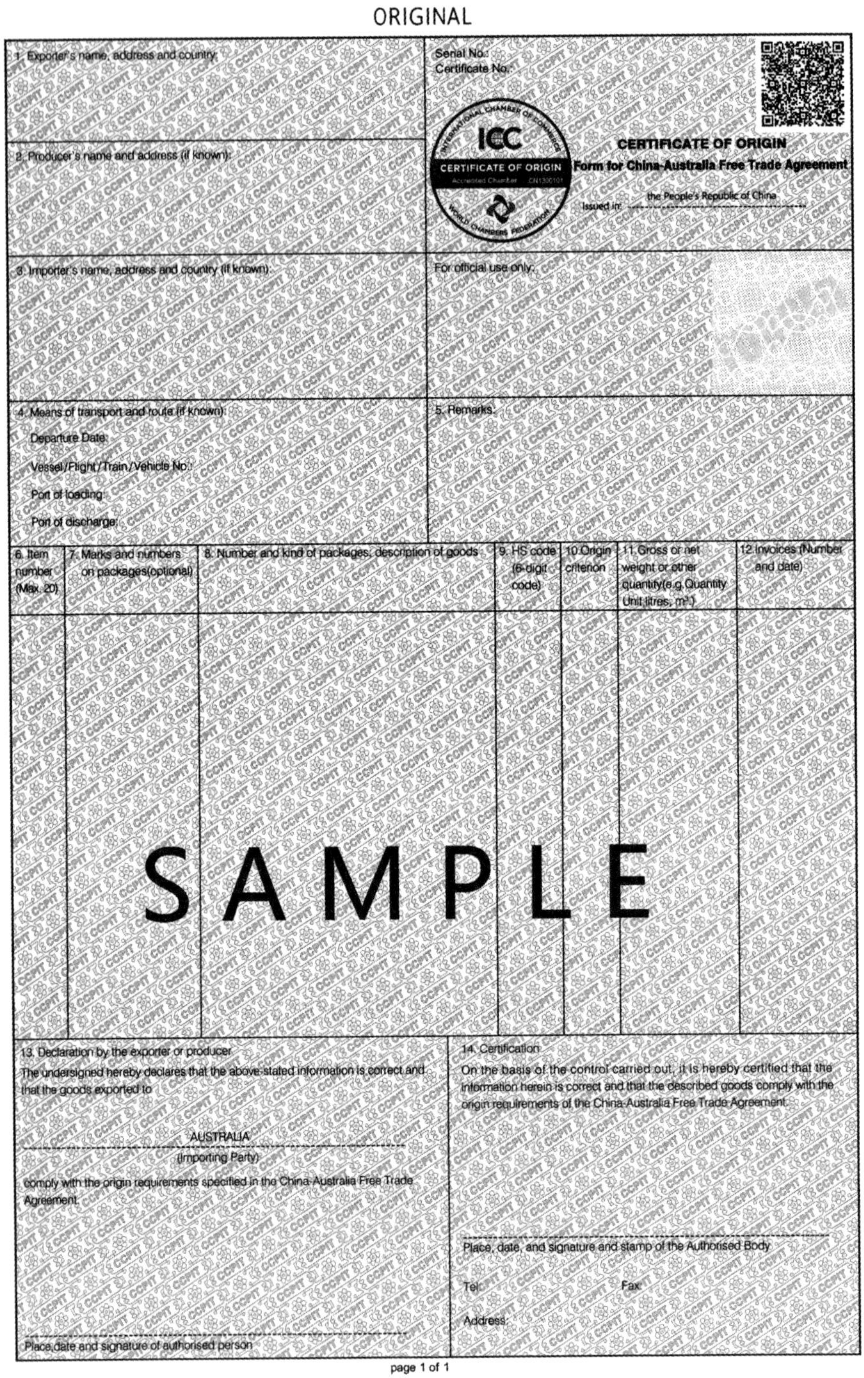
ORIGINAL

1. Exporter's name, address and country:

Serial No.:
Certificate No.:

CERTIFICATE OF ORIGIN
Form for China-Australia Free Trade Agreement

Issued in: the People's Republic of China

2. Producer's name and address (if known):

3. Importer's name, address and country (if known):

For official use only:

4. Means of transport and route (if known):
Departure Date:
Vessel/Flight/Train/Vehicle No.:
Port of loading:
Port of discharge:

5. Remarks:

6. Item number (Max. 20)	7. Marks and numbers on packages(optional)	8. Number and kind of packages; description of goods	9. HS code (6-digit code)	10.Origin criterion	11.Gross or net weight or other quantity(e.g.Quantity Unit litres, m³)	12.Invoices (Number and date)

SAMPLE

13. Declaration by the exporter or producer
The undersigned hereby declares that the above-stated information is correct and that the goods exported to

AUSTRALIA
(Importing Party)

comply with the origin requirements specified in the China-Australia Free Trade Agreement.

Place,date and signature of authorised person

14. Certification
On the basis of the control carried out, it is hereby certified that the information herein is correct and that the described goods comply with the origin requirements of the China-Australia Free Trade Agreement.

Place, date, and signature and stamp of the Authorised Body
Tel: Fax:
Address:

page 1 of 1

图 3-57　中国—澳大利亚自贸协定原产地证

（十二）中国—韩国自贸协定原产地证

1. 基本信息

基本信息录入规则与亚太贸易协定原产地证书基本相同（如图 3-58 所示），新增、录入、暂存等更多详细操作，可参考亚太贸易协定原产地证书中的相关描述。

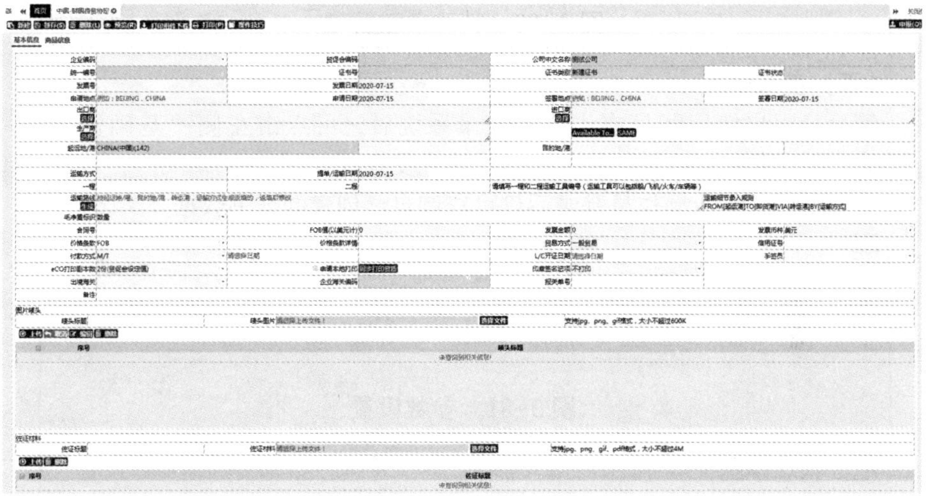

图 3-58　基本信息

2. 商品信息

商品信息录入规则与亚太贸易协定原产地证书基本相同（如图 3-59 所示），详细操作可参考亚太贸易协定原产地证书中的相关描述。

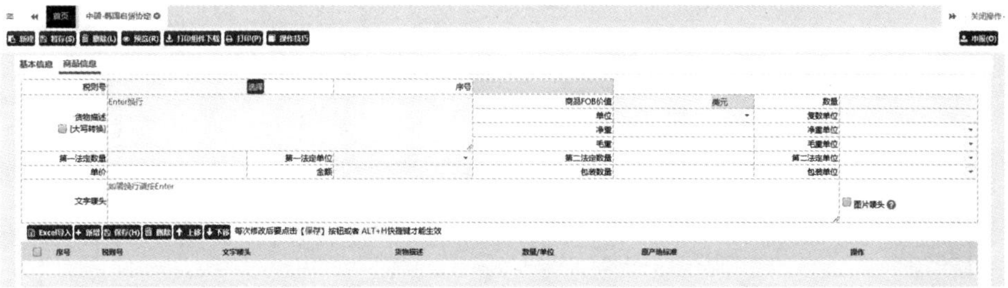

图 3-59　商品信息

3. 证书样式

中国—韩国自贸协定原产地证正本首页样式如图 3-60 所示。

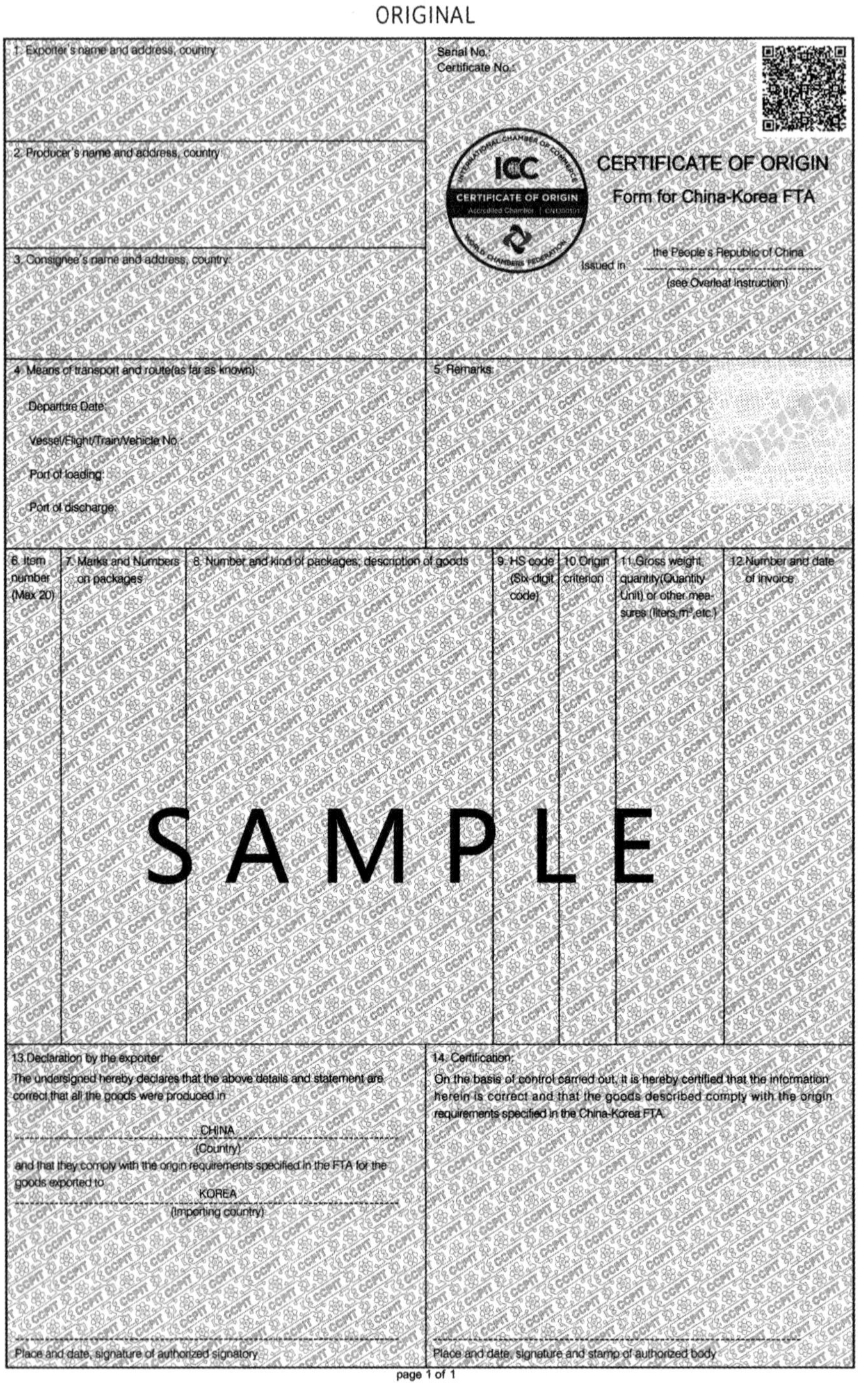
ORIGINAL

1. Exporter's name and address, country:

2. Producer's name and address, country:

3. Consignee's name and address, country:

Serial No.:
Certificate No.:

ICC CERTIFICATE OF ORIGIN Accredited Chamber | CN100101 WORLD CHAMBERS FEDERATION

CERTIFICATE OF ORIGIN
Form for China-Korea FTA

Issued in the People's Republic of China
(see Overleaf Instruction)

4. Means of transport and route(as far as known):

Departure Date:

Vessel/Flight/Train/Vehicle No.:

Port of loading:

Port of discharge:

5. Remarks:

6. Item number (Max 20)	7. Marks and Numbers on packages	8. Number and kind of packages; description of goods	9. HS code (Six-digit code)	10.Origin criterion	11.Gross weight, quantity(Quantity Unit) or other measures (liters,m³,etc.)	12.Number and date of invoice

SAMPLE

13.Declaration by the exporter:
The undersigned hereby declares that the above details and statement are correct that all the goods were produced in

CHINA
(Country)

and that they comply with the origin requirements specified in the FTA for the goods exported to

KOREA
(Importing country)

Place and date, signature of authorized signatory

14. Certification:
On the basis of control carried out, it is hereby certified that the information herein is correct and that the goods described comply with the origin requirements specified in the China-Korea FTA.

Place and date, signature and stamp of authorized body

page 1 of 1

图 3-60　中国—韩国自贸协定原产地证

（十三）中国—东盟自贸协定原产地证

1. 基本信息

基本信息录入规则与亚太贸易协定原产地证书基本相同（如图 3-61 所示），新增、录入、暂存等更多详细操作，可参考亚太贸易协定原产地证书中的相关描述。

录入信息说明如下。

展览：当产品由出口方运至另一方展览并在展览期间或展览后销售给一方时，勾选“Exhibition”。

第三方发票：当发票是由第三方开具时，勾选“Third Party Invoicing”。

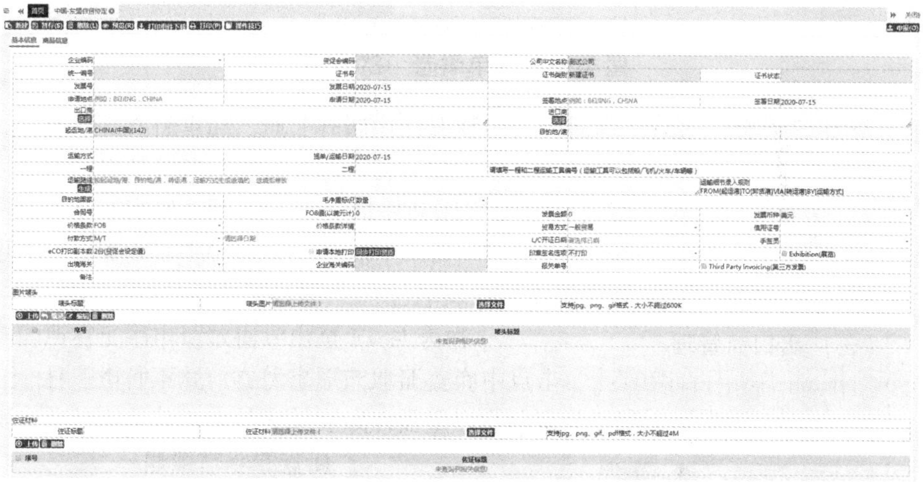

图 3-61 基本信息

2. 商品信息

商品信息录入规则与亚太贸易协定原产地证书基本相同（如图 3-62 所示），详细操作可参考亚太贸易协定原产地证书中的相关描述。

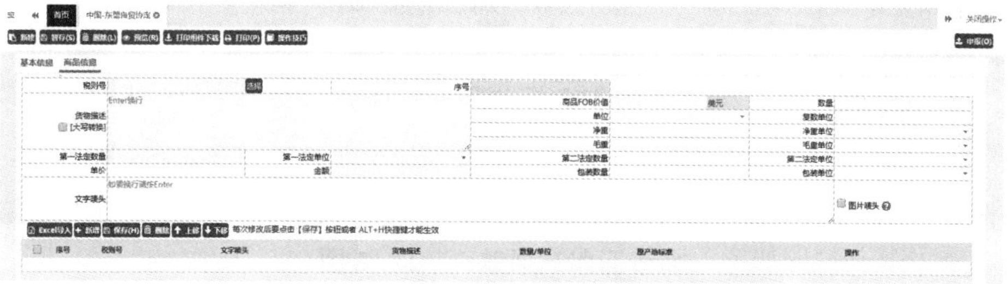

图 3-62 商品信息

3. 证书样式

中国—东盟自贸协定原产地证正本首页样式如图 3-63 所示。

Original

1. Products consigned from (Exporter's business name, address, country)

Serial No.

Reference No.

ASEAN-CHINA FREE TRADE AREA
PREFERENTIAL TARIFF
CERTIFICATE OF ORIGIN
(Combined Declaration and Certificate)

FORM E

ICC CERTIFICATE OF ORIGIN

Issued in THE PEOPLE'S REPUBLIC OF CHINA
(Country)

See Overleaf Notes

2. Products consigned to (Consignee's name,address,country)

3. Means of transport and route (as far as known)

Departure date

Vessel's name / Aircraft etc.

Port of Discharge

4. For Official Use

☐ Preferential Treatment Given

☐ Preferential Treatment Not Given(Please state reason/s)

Signature of Authorised Signatory of the Importing Party

5. Item number	6. Marks and numbers on packages	7. Number and type of packages, description of products(including quantity where appropriate and HS number in six digit code)	8. Origin criteria (see Overleaf Notes)	9. Gross weight or net weight or other quantity, and value (FOB) only when RVC criterion is applied	10. Number, date of invoices

SAMPLE

11. Declaration by the exporter

The undersigned hereby declares that the above details and statement are correct; that all the products were produced in

CHINA
(Country)

and that they comply with the origin requirements specified for these products in the Rules of Origin for the ACFTA for the products exported to

(Importing Country)

Place and date, signature of authorised signatory

12. Certification

It is hereby certified , on the basis of control carried out,that the declaration by the exporter is correct.

Place and date,signature and stamp of certifying authority

13. ☐ Issued Retroactively ☐ Exhibition
☐ Movement Certificate ☐ Third Party Invoicing

page 1 of 1

图 3-63　中国—东盟自贸协定原产地证

（十四）中国—格鲁吉亚自贸协定原产地证

1. 基本信息

基本信息录入规则与亚太贸易协定原产地证书基本相同（如图 3-64 所示），新增、录入、暂存等更多详细操作，可参考亚太贸易协定原产地证书中的相关描述。

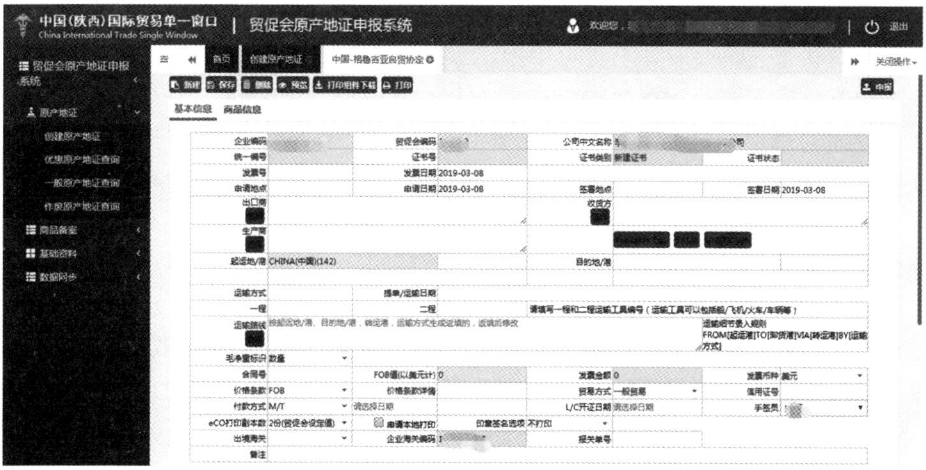

图 3-64　基本信息

2. 商品信息

商品信息录入规则与亚太贸易协定原产地证书基本相同（如图 3-65 所示），详细操作可参考亚太贸易协定原产地证书中的相关描述。

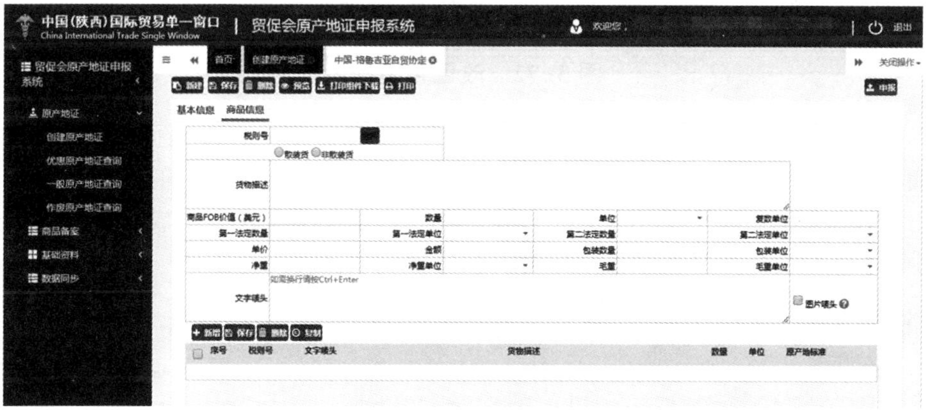

图 3-65　商品信息

3. 证书样式

中国—格鲁吉亚自贸协定原产地证正本首页样式如图 3-66 所示。

ORIGINAL

1. Exporter's name, address and country:	Serial No. Certificate No.
2. Producer's name, address and country:	ICC CERTIFICATE OF ORIGIN CERTIFICATE OF ORIGIN Form for China-Georgia Free Trade Agreement Issued in: the People's Republic of China
3. Importer's name, address and country:	For official use only:
4. Means of transport and route(if known): Departure Date: Vessel/Flight/ Train/Vehicle No.: Port of loading: Port of discharge:	5. Remarks

6. Item number	7. Marks and numbers on packages	8. Number and kind of packages; description of goods	9. HS code (6-digit code)	10. Origin criterion	11. Gross or net weight or other quantity(e.g. Quantity Unit, litres, m^3.)	12. Number and date of invoice
		SAMPLE				

13. Declaration by the exporter or producer The undersigned hereby declares that the above stated information is correct, and that all the goods are produced in CHINA (Country) and that they comply with the origin requirements specified in the Free Trade Agreement for the goods exported to GEORGIA (Importing country) Place, date and signature of authorized person	14. Certification On the basis of the control carried out, it is hereby certified that the information herein is correct and that the described goods comply with the origin requirements of the China–Georgia Free Trade Agreement. Place and date, signature and stamp of the Authorized Body

图 3-66　中国—格鲁吉亚自贸协定原产地证

（十五）中国—智利自贸协定原产地证

1. 基本信息

基本信息录入规则与亚太贸易协定原产地证书基本相同（如图 3-67 所示），新增、录入、暂存等更多详细操作，可参考亚太贸易协定原产地证书中的相关描述。

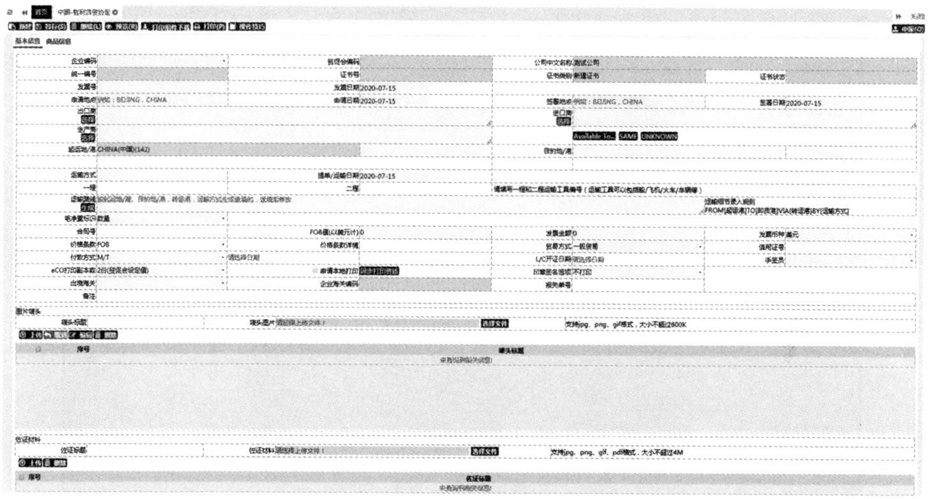

图 3-67　基本信息

2. 商品信息

商品信息录入规则与亚太贸易协定原产地证书基本相同（如图 3-68 所示），详细操作可参考亚太贸易协定原产地证书中的相关描述。

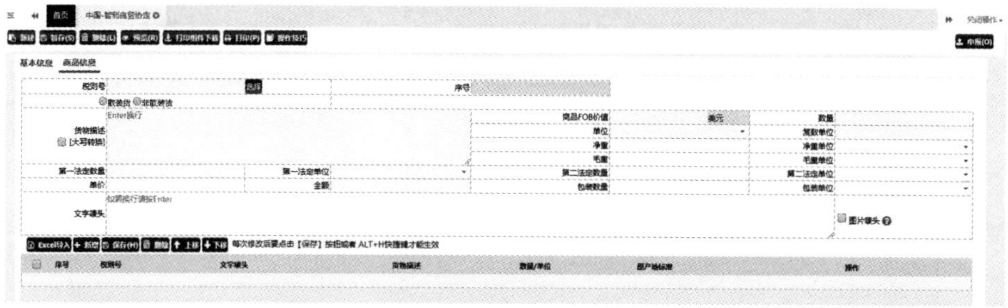

图 3-68　基本信息

3. 证书样式

证书正本首页样式如图 3-69 所示。

ORIGINAL

1.Exporter's name,address,country:	Serial No.: Certificate No.: CERTIFICATE OF ORIGIN **Form for China-Chile FTA** Issued in The People's Republic of China (see Instruction overleaf)
2.Producer's name and address,country:	
3.Consignee's name,address,country:	For official use only
4.Means of transport and route (as far as known) Departure Date Vessel/Flight/ Train/Vehicle No. Port of loading Port of discharge	5.Remarks

6.Item number	7.Marks and packages No.	8.Number and kind of packages;description of goods	9.HS code (Six digit code)	10.Origin criterion	11.Net weight or quantity,with unit of measurement	12.Number(s) and date(s) of invoice(s)

13.Declaration by the exporter or producer The undersigned hereby declares that the above details and statement are correct,that all the goods were produced in CHINA (Country) and that they comply with the origin requirements specified in the China-Chile FTA for the goods exported to CHILE (Importing country) Place and date,signature of authorised signatory	14.Certification On the basis of control carried out,it is hereby certified that the declaration made by the exporter or producer is correct. Place and date,signature and stamp of authorised body

图 3-69　中国—智利自贸协定原产地证

五、原产地证查询

（一）优惠原产地证查询

提供优惠原产地证查询、编辑、申报、打印等功能，界面显示如图 3-70 所示。

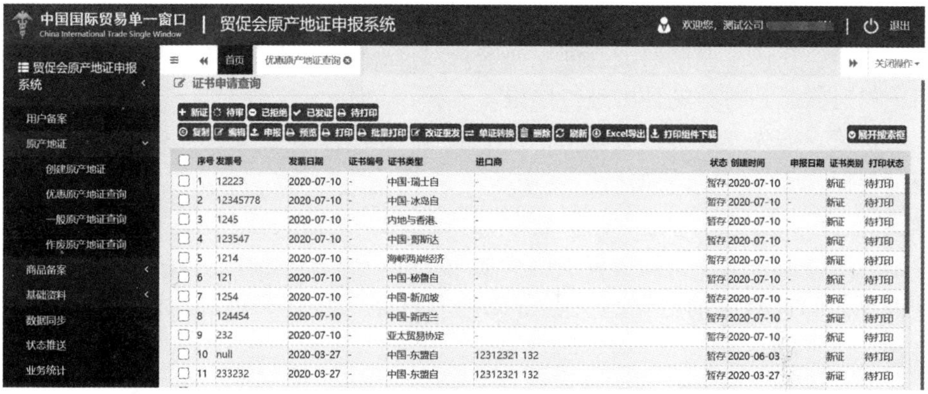

图 3-70　优惠原产地证查询

点击页面右上角“展开搜索框”按钮，查询界面展开如图 3-71 所示。

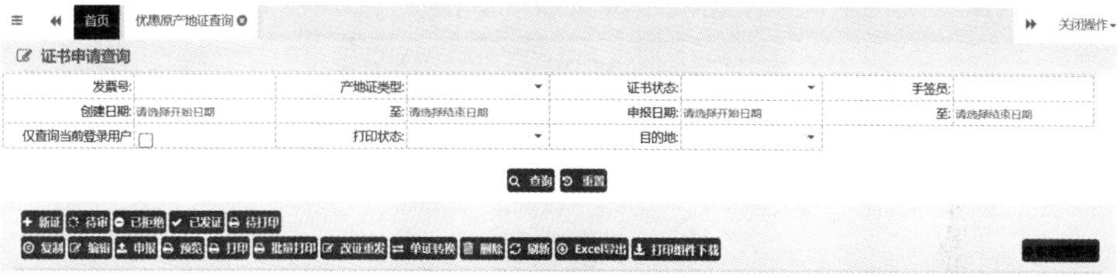

图 3-71　搜索框显示

小提示

如不输入查询条件，系统将默认显示所有符合条件的原产地证。

在显示的查询结果中，点击蓝色“发票号”字段，将会跳转到对应证书详情界面，如为暂存状态，用户可对证书进行申报、编辑、删除等操作。

操作按钮说明如下。

新证、待审、已拒绝、已发证、待打印：在优惠原产地证查询中点击这几个按钮可立即按数据状态查询出相应数据，例如，点击“新证”按钮，查询列表显示出所有数据状态为“新证”的数据。

重置：点击搜索框显示界面的蓝色“重置”按钮，用户填写的查询条件将被清空，用户可重新输入查询条件并进行查询。

复制：在优惠原产地证查询界面勾选对应的数据后，点击蓝色“复制”按钮，用户可对原产地证书进行复制操作，生成新的原产地证书。证书复制只针对同类型证书，发票号信息不做复制，复制的证书状态为暂存。

编辑：在优惠原产地证查询界面勾选对应的数据后，点击蓝色“编辑”按钮，可对状态为暂存或审核不通过的证书进行编辑。

申报：在优惠原产地证查询界面勾选对应的数据后，点击蓝色“申报”按钮，可对状态为暂存的证书进行申报。

预览：需先安装贸促会提供的“贸促会 ECO 打印组件”。在优惠原产地证查询界面勾选对应的数据后，点击蓝色“预览”按钮，可对勾选的证书进行预览。

打印：需先安装贸促会提供的“贸促会 ECO 打印组件”。在优惠原产地证查询界面勾选对应的数据后，点击蓝色“打印”按钮，可对勾选的证书进行打印。

改正重发：用户对于已经审核通过的原产地证书，可发起改证重发申请。改证重发操作，发票号保持一致。在优惠原产地证查询中勾选对应数据后点击“改证重发”按钮，系统跳出提示框“是否确认改证重发”，点击蓝色按钮“是”，页面将跳转至该票单据的编辑页面（如图 3-72 所示）。

图 3-72　改证重发提示

单证转换：在查询结果列表中勾选任意一条记录，点击界面中“单证转换”按钮，在弹出的界面（如图 3-73 所示）中选择需要转换的证书类型，点击“确定”后，即可将当前证书转换成已选的证书类型，并生成新证书编号，企业可修改新证书部分信息后提交申报。

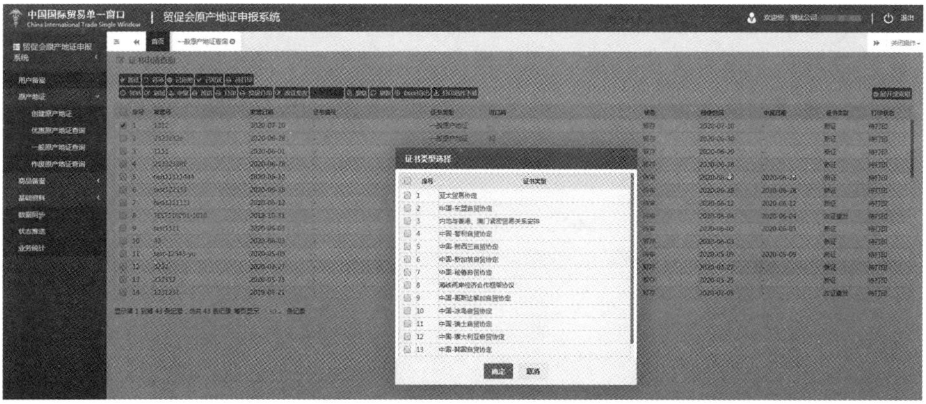

图 3-73 选择单证转换类型

删除：在优惠原产地证查询中勾选对应的数据后，点击“删除”按钮，可对证书类别是新建证书且状态为暂存的申请进行删除，可多选。

刷新：在优惠原产地证查询中点击“刷新”按钮，可对该页面进行刷新，以便用户查看证书的最新状态。

EXCEL 导出：在优惠原产地证查询中点击“Excel 导出”按钮，可将查询到的所有证书申请数据导出至 Excel 表格。

打印组件下载：在优惠原产地证查询中点击“打印组件下载”按钮，可下载安装打印组件，组件安装完成后需重启电脑登录系统才可进行打印。

（二）一般原产地证查询

提供一般原产地证查询、编辑、申报、打印等功能，界面显示如图 3-74 所示。

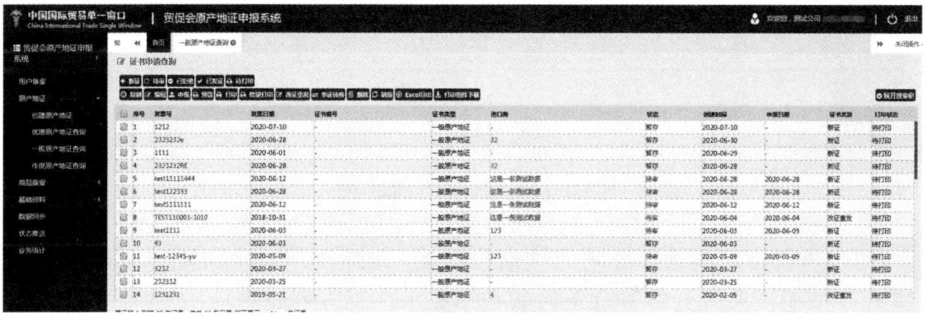

图 3-74 一般原产地证查询

查询界面与优惠原产地证基本相同，复制、申报、预览等更多详细操作，可参考优惠原产地证查询中的相关描述。

（三）作废原产地证查询

作废原产地证查询可查询改证重发状态为作废的证书。提供作废原产地证复制、预览等功能，界面显示如图 3-75 所示。

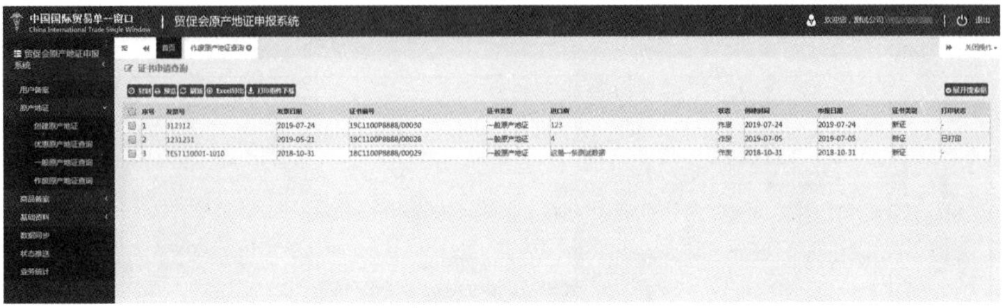

图 3-75　作废原产地证查询

查询界面复制、预览、刷新、打印组件下载功能可参考优惠原产地证查询中的相关描述。

六、基础资料

用户可以在基础资料菜单中进行出口商、进口商、生产商、特殊条款的新增和管理，以便申报证书时选择已保存的信息。

（一）出口商管理

用户可增加出口商信息，并进行修改或删除，用户填写原产地证书申报信息时，可以从已保存的出口商信息中选择，界面显示如图 3-76 所示。

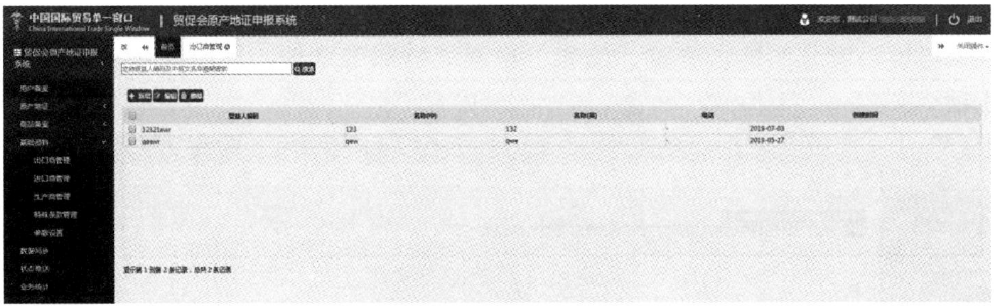

图 3-76　出口商管理

用户可在出口商管理界面的搜索栏中输入受益人编码或名称，并点击蓝色“搜索”按钮，系统会将符合条件的数据显示在下方列表中。

操作按钮说明如下。

新增：点击出口商管理中的“新增”按钮，系统展开如图 3-77 所示，其中字段录入框带黄色底的（如受益人编码、名称等）为必填项，用户需如实填写。

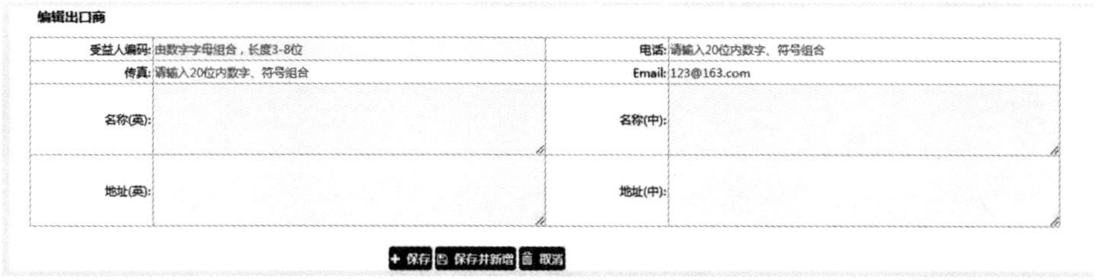

图 3-77　编辑出口商

填写完毕后，点击“保存”按钮，该条数据将被暂存到下方列表中。点击“保存并新增”按钮，在暂存该条数据的同时，将会展开新增出口商模块，用户可继续录入出口商资料。

编辑：在出口商管理中勾选相应数据，点击“编辑”按钮，可对该条数据进行编辑修改。

删除：在出口商管理中勾选相应数据，点击“删除”按钮，可对该条数据进行删除操作。

（二）进口商管理

用户可增加进口商信息，并进行修改或删除，用户填写原产地证书申报信息时，可以从已保存的进口商信息中选择。

进口商管理的界面（如图 3-78 所示）操作参考出口商管理。

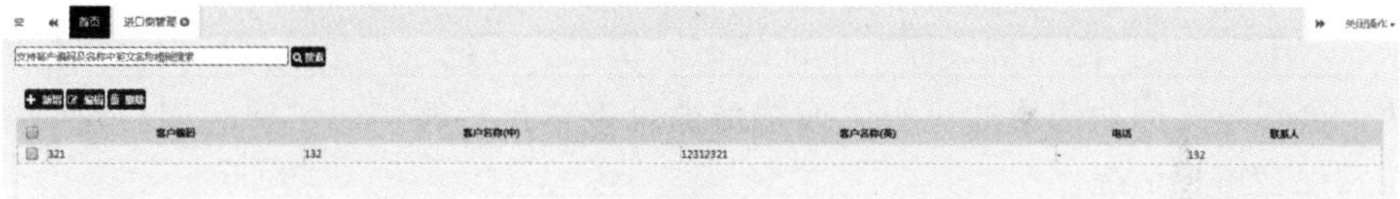

图 3-78　进口商管理

（三）生产商管理

用户可增加生产商信息，并进行修改或删除，用户填写原产地证书申报信息时，可以从已保存的生产商信息中选择。

生产商管理的界面操作参考出口商管理（如图 3-79 所示）。

图 3-79　生产商管理

（四）特殊条款管理

用户可增加特殊条款信息，并进行修改或删除，用户填写原产地证书申报信息时，可以从已保存的特殊条款信息中选择。

特殊条款管理的界面操作参考出口商管理（如图 3-80 所示）。

图 3-80　特殊条款管理

（五）参数设置

管理员用户使用账号或法人卡登录系统后，可点击左侧“基础资料”—“参数设置”菜单，对企业操作员权限进行设置（如图 3-81 所示），若选中单选框并保存后，企业操作员登录后仅可查询自己创建的证书数据。

图 3-81　参数设置

七、状态推送

（一）网页版信息订阅

用户点击左侧“状态推送”菜单，进入订阅状态信息界面（如图 3-82 所示），用户可以订阅贸促会原产地证的审核状态，系统一旦接收到贸促会审核回执，会将审核回执信息通过短信或微信消息推送至订阅用户，便于用户及时掌握贸促会审核情况。

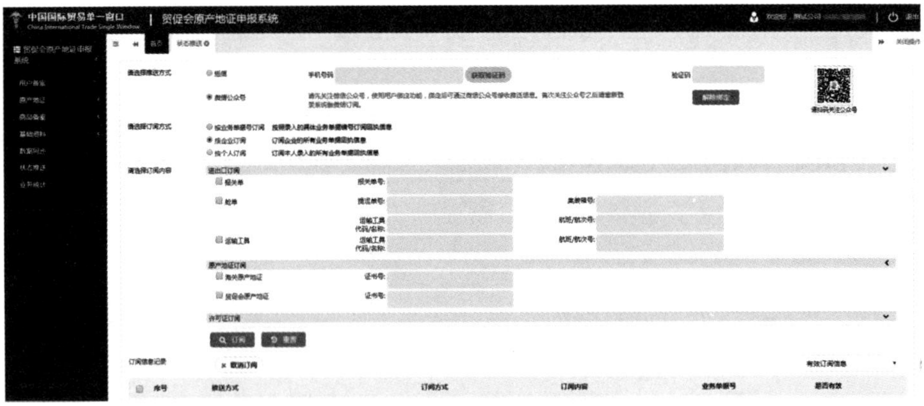

图 3-82　订阅状态推送

1. 用户选择信息推送方式：短信或微信公众号

短信：通过手机短信接收系统推送的信息。用户需填写手机号和输入验证码。

微信公众号：通过微信公众号接收系统推送的信息。首次使用时，需要首先关注中国国际贸易单一窗口微信公众号，使用“业务查询”—“用户绑定”功能，绑定单一窗口账号和用户的微信号后，再登录系统做微信订阅（如图 3-83所示）。

图 3-83　微信登录用户绑定

2. 用户选择信息订阅方式

按业务单据编号订阅：仅订阅指定编号的原产地证书回执信息。

按企业订阅：订阅本企业的所有原产地证书回执信息。

按个人订阅：只订阅本人录入的所有原产地证书回执信息。

3. 用户选择订阅内容

用户选择“原产地证订阅”，勾选“贸促会原产地证”选项，点击“订阅”

按钮，生成订阅记录。系统接收到贸促会回执后，即向用户推送贸促会审核回执信息（如图 3-84 所示），用户如不想再接收订阅信息，可点击“取消订阅”按钮取消订阅，系统不再推送原产地证状态信息。

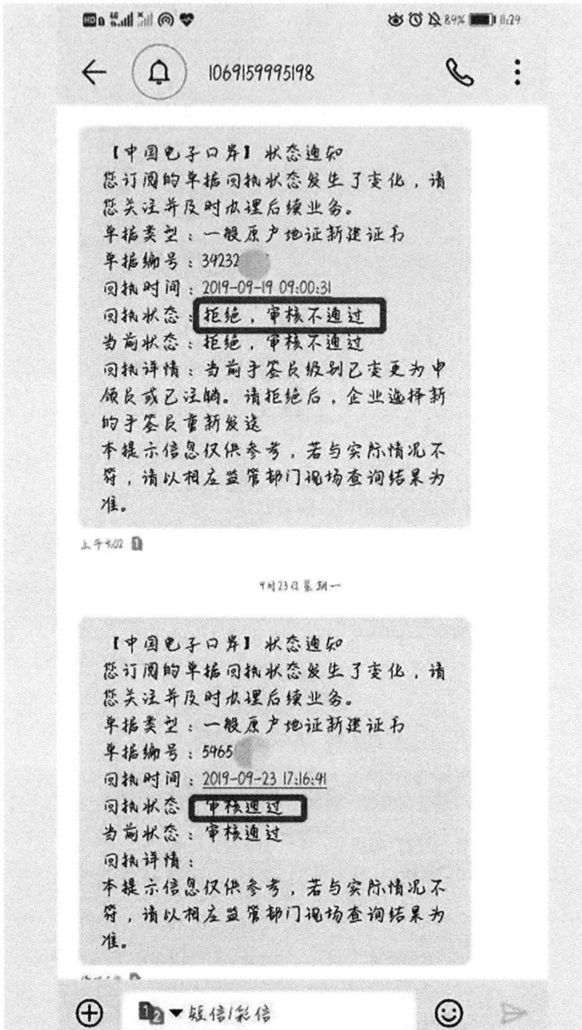

图 3-84　短信推送状态

（二）微信小程序信息订阅

用户登录中国国际贸易单一窗口微信公众号，进入“业务查询”—“信息订阅”功能（如图 3-85 所示）。微信小程序信息订阅功能操作同网页版信息订阅。

图 3-85　微信小程序信息订阅

八、业务统计

企业可按不同维度统计证书量并下载统计图表（如图 3-86 所示）。管理员账号或法人卡登录可按时间、证书类型查看证书量统计，也可查看各录入员的工作量，操作员用户登录后可查看自己申报的证书量。

以证书类型统计为例，点击“按证书类型统计”，进入界面（如图 3-87 所示），输入查询条件点击“查询”，系统展示查询结果和统计图表，企业可点击按证书类型统计柱状图（如图 3-88 所示）和按证书类型统计饼状图（如图 3-89所示）中的下载图表，下载统计图表。

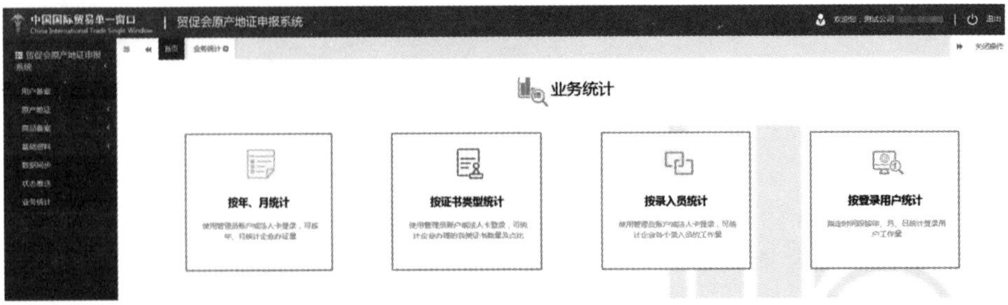

图 3-86　业务统计

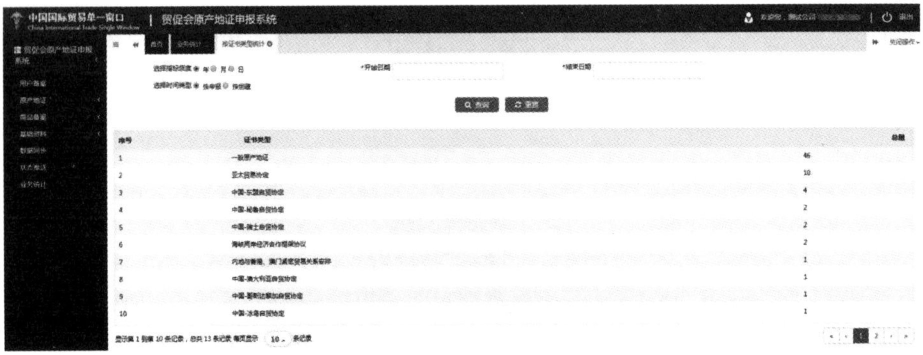

图 3-87　按证书类型统计

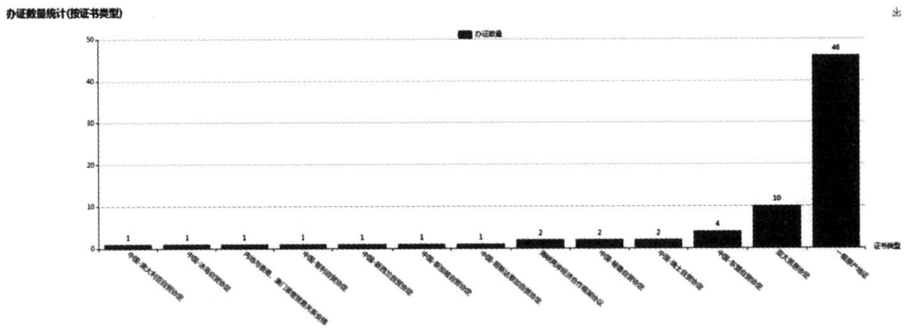

图 3-88　按证书类型统计柱状图

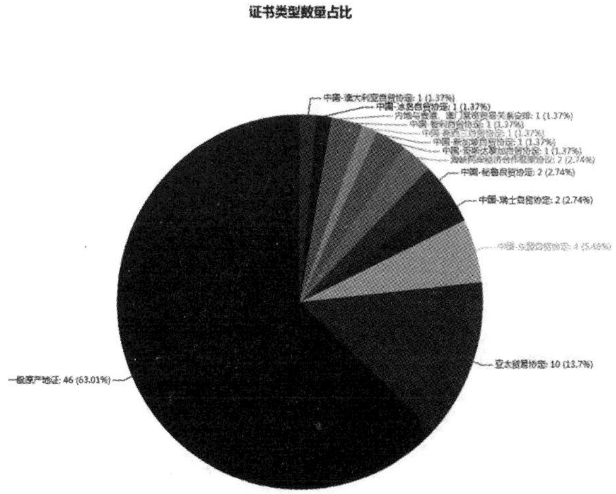

图 3-89　按证书类型统计饼状图

九、客户端导入

为提高企业原产地证业务申报效率，贸促会原产地证申报系统提供客户端导入功能，企业可下载并使用导入客户端向“单一窗口”标准版进行批量原产地证业务数据导入，实现企业信息化系统与“单一窗口”标准版贸促会原产地证申请系统进行自动对接。

企业导入数据后，数据自动保存在系统中，为“暂存”状态。企业可在系统的“原产地证”—“优惠原产地证查询”或“原产地证”—“一般原产地证查询”界面，查询出导入的原产地证数据，进行证书内容修改、补录和申报操作。证书申报后，系统接收到贸促会的审核回执信息时，会将审核回执信息发送给导入的企业。

企业可在系统首页（如图 3-90 所示）查看通知，下载导入接口规范说明文档（如图 3-91 所示），按照标准规范生成导入报文。

“单一窗口”导入客户端使用操作手册的下载地址为 http：//www. singlewindow. cn/xzlm/4663. jhtml。

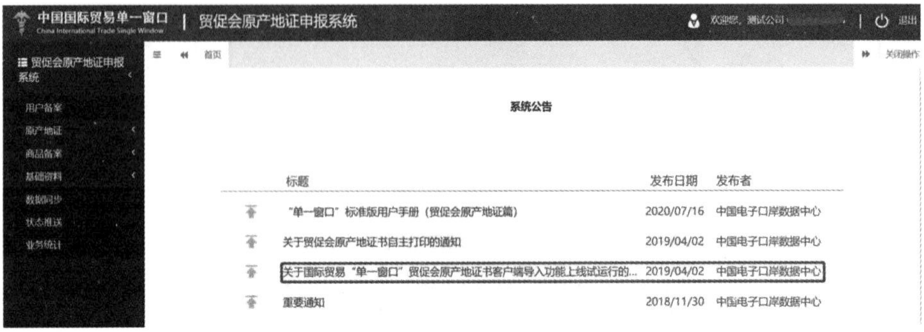

图 3-90　贸促会原产地证申报系统首页

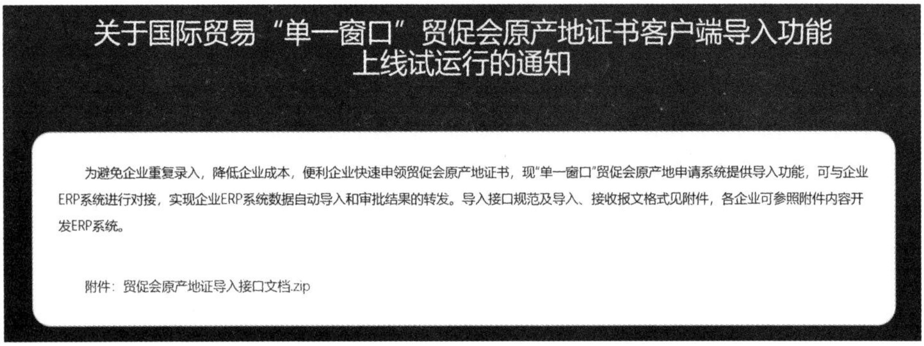

图 3-91　贸促会原产地证导入接口文档下载

第三节　常见问题

问题 1　个人用户可以进行贸促会原产地证申报吗？

答　个人用户不可进行贸促会原产地证申报。

问题 2　打印出的证书显示不全或打印信息有误怎么办？

答　“单一窗口”贸促会原产地证申报系统中的打印功能调用贸促会的打印组件实现，打印相关问题可咨询贸促会。

第四章　原产地证书自助打印系统

第一节　业务简介

自助打印是指企业向海关申报的原产地电子证书经审核后，“足不出户”直接使用彩色打印设备在A4纸上自行打印带有底纹、企业签章及签名、海关签章及签名的原产地证书的申领模式。

“单一窗口”标准版原产地证书自助打印系统，涵盖电子印章授权、代理打印授权、证书打印、打印异常申请模块，实现企业原产地证书申领完全电子化，从而削减现有套打方式下的人力成本、时间成本及空白单证印制成本，对于营商环境优化和企业获得感提升也将具有显著的促进作用。

海关总署自2019年3月25日起在上海、北京等12个直属关开展原产地证书自助打印试点工作，自2019年5月20日全国推广自助打印。

一、印章及签名制作

包括企业印章和申报员签名制作上传，出口商企业需插入法人卡登录系统上传企业印章和签名，才可为后续证书自助打印提供条件。代理企业无须进行印章及签名制作。

二、印章签名授权

印章签名授权包括企业印章和申报员信息授权，出口商企业需插入法人卡登录系统进行印章和签名授权，授权成功后用于生成原产地证打印文件。代理企业无须进行印章签名授权。

三、代理打印授权

出口商企业插入法人卡登录系统，进行代理打印授权，可以委托代理公司代其打印证书。仅出口商授权成功后，代理公司才可打印其为出口商申报的证书。

四、证书打印

企业可以打印自理申报的证书，也可打印出口商授权打印的代理申报证书。随着国际贸易形式的不断发展，海关进一步扩大自助打印原产地证书范围，自2020年5月11日起，海关增加输印度尼西亚和新加坡的《中华人民共和国与东南亚国家联盟全面经济合作框架协议》项下原产地证书以及输印度的《亚洲—太平洋贸易协定》项下原产地证书为可自助打印证书，目前可自助打印证书为16种。

五、自助打印原产地证书种类

目前，可自助打印的原产地证书包括以下 16 种。

1. 中国—澳大利亚自贸协定原产地证书。
2. 中国—新西兰自贸协定原产地证书。
3. 中国—巴基斯坦自贸协定原产地证书。
4. 中国—智利自贸协定原产地证书。
5. 中国—瑞士自贸协定原产地证书。
6. 中国—冰岛自贸协定原产地证书。
7. 中国—格鲁吉亚自贸协定原产地证书。
8. 中国—新加坡自贸协定原产地证书。
9. 中国—韩国自贸协定原产地证书。
10. 海峡两岸经济合作框架协议原产地证书。
11. 《亚太贸易协定》原产地证书（输韩国、印度）。
12. 中国—东盟自贸协定原产地证书（输印度尼西亚、新加坡）
13. 非优惠原产地证书。
14. 烟草真实性证书。
15. 转口证明书。
16. 加工装配证书。

六、打印异常申请

企业可对打印失败的证书进行打印异常申请，重新打印证书。

第二节 基本操作

一、印章及签名制作

出口商企业必须使用法人卡在“单一窗口”进行印章和签名的制作才可为后续自助打印提供条件，代理申报企业可以跳过该章节。

企业使用电子口岸法人卡登录“单一窗口”，在“原产地证”图标下选择“原产地证书自助打印”进入系统（如图 4-1 所示）。

图 4-1　登录“单一窗口”界面

(一) 印章制作

进入“单一窗口”原产地证书自助打印系统后（如图 4-2 所示），点击“印章管理”—“印章制作”菜单，在印章制作界面（如图 4-3 所示）点击“新增印章”按钮，在弹出的界面（如图 4-4 所示），选择“真实印章图片”。

图 4-2　登录原产地证书自助打印系统

图 4-3　印章制作

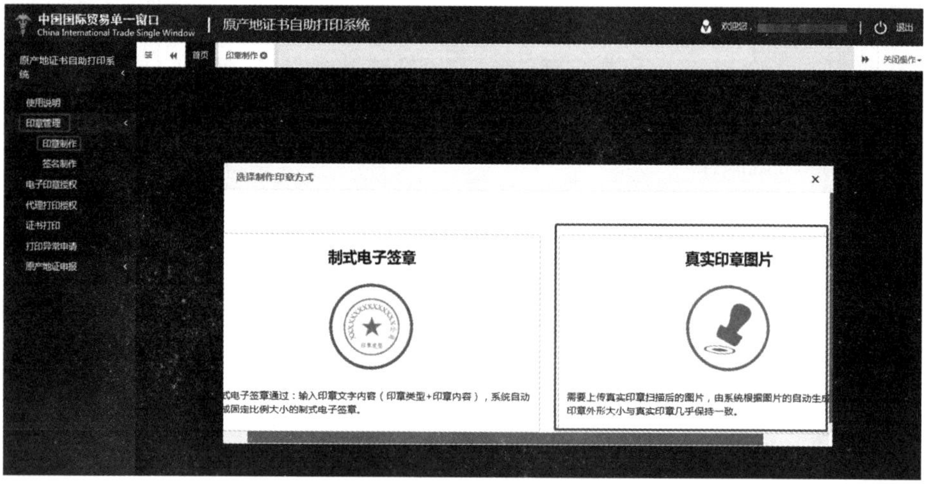

图 4-4　真实印章上传

系统弹出提示（如图 4-5 所示），用户关闭提示后，按以下步骤操作。

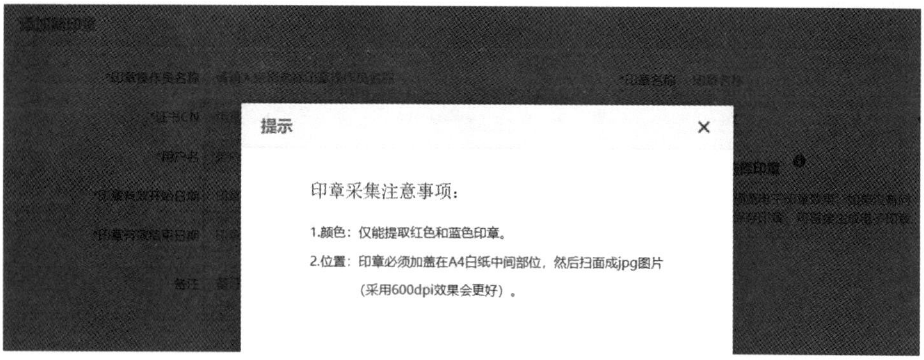

图 4-5　真实印章上传提示

第 1 步：根据采集注意事项，完成企业印章的加盖和扫描，拷贝到电脑中。

第 2 步：在印章操作员名称处，按空格键在下拉列表中选择印章操作员姓名。

第 3 步：选择印章有效期，系统已限制所选时间范围为印章操作员卡证书有效期内。

第 4 步：印章名称填写，用于区别不同印章。

第 5 步：点击选择“印章”，弹出选择框，选择第 1 步准备好的扫描图片，若预览没有问题，点击页面下方“保存印章”按钮，输入正确的法人卡密码，即完成了印章的制作。

小提示

1. 当前维护的印章信息应与原产地综合服务平台备案的印章信息一致。

2. 印章规格：

（1）圆形印章，直径不超过 4.5 厘米。

（2）长方形印章，长不超过 5.5 厘米，宽不超过 4 厘米。

（3）椭圆形印章，长轴不超过 5.5 厘米，短轴不超过 4.5 厘米。

如果对之前上传的印章不满意，可选择该印章，在印章制作界面中依次操作“停用印章”“删除印章”，然后“新增印章”。

（二）签名制作

用户点击“印章管理”—“签名制作”菜单，在签名制作界面（如图 4-6 所示）点击“新增签名”按钮，系统弹出提示（如图 4-7 所示），用户按照提示采集签名（如图 4-8 和 4-9 所示）。

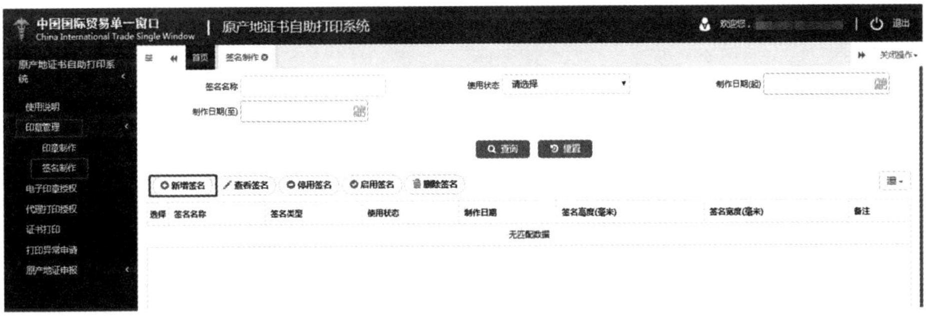

图 4-6　签名制作

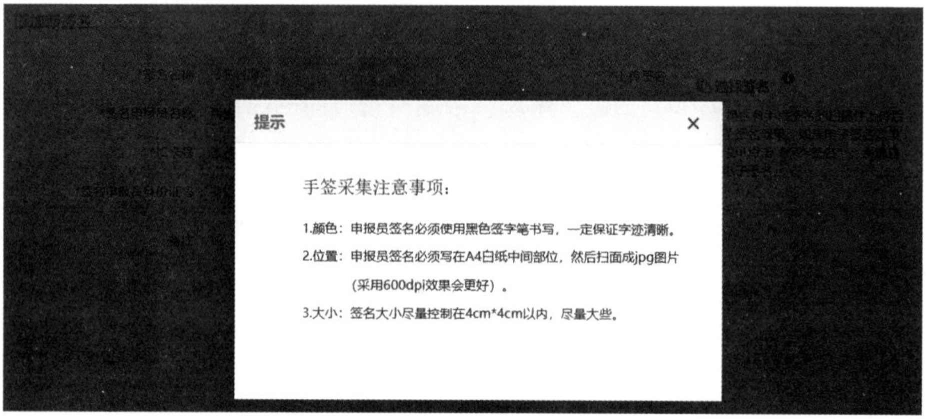

图 4-7　新增签名提示

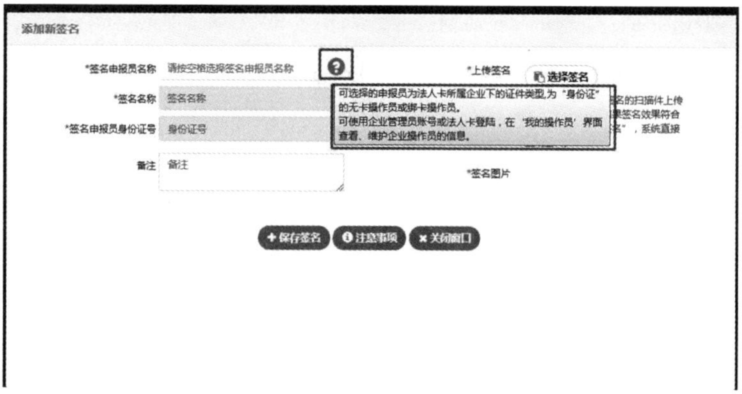

图 4-8　录入签名信息

关闭提示后，进行如下操作：

第 1 步：根据采集注意事项，完成申报员签名书写和扫描，拷贝到电脑中。

第 2 步：在录入签名信息界面中，签名申报员名称录入框中按空格键，在下拉列表中选择该企业有身份证注册的申报员名称，系统返填操作员身份证号、签名名称；如果在下拉列表中选择无该企业下的申报员名称，点击管理员账号信息管理界面中右上角的公司名称进入管理员账号信息管理界面（如图 4-9所示），选择“我的操作员”进行“新增无卡操作员”（如图 4-10 所示）。

注：新增无卡操作员需要填写操作员身份证信息。

图 4-9　管理员账号信息管理

图 4-10　新增无卡操作员

第 3 步：点击“选择签名”，弹出选择框，选择第 1 步准备好的扫描图片，若预览没有问题，点击页面下方“保存”签名按钮，即完成了签名的制作。

企业也可以点击录入签名信息中的“操作说明”按钮，按照签名操作说明进行操作（如图 4-11 所示）。

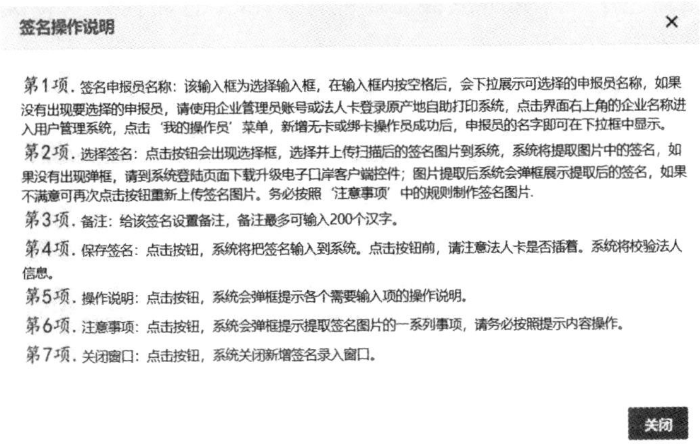

图 4-11　签名操作说明

小提示

1. 自助打印申报员签字规格：申报员签字，长不超过3.5厘米，宽不超过3厘米。

2. 如果对之前上传的签名不满意，可选择该签名，在签名制作中依次操作“停用签名”“删除签名”，然后“新增签名”。

（三）使用说明

请企业操作人员认真阅读、执行，该功能帮助企业快速熟练使用系统并提供常见问题解答。

在原产地证书自助打印系统的“使用说明”中可点击蓝色字“原产地证书自主打印系统操作手册下载”和“常见问题及解答下载”，下载操作手册和常见问题解答（如图4-12所示）。

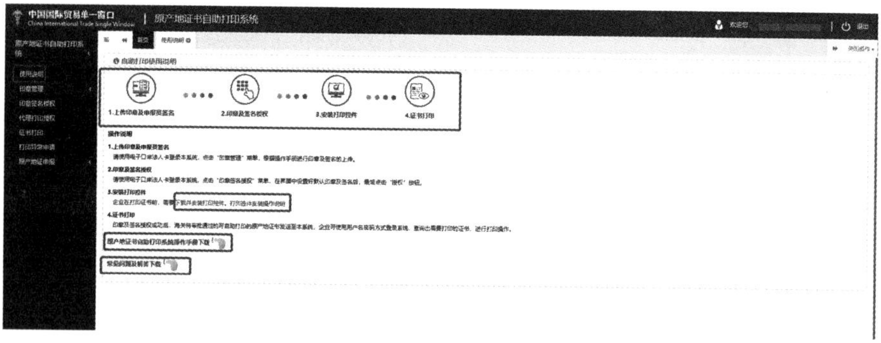

图4-12　使用说明

也可点击蓝色字“下载并安装打印控件”和“打印控件安装操作说明”下载打印控件并安装。

二、印章签名授权

出口商企业必须使用法人卡进行电子印章授权，代理申报企业可跳过该章节。

（一）印章签名授权

点击“印章签名授权”菜单，系统默认显示该企业已上传的所有印章和签名（如图4-13所示），企业在操作列可自行选择证书打印时使用的印章和签名信息，点击“设为默认”，最后点击“授权”按钮。

小提示

当前所选的印章信息须与原产地综合服务平台备案的印章信息一致。

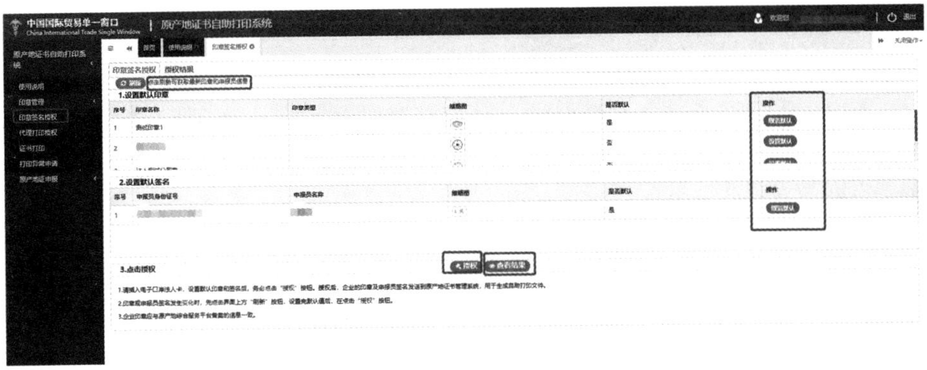

图 4-13　印章签名授权

刷新：如果企业在“印章及签名制作”菜单中修改或删除了印章、签名，可点击 刷新 按钮获取最新的印章和申报员签名信息。

授权：必须点击 授权 按钮才具备生成原产地自助打印证书的条件。

查看结果：点击 查看结果 可跳转到授权结果界面，可查看印章和申报员笔迹授权结果；点击 授权 按钮后 查看结果 按钮上出现 300 秒倒计时，到时间后方可查看授权结果。

（二）查看授权结果

在印章签名授权界面中点击“授权结果”页签，可在授权结果界面查询企业最近一次授权的回执信息（如图 4-14 所示）。

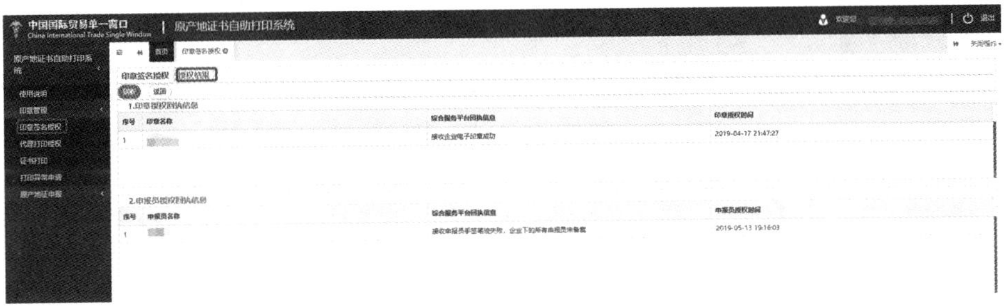

图 4-14　授权结果

刷新：点击 刷新 按钮，可刷新授权结果界面

返回：点击 返回 按钮，可返回印章签名授权界面。

三、代理打印授权

如需代理申报企业打印，出口商企业需要使用法人卡登录使用此功能进行代理打印授权。代理申报企业可跳过该章节。

系统根据原产地证的证书申报信息自动获取代理录入申报企业的信息，显示在代理打印授权列表中（如图 4-15 所示），对需要授权代理打印的企业，在操作列点击“授权”按钮即可。

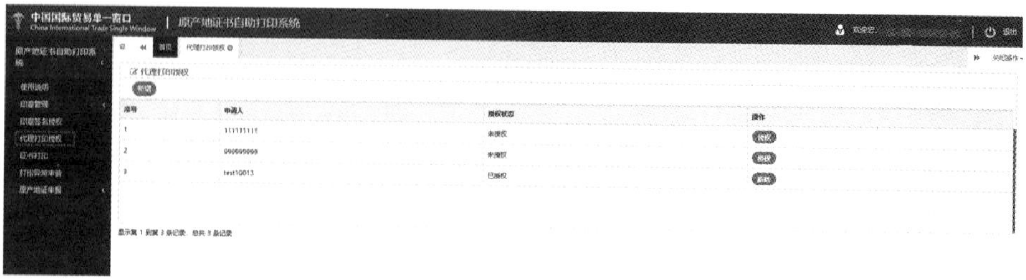

图 4-15　代理打印授权

委托企业也可以自行添加代理打印的企业信息，点击代理打印授权界面中“新增”按钮，在弹出的界面中（如图 4-16 所示）填写代理企业名称、代码以及是否授权，点击“提交”完成授权信息添加。

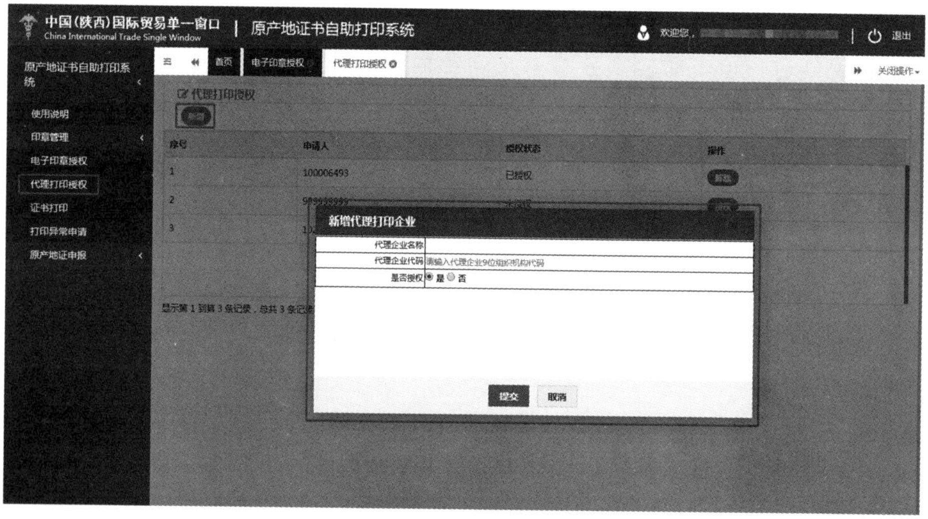

图 4-16　新增代理授权

小提示

1. 出口商需要先进行印章签名制作并授权成功；代理企业无须进行印章及签名的制作。

2. 出口商在本系统对代理申报企业进行代理打印授权。

3. 代理打印授权后，代理申报企业为委托企业申报新的证书，审批通过后即可代理打印。

四、证书打印

（一）证书查询

小提示

1. 印章及申报员签名授权成功之后，企业证书打印和异常申请可以使用用户名和卡密码方式登录操作。

2. 印章及申报员签名授权成功之后新申请并审批通过的海关总署公告中指定类型的证书才能在证书展示列表中展示及自助打印。

3. 印章签名授权成功前审批通过的证书请采用现行的打印方式打印。

4. 若代理企业查询不到在其他系统申报的符合自助打印条件的证书，可尝试通过“单一窗口”申报证书。

企业登录自助打印系统后可查询在多个平台申报的可自助打印的原产地证书，系统根据登录人的权限展示相应的证书列表（如图 4-17 所示）。

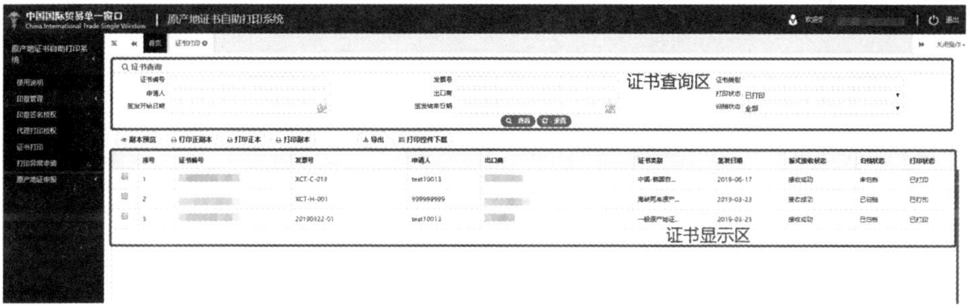

图 4-17　证书展示列表

界面字段及按钮说明如下。

证书查询区：用户通过查询条件，进行单一条件查询或组合查询。

证书展示区：展示符合当前企业查询条件的数据信息。

版式信息接收状态：接收证书的版式文件（正副本信息），分为数据接收中和接收成功。

归档状态：已归档状态下的证书不可打印，不可进行异常申请；只有未归档状态下的数据才可支持打印，分为已归档和未归档。

打印状态：显示证书的打印状态，分为待打印和已打印。

副本预览：可以预览副本信息。

打印正副本：可以同时打印出证书的正副本信息。

打印正本：仅打印正本信息。

打印副本：仅打印副本信息。

（二）导出证书

企业可按照证书类别、申请人、签发日期等查询条件查询证书，点击“导出证书”按钮将查询出的证书基本信息导出，形成 Excel 文件。

（三）打印控件安装

证书打印前，请确认该台电脑是否已经安装打印控件，如未安装，用户可点击

打印控件安装包自行下载。

安装步骤如下。

1. 在电脑本地查找到打印控件安装包（如图 4-18 所示）。

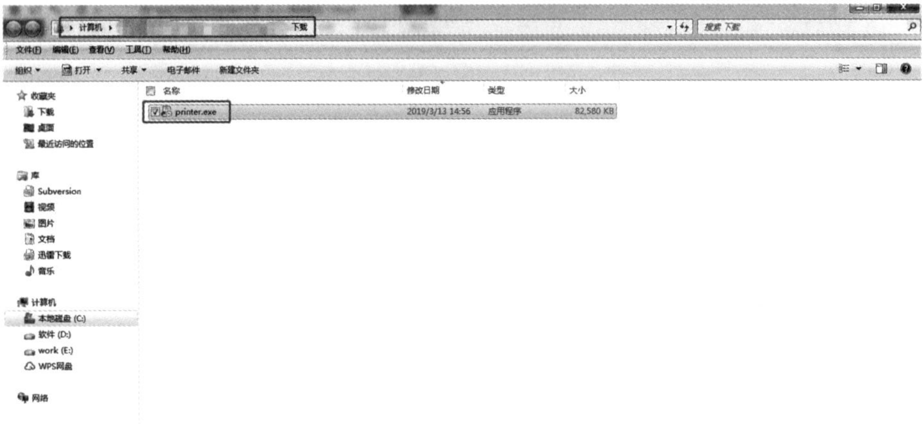

图 4-18　浏览器默认下载位置

2. 双击打印控件安装包，点运行按钮（如图 4-19 所示）。

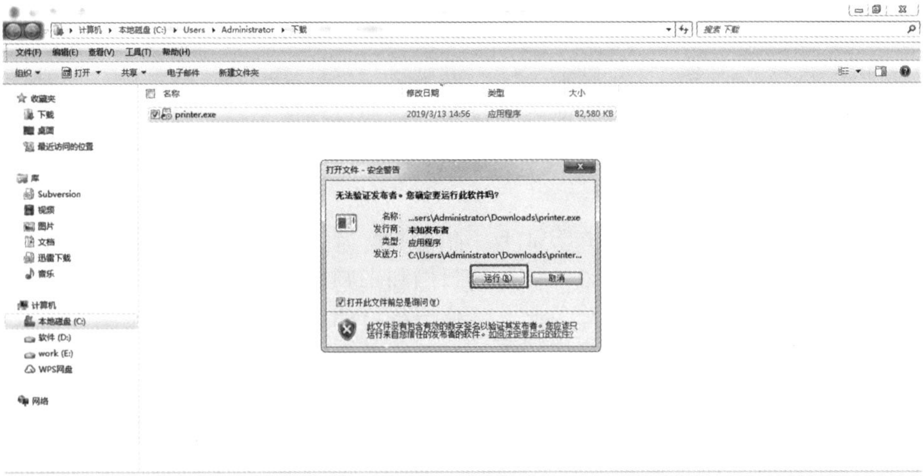

图 4-19　是否运行此软件的提示

3. 点击“运行”按钮后桌面会弹出打印控件安装向导（如图 4-20 所示），点击下一步。

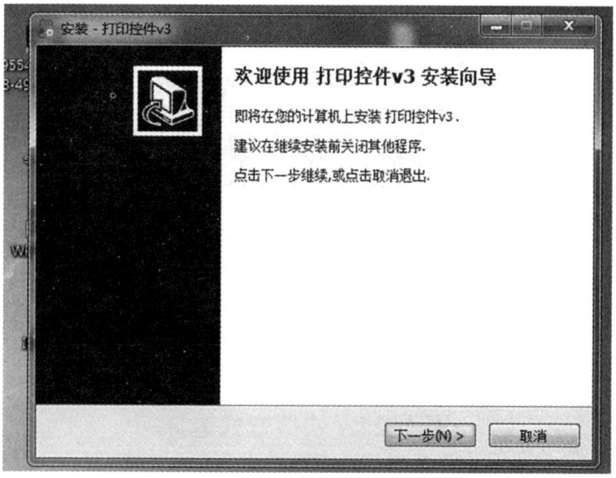

图 4-20　打印控件安装向导

4. 显示安装选项，可直接点击下一步默认安装，也可选择自定义安装（如图 4-21 所示）。

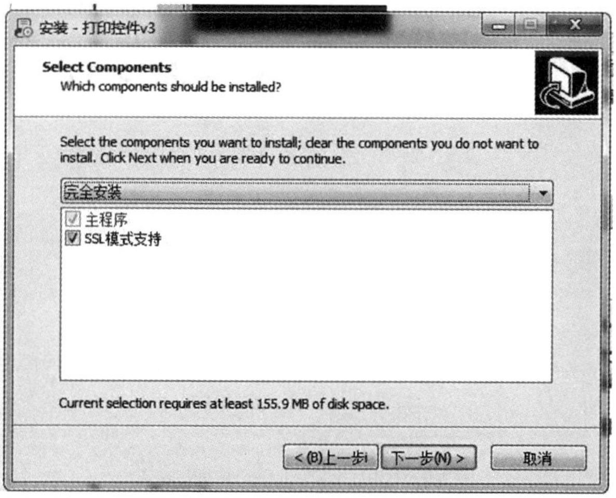

图 4-21　安装打印控件提示

5. 选择快捷方式，建议全部勾选（如图 4-22 所示），点击下一步。

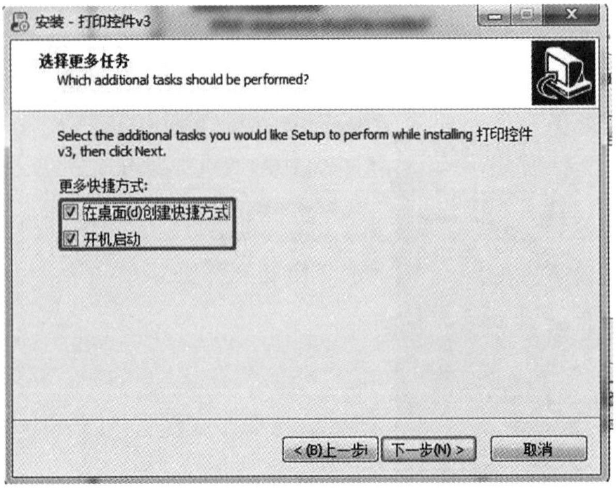

图 4-22　快捷方式选择

6. 安装过程如图 4-23 所示。

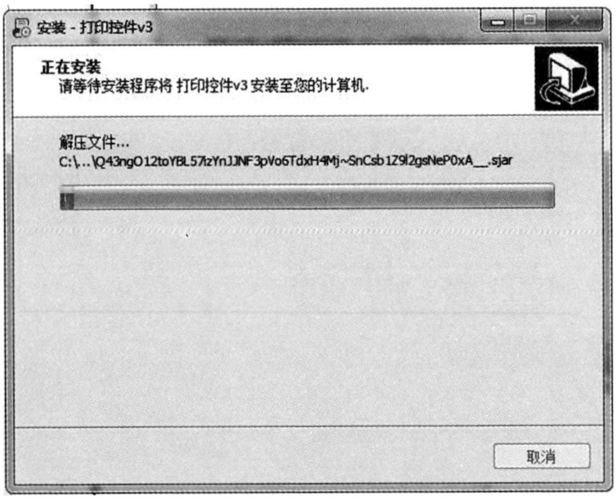

图 4-23　安装过程

7. 控件安装完成后，安装界面关闭，在电脑屏幕右下方有打印控件标记，即为打印控件安装成功（如图 4-24 所示）。安装完成打印控件后，根据提示刷新界面或重新登录。

图 4-24　打印控件标记

（四）打印证书

小提示

请使用支持双面自动打印的彩色打印机进行打印。

企业点击证书打印界面（如图 4-25 所示）中的“打印正副本”“打印正本”“打印副本”按钮，如果未安装，未开启打印控件或版本过低，系统会给出提示（如图 4-26 和图 4-27 所示）。

图 4-25　证书打印

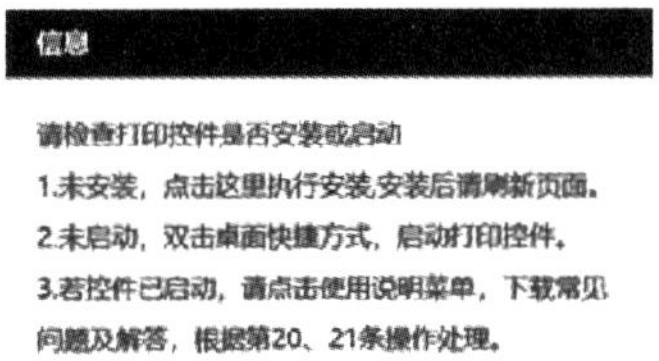

图 4-26　未安装或开启打印控件提示

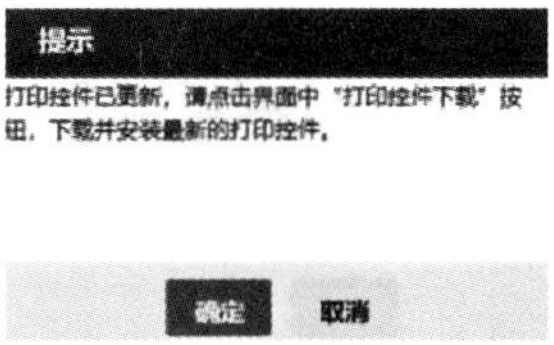

图 4-27　版本过低提示

1. 点击**执行安装**系统会重新下载打印控件。

2. 如已安装打印控件，在桌面双击打印控件快捷方式

可重新启动打印控件。

3. 版本过低，点击提示语中的**点击更新**下载最新版本的打印控件。

勾选要打印的证书，根据企业本身业务需要自行选择打印按钮（如图 4-28 所示）。

图 4-28　打印按钮

打印完成后界面会给出打印是否成功的提示，点击“是”则打印成功；点击“否”，界面将跳转异常打印界面，进行异常打印。

用户需根据实际打印出的证书成功与否，再选择“是”或者“否”（如图 4-29 所示）。

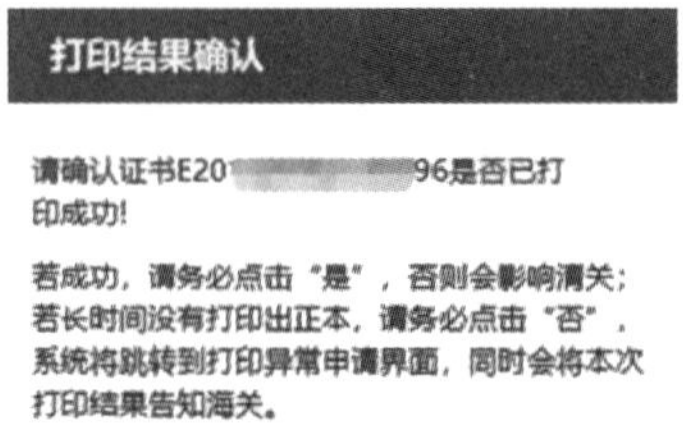

图 4-29　打印提示

小提示

证书每次异常打印都会记录打印的次数。

五、打印异常申请

（一）打印异常申请证书查询

打印异常申请界面默认展示所有数据状态为已打印的证书（如图 4-30 所示）。

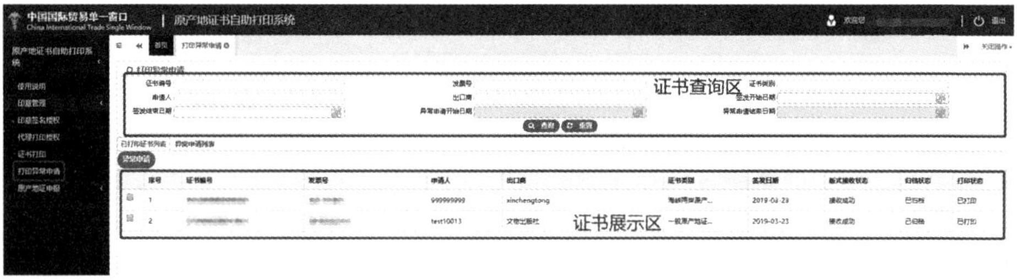

图 4-30　打印异常申请——已打印证书列表

证书查询区：用户通过查询条件，进行单一条件查询或组合查询。

证书展示区：展示符合当前企业已打印的数据信息。

（二）证书异常申请

打印异常申请界面勾选一条数据，点击 异常申请 按钮，弹出异常申请界面（如图 4-31 所示），根据打印出现的异常情况，选择要进行的异常申请原因和操作类型，点击“提交”可进行异常申请打印，点击“取消”可关闭异常申请界面，取消异常申请。

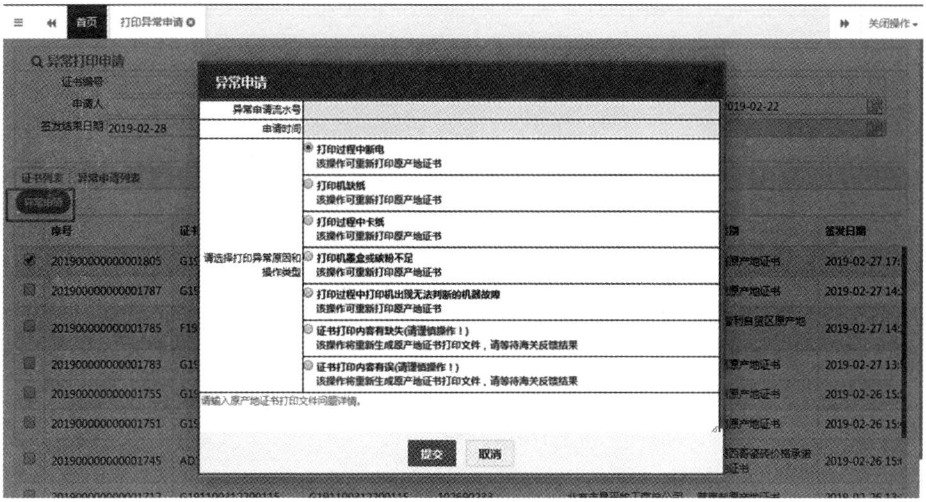

图 4-31　异常申请

选择前五种异常申请原因点击“提交”按钮后，直接进行证书的再次打印。

选择后两种异常申请原因点击“提交”按钮后，需等待管理端发送新的版式文件后才能打印，操作如下：进入证书打印菜单，在证书打印页面点击“查询”按钮，查询出待打印的证书。若管理端还未发送新的版式文件，则该证书不可再打印也不可提交异常申请。

（三）异常申请列表

提交成功的异常申请可在异常申请列表中查询（如图 4-32 所示）。

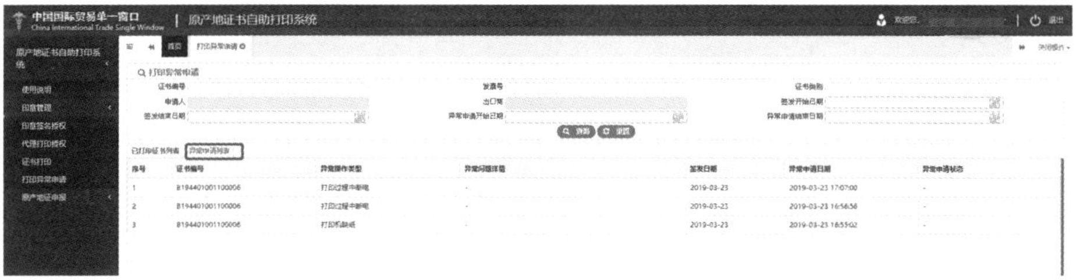

图 4-32　异常申请列表

第三节　常见问题

问题 1　原产地证书自助打印收费吗？

答　自助打印证书是免费的。

问题 2　原产地证书自助打印对打印机、纸张有什么要求？

答　配备彩色双面打印机，用 A4 纸即可打印。

问题 3　以后原产地证书就只能自助打印，不能到现场领取吗？

答　企业可自主选择自助打印原产地证书，或按原方式领取套打证书。同一份证书只允许以其中一种方式申领一次。

问题 4　打印的证书底色与套打证书有色差，是否正常？

答　因彩色打印机型号和性能不一，自助打印证书底色存在与套打证书色差的可能，不影响证书使用。

问题 5　哪些类型的证书可以自助打印？

答　目前有 16 种证书类型可自助打印，参见本章节业务简介。

问题 6　申请的原产地证书页数较多，能不能自助打印？

答　鉴于互联网网络带宽和打印机性能等原因，建议超过 10 页的证书采取套打形式。

问题 7　申请的原产地证书唛头较长或者有特殊字符唛头，能不能自助打印？

答　建议采取套打形式。

问题 8　操作手册在哪里下载？

答　下载地址为 http：//www. singlewindow. cn/xzlm/4660. jhtml。

自助打印系统中也可下载操作手册（如图 4-33 所示）。

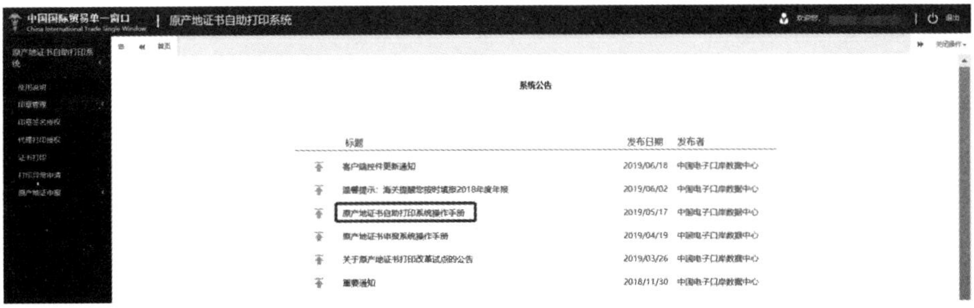

图 4-33　原产地证书自助打印系统首页

问题 9　是否有培训视频可以观看？

答　培训视频地址为 http：//www. singlewindow. cn/cooserver/index. jhtml。

问题 10　必须使用中国电子口岸卡才能自助打印吗？

答　印章和签名上传、印章和签名授权、代理打印授权必须使用中国电子口岸法人卡；证书打印和异常申请不要求必须用卡，可以使用用户名密码方式或电子口岸卡登录。未申领中国电子口岸卡的企业，需到各地中国电子口岸数据分中心办理。各数据分中心的联系方式参见 https：//www. chinaport. gov. cn/pages/customer/branch. html。

问题 11　印章尺寸有什么要求？

答　（1）圆形印章，直径不超过 4. 5 厘米。

（2）长方形印章，长不超过 5. 5 厘米，宽不超过 4 厘米。

（3）椭圆形印章，长轴不超过 5. 5 厘米，短轴不超过 4. 5 厘米。

问题 12　签名尺寸有什么要求？

答　申报员签字，长不超过 3. 5 厘米，宽不超过 3 厘米。

问题 13　如何上传清晰的印章？

答　（1）颜色：只能提取红色系和蓝色系印章。

（2）位置：印章必须用力盖在干净的 A4 白纸中间区域，然后竖版扫描成 jpg 图片。

（3）电子口岸客户端控件版本必须是最新版本，最新版本可在登录界面获取。

（4）扫描：选择 600dpi 及以上扫描，保证扫描仪的玻璃干净。

（5）禁止：请勿使用手机拍照、扫描 A4 纸，请勿软件处理扫描后的图片。

问题 14 如何上传清晰的签名？

答 （1）颜色：申报员签名必须使用黑色签字笔书写，一定保证字迹清晰。

（2）位置：申报员签名必须写在干净的 A4 白纸中间区域，然后竖版扫面成 jpg 图片（采用 600dpi 及以上效果会更好）。

（3）大小：签名大小尽量控制在 4 厘米×3.5 厘米以内，尽量大些。

（4）扫描仪：保证扫描仪的玻璃干净，扫描后周围无黑点即达标。

（5）禁止：请勿使用手机拍照、扫描 A4 纸，请勿软件处理扫描后的图片。

问题 15 签名如何更改？

答 使用电子口岸法人卡登录，在签名列表界面，先勾选想删除的签名，依次点击停用签名、删除签名，然后重新新增签名，在自助打印系统中的电子印章授权界面点击“刷新”按钮后，重新点击“授权”按钮。

问题 16 如何删除不清晰、不符合要求的印章？

答 使用电子口岸法人卡登录，在印章列表界面，先勾选想删除的印章，依次点击停用印章、删除印章，然后重新新增印章，在自助打印系统中的电子印章授权界面点击“刷新”按钮后，重新点击“授权”按钮。

问题 17 上传的印章和签名大小符合规定，为什么设置默认的时候还是提示不符合规定？

答 重新上传过印章或签名后，要点击印章签名授权界面中左上角的“刷新”按钮，然后再进行默认设置并授权。

问题 18 印章或签名已经重新上传，为什么打印出来的证书上的印章或签名还是不正确？

答 （1）必须在电子印章授权界面点击“刷新”按钮，然后重新点击“授权”按钮。

（2）在第一步操作完成后，若该证书没有归档，则在打印异常申请界面选择该证书，点击“异常申请”，在弹出的界面中根据实际情况选择最后两个原因之一，点击“提交”按钮后根据系统提示进行后续操作；若证书已经归档则需要改证重发或让海关关员解除归档重新审批通过后，待打印的证书才会更新签名或印章。

问题 19　印章和签名已经授权成功，为何查询不到待打印的证书？

答　（1）仅可查询授权成功之后审批通过的证书。

（2）仅可查询可自助打印范围内的证书。

（3）仅可查询证书出口商或申请人是自己所在企业的证书。

问题 20　系统提示打印控件授权已过期，请问这种情况怎么处理？

答　原因：windows 的 host 文件被其他软件锁定或被病毒删除。

解决方法：创建新的 host 文件或修改 host 文件。

（1）先打开目录 C：\ Windows \ System32 \ drivers \ etc，找到 hosts 文件，使用记事本打开，在文件最后位置回车后增加一行：127.0.0.1 api. webprinter. cn，保存文件，关闭记事本，重新启动打印控件。

若没找到 hosts，可按以下操作尝试：

打开目录 C：\ Windows \ System32 \ drivers \ etc，点击“查看”—“选项”（如图 4-34 所示），在弹出的文件夹选项界面中，点击“查看”，勾选“显示隐藏的文件、文件夹和驱动器”，点击“确定”（如图 4-35 所示）。

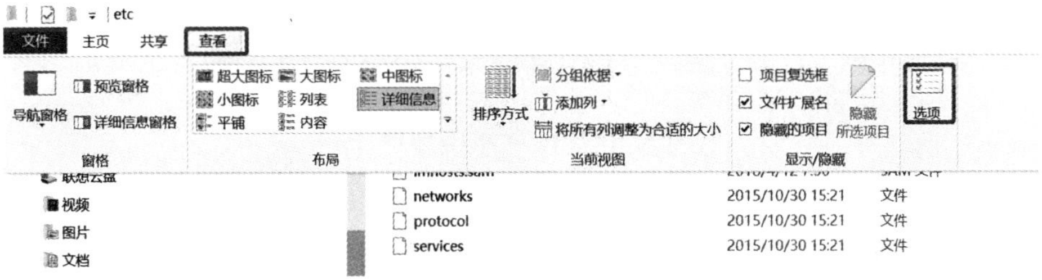

图 4-34　“查看”—“选项”

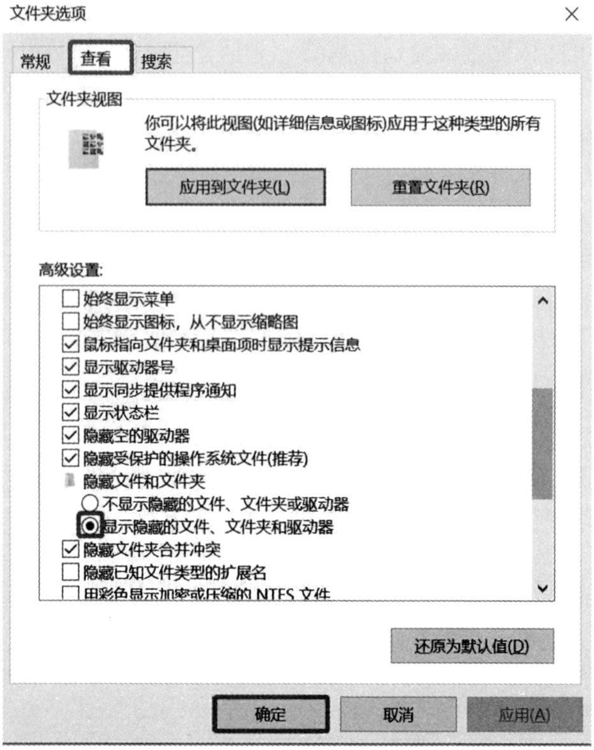

图 4-35　文件夹选项操作

（2）若按以上操作还是没找到 hosts 文件，则创建新的 hosts. txt 文件，使用记事本打开 hosts 文件，增加下面这一行：127. 0. 0. 1 api. webprinter. cn，保存文件，关闭记事本，重新启动打印控件。

问题 21　已安装打印控件并且已正常启动，打印时还是提示未安装或未启动打印控件，如何处理？

答　参照上一条处理，同时打印控件仅支持 win7 及以上操作系统，不支持 windows xp 操作系统。

问题 22　副本已经打印出来了，正本只有第一页，背面没有内容，如何处理？

答　正本是双面打印的，打印机要支持双面打印，若是手动双面打印的话，需要根据打印机提示及时送纸。

问题 23　正副本一起打印时，副本打印出来了，但无正本，如何处理？

答 （1）关闭防火墙或还原防火墙设置。

（2）本地打印机驱动对PDF文件兼容问题出现打印机显示打印错误，更换或升级打印机驱动即可。

（3）正副本打印对电脑配置有一定要求，建议正本、副本分开打印。

（4）如果正本是多页，建议在证书打印页面重新下载安装打印控件，同时打印前关闭一些暂时不用的程序，尽可能地增加电脑的可用内存。

问题24 正本已打印出来，如何再次打印副本？

答 在证书打印页面的查询条件区域，将打印状态条件改成“已打印”，点击“查询”按钮即可查询出已打印的证书，配合其他查询条件即可快速查询出需要的证书号，勾选后点击“打印副本”按钮即可完成打印。

问题25 如何打印多页证书？

答 （1）若是5月25日之前安装的打印控件，则需要在证书打印页面重新下载安装打印控件。

（2）多页证书的待打印PDF文件较大，在转换成打印机可识别的文件时需要较多的内存，建议打印前关闭一些暂时不用的程序，尽可能地增加电脑的可用内存。

（3）页数特别多的证书对电脑和打印机的性能有一定要求，确实无法打印的建议采用原有的套打方式。

问题26 多页证书第一页印章和签名打印正常，但第二页开始印章和签名有白底，如何处理？

答 （1）升级打印机驱动程序或打印机本身的固件程序。

（2）按照要求重新扫描、上传、授权印章和签名。

（3）尝试更换不同操作系统的电脑或升级操作系统，如win7下有问题则使用win10，若win10下有问题则使用win7。

（4）更换打印机。

以上4点可单独尝试，也可组合尝试。

问题27 中国—瑞士证书的条形码打印不全，如何处理？

答 （1）喷墨无打印边距的打印机可以打印完整。

（2）证书的真伪可以通过网站查询，可以给客户解释一下，若对方清关过程中有问题建议及时和中国海关反映。

问题 28 有咨询电话可以咨询自助打印的问题吗？

答 自助打印过程中如果遇到问题，可致电“单一窗口”服务热线 010-95198。

问题 29 打印异常怎么办？

答 打印过程中若遇到卡纸、断电等无法正常打印的情况，可在“打印异常申请”界面中选择打印异常的证书，点击“异常申请”按钮后选择不能正确打印的原因，除了最后两个原因，其他的原因提交后系统将自动重新打印正本。

问题 30 如何进行代理打印？

答 委托企业应先在自助打印系统完成印章、签名制作及授权，并在“代理打印授权”中添加代理打印企业信息，代理企业不需要进行印章和签名的上传；若其他平台申报的证书不能代理打印，可使用“单一窗口”申报证书，验证代理打印功能。

问题 31 如何设置默认打印机？

答 在本地电脑中的“打印机”相关界面中设置默认打印机。

问题 32 异常打印只能打印正本，如何打印副本？

答 参照上面第 24 个问题处理。

问题 33 打印出来没有海关签名，怎么办？

答 咨询当地海关该证书审证人员的签名是否在海关端系统上传，并且上传时间在证书审核之前。

问题 34 证书打印出来后海关关员签名有白色底纹怎么办？

答 咨询当地海关，一般来说关员签名要根据海关端技术团队的要求重新上传，重新上传以后该份证书需要关员重新审核一遍，企业再次打印后才能验证是否正常；如果关员暂时不能上传签名，建议该份证书使用空白证书套打。

问题 35 证书还没有打印就已经归档不能打印了，如何处理？

答 首先要明确没有打印的含义，没有打印指在系统中从来没有点击过“打印正本”“打印正副本”按钮，若确实是这种情况证书归档，则是海关关员手动归档所致，归档原因需要咨询海关关员，这种情况的证书有两种处理方式：一是使用空白证书套打，二是联系关员解除归档后重新审核一遍再进行自助打印。

若点击过“打印正本”“打印正副本”按钮，没有打印出来则系统同样认为该证书已打印，但系统当天白天不会归档，可以使用异常打印再次打印证书，白天被归档的原因同样是海关关员手动归档所致。处理方式与上述两种方式一样，选择一种即可。

问题 36　证书上的格式是否可以调整？

答　自助打印的版式文件是在证书审核通过的时候海关端就已经固化好了，不能调整，如果有调整需求请咨询当地海关。

问题 37　打印出来的证书只有底纹、没有数据或者打印出来是空白纸，上面有几行英文错误信息，如何处理？

答　到打印机厂商的官方网站更新对应的打印机驱动程序，选择支持 PCL6 的驱动程序。

问题 38　打印一份证书时间较长，如何减少打印时间？

答　（1）使用内存及 CUP 配置较高的电脑及打印机。

（2）网络带宽稳定且速度快。

（3）电脑直接连接打印机。

问题 39　打印出来的证书不完整，上下都少了一些内容，如何处理？

答　将本地电脑上的默认打印机相关属性设置为 100%打印、无缩放打印。

问题 40　预览副本时，浏览器页面是空白或模糊看不清，如何处理？

答　使用 Chrome 浏览器预览或者使用当前浏览点击界面右上角的下载按钮，把副本下载到本地再打开预览。